云南爱因森软件职业学院热烈欢迎同学们的到来！

雄伟的院本部大门

云南爱因森软件职业学院简介

【学院简介】

云南爱因森软件职业学院是经云南省人民政府批准、国家教育部备案，纳入国家计划统一招生，国家承认学历文凭的全日制普通高等职业学校，是云南省第一所民办软件职业学院。

历经多年发展，学院已形成国家教育部统招三年制大学学历教育、三年制成人教育、二年制电脑工程师职业培训、国际认证培训、电脑基础培训等多层次、全方位的办学体系，并以现代化的教学模式，雄厚的师资力量，科学严格的教学管理被誉为"软件白领的摇篮"。

【师资队伍】

学院坚持走质量立校、人才兴校、特色名校之路。目前学院已组建了一支由来自全国各地的著名专家、教授及优秀的"双师型"教师组成的教师队伍，同时还聘请了多位外籍教师授课，在教授学生丰富的理论知识的同时更注重学生实战能力的培养。学院现有副教授以上职称的教师60余名，老中青结合且结构合理。强大的师资力量为学生整体素质、综合能力的提升提供了有力的保障。

【专业设置】

学院始终紧密结合社会发展需要，坚持以就业需求为导向，不断深入市场调研，完善专业设置，开设了计算机技术、英语、工商管理、法律等四大类共19个热门专业。

【国际合作】

学院多年来一直与美国微软、思科、Adobe、SUN等全球知名企

崭新漂亮的学生宿舍楼

我院学子与外教交流

我院客座教授、美籍华侨马文青教授
为我院师生讲解信息技术的发展与应用

业和机构合作办学，引进国外成熟的职业教育模式，建立了与国际接轨的教育体系和运行机制。作为云南省第一家专门从事软件技术教育的新型学院，爱因森高质量的教学水平及运作国际课程的能力得到了国际权威教育机构的认可与肯定。

2007年，经教育主管部门批准，学院还与英国伍斯特大学合作办学，开设软件技术、电子商务、商务英语三大国际热门专业，学生在爱因森读完三年大专后视自身情况可以到英国伍斯特大学留学一年攻读国际学士学位。

【教学特色】

学院倡导"上班即上学"的教育理念，在教学中采取科学的"项目驱动式"职业教育模式，按照"3511"的原则进行课时分配，即30%课时用于理论教学，50%课时用于实践，10%课时用于就业指导课，10%课时用于用人单位实习，使学生具备积极的职业态度、过硬的职业技能、良好的职业道德，从而在就业中保持领先的竞争优势。

学院领导在英国出席NCC全球峰会

我院获得CIW中国认证培训考试授权，成为云南唯一的CIW中国认证师培训与考试的教育机构

多媒体教学

教师授课比赛

画室

奖学金

学院对合格毕业学生实行100%推荐就业的措施。多年来，学院就业指导中心通过各种渠道广泛搜集就业信息，与用人单位达成人才输送合作关系，并与众多企业合作，形成了强大的就业网络，从而帮助合格毕业生成功就业。

【学院荣誉】

学院始终恪守以就业为导向的课程设计，一直坚持以提高学生就业竞争力而进行教学改革，一直要求教师进行精心的备课，一直追求高质量的授课，一直提倡趣味和幽默的教学，通过这些努力实现帮助学生成功就业，赢得用人单位的肯定、家长的信任及学生的认可。几年来，学院为社会培养了数万IT技术人才，他们以熟练的操作技能、良好的职业道德得到了社会的广泛认可，学院因突出的办学业绩，良好的社会口碑，荣获了"领袖云南·十大卓越品牌"、"十大兴滇公益品牌"等荣誉称号。

2002–2003年，云南爱因森软件职业学院成为云南省第一家美国Adobe中国授权培训中心，爱因森学院IT国际认证考试总人数名列全省第一；被美国微软授予云南唯一高级技术教育机构（CTEC）；被美国斯坦福大学授予云南唯一高级技术教育机构（ASEC）；

2004年，我院成为云南省第一所民办软件职业学院；

2004年，我院成为云南省首家被美国微软Microsoft授予中国区优秀高级技术教育中心称号的机构；爱因森国际综合考场年考量考试信誉度跃居西南第一；荣获微软西部唯一优秀技术中心全国最快成长奖；成为云南省第一家美国CIW中国区授权国际认证考试中心；

2005年，我院国际认证教育获微软考试量全国第一名；

2006年，我院国际认证教育蝉联美国微软业绩排名全国第一，获微软"2006年度最佳业绩奖"；荣获"领袖云南·十大卓越品牌"称号；

2007年，荣获"十大兴滇公益品牌"称号；

2006年，我院国际认证教育蝉联美国微软业绩排名全国第一，获微软2006年度最佳业绩奖

我院荣获微软大中华区2005年度最佳业绩奖

我院荣获"领袖云南十大卓越品牌"称号

我院教师林海荣获中国区Adobe教师竞赛第一名并荣获"Adobe十佳优秀教师"称号

历次获奖奖杯

省、市领导为我院院本部工程奠基

省政协主席王学仁（左二）、副省长高峰（左一）视察我院本部建设情况

原昆明市市长王文涛（右一）视察我院建设情况

昆明市副市长廖晓珊（左二）视察学校

原省教育厅厅长何天淳（中）在我院检查指导工作

原省教育厅副厅长严建（右一）多次到我院指导工作

【学院环境】

2006年12月，投资3.5亿元、总规划占地1 000亩、可容纳10 000名在校学生的院本部（位于云南杨林工业园区）开始建设。其中，耗资1亿元人民币、总建筑面积80 000平方米的院本部一期工程已于2007年8月份完工并正式全面投入使用，目前拥有在校师生近6 000名。

崭新的院本部是一所花园式、运动型、数字化、节能型的和谐校园。学院拥有现代化图书馆、电子阅览室、多媒体教室、网络实验中心、语音教室、多功能报告厅等完备的教学设施，并拥有数千台专业教学电脑。学院还拥有完善的后勤、运动、休闲设施，使学生们不出校园即可享受方便快捷的生活、运动、娱乐、休闲服务。

学院将以院本部建设为新起点，一如既往牢记"自强、卓越、国家"的校训，坚持"以父母之心办教育"的办学宗旨，忠实履行"帮助学生成功"的神圣使命，不断突出专业特色，形成IT教育和信息化时代的商务管理两大拳头教育产品，以质量立校、以人才兴校，为实现学院创建"优质名校"、"特色名校"的目标而奋斗！

云南省高等教育学会　编

●第七辑●

云南高教论坛

Forum of Higher Education in Yunnan

云南大学出版社
YUNNAN UNIVERSITY PRESS

目　录

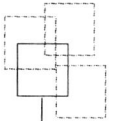

"中国—东盟高等教育研修班" 专题

学会工作

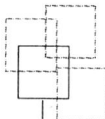

教育学的生命价值观刍议①

李润民②

摘　要：教育是体现人的生命价值的最重要因素，人必须通过教育才能实现由生物意义上的人成为社会意义上的人。要实现这一转变，教育是一条必经之路，而教育学是一门研究教育的学问。因此教育学的发展，必然离不开教育实践；而教育实践必然离不开关注教育对人生命和生命价值的探讨，必然离不开关注教育平等在社会公平、社会和谐发展方面的影响。本文旨在通过教育对人生命和生命发展以及对构建和谐社会影响的因素研究，提出教育学必须关注教育对人的生命价值因素的研究。

关键词：教育学　价值　刍议

探讨教育学存在的价值意义，首先，必须确定教育学在人的一生中所起到的作用。因为对于教育学的发展而言，其发展的起源过程就是一门实证学科。它是在教育实践中与哲学、心理学、人文科学、自然科学等相关学科的对话中产生、成长起来的。在我国教育学发展道路上，存在着哲学、科学、经验和问题四种立场教育学并存的现象。先后分别经历了：（1）亲哲学时期；（2）亲科学时期；（3）形成"事理知识"时期，逐渐形成了一门研究复杂事理的学问。它以"成长中的人"为关注对象，又以"人的成长"为主旨，是在情境中整体地把握对象、在关系中综合地理解事物特性、在过程中动态地生成思想的学问。它既要像物理学、化学那样回答教育"是什么"，又要像哲学那样思考"为什么"，还要像医学、法学、技术学那样解决"怎么办"的问题。

① 此论文是云南医学高等专科学校教务处长李润民副教授主持的云南省教育厅科研基金资助项目"云南高职高专课程体系通识教育课程共性特点的研究"课题（编号06Z019G）的阶段性成果之一。

② 作者简介：李润民（1958—　），男，云南医学高等专科学校教务处长、副教授，长期从事数学教学及高等教育教学管理研究工作。

要回答教育学是什么的问题，就必须回答这样一个问题，即教育学对人的生命价值具有什么意义。因为，对于人的一生而言，其生命存在的价值意义是生命存在的本原。生命存在的价值可以随着人类的生存而无限的延续，也可以随着生命的终结而转瞬即逝。生命存在的本原意义是创造价值，因此，教育学必须站在公共文化和公共生活的立场去思考教育学与人的发展问题。不是坐而论道，应该站在构建和谐社会的整体性立场、在考虑全民教育福祉的立场上把握教育学所需要解决的实际问题。

一、生命的价值

"生命是什么？对教育来说，就是人，是一个具体的、现实的、有血有肉的、活生生的个体，是以人的方式展现的'人'；而非'物件'或成为'工具'的人"①。

价值从物的观念上认识，它是凝结在商品中的无差别的人类劳动或抽象的人类劳动，是商品的基本因素之一。价值在经济中是商品的一个重要性质，它代表该商品在交换中能够交换得到其他商品的多少。价值通常通过货币来衡量，成为价格。我们这里所谈到的人的生命价值，是指客体所具有的促进主体生存和发展的属性和能力，是指客体对主体的生存和发展具有的正面意义和正面价值。价值是社会意识具有的属性和能力，是社会意识的组成部分。任何社会意识都具有指导人在社会中如何生活和行为的意义和价值，不具有指导人如何生活的行为意义和价值的社会意识是不存在的。人对于世界、事物、物质的价值属性和能力的观点，就是人的价值观。价值观对人的行为具有导向作用，是人类社会生活和行为的指南针。人在社会生活中对各种事物、现象采取什么态度、作出什么反应都是以人对该事物的价值判断为基础的。人如果判定一事物对自己的生存和发展具有正面的意义和价值就会采取行动努力保护这个事物，充分利用和挖掘这个事物的价值和潜力。在人类产生以前的世界中以及在未来的世界中，价值始终存在，没有价值就没有世界，价值是世界的具体存在形式。在现代社会中，人生命的价值主要体现在为国家、社会的各方面发展起作用。

二、教育学的生命价值观

甘绍平先生在《以人为本的生命价值理念》中说"人的生命有其存在

① 冯建军. 论教育学的生命立场 [J]. 教育研究, 2006 (3): 30.

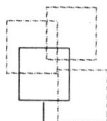

的理由，这个理由必须从其自身中去找，也就是说，它存在着，它就有其存在的客观价值"。每一个人存在的价值无非两个方面，即作为生命存在的生物意义上的价值和作为社会人存在的社会意义价值。作为生命存在的生物意义而言，客观意义上存在的生物人对于所有具有生命存在价值的客观现实是一致的。但是作为社会人存在的生命价值由于后天通过接受不同方式的教育和其他因素所获得的社会人成功的主观价值就千差万别，而且在实际上，"对于几乎所有的人而言，在几乎任何情况下生命的主观价值都是无限的大"①。由于人的社会价值存在着天壤之别，必须肯定地说，每一个人的存在都是有价值的。哪怕个人对社会的贡献是一个无穷小量，哪怕是为了生活而努力工作，每天做了很微小的事情，对整个社会进步而言贡献了无穷小的价值。然而，正是这许许多多的无穷小的价值累积，用数学语言来讲，正是由于有了这无穷小的微分存在，才决定了可以通过对这些无穷小量的微分进行积分。就可以得到一个非常大的推动力，推动了这个世界的前进。生命的价值又是无穷大的，像许许多多的科学巨匠和文化伟人，他们把自身生命的价值淋漓尽致地体现出来。他们对社会贡献的价值永存千秋，他们的生命价值在对人类文明和人类文化的贡献中得到永恒延续。

其实，这仅仅是冰山一角。在这里，我们很难一一地描述生命的价值，实际上它太庞大、太复杂了，乃至于生命的价值是趋于无限大的。它是什么，任谁也无法作出精准的答案。教育学就必须研究如何更好地利用教育去培养和造就杰出的人才，使人身上所蕴涵的巨大价值得到充分展示，在最大限度上体现生命的价值。从这种意义上说，教育承担了决定性的作用。因此，教育学的本原，就是承担着研究人怎样通过教育去充分展示其生命的价值。

（一）教育是人从自然人向社会人发展的必然途径

首先，人的社会化是每一个人所必须要完成的任务，人的社会化进程决定了作为个体的人能否真正融入社会。只有真正融入这个人类社会的大家庭，才能从真正意义上使个体的人变成为社会的人，个体的人才能在纷繁复杂的社会关系和社会意识中寻找到属于自己的那一个"位置"。其次，人从出生开始，就成为了一个活生生的自然人，从自然人到社会人还有很长的路要走。这就需要教育，需要教化。只有通过教化，通过教育，才能

---

① Julian Nida – Ruemelin：. Wert des Lebens，in：J. Nida – Ruemelin（hrsg.）：Angewandte Ethik，Stuttgart 1996；835.

成为社会人。所以教育承担着将自然人向社会人转化的艰巨任务。"人的社会化是人生命全程要完成的任务，但人类特有的教育却能提高人社会化的速度和质量。教育不仅是人的社会属性的体现，也是人获得社会属性的有效方式和途径"①。不能够想象，如果没有在人的环境中接受人的教育，在教育过程中去亲身体会和认识自己的存在，去证明自己的存在和价值。那么，他必然不可以完成自然人到社会人的转变，即使是先天条件非常优异的天才。这可从心理学上的著名例证"印度狼孩"得到证明，况且他不是孤证，随后的许多相似例子也说明了同一个问题，正所谓"性相近，习相远"。人类为了自身的发展进步，薪火相传，经过一代又一代的历史传承，不断创新和积淀，创造了多姿多彩、光辉灿烂的科学文化，在这样厚重的文化底蕴中，教育通过以文化为背景，以文化为媒介去完成个人的社会化，通过教育"人在社会化过程中完成文化的内化，进而实现文化的传承和创新。教育使人具有社会和文化的特性，这不仅是社会发展进步的条件，也是人实现自我价值的需要"②。在个体社会化的过程中，充分体现出个体的文化张力，在身体—心理—社会—时间这一个四维空间坐标结构中，体现其社会生命、文化生命、精神生命的存在价值。虽然教育不是万能的，但是在人的社会化进程中，没有教育是万万不能的。成为社会人这一任务，最终必须由教育来完成。所以，教育是每一个个体的人从自然人到社会人经过的必然途径。因此，"教育活动和教育现象是教育学得以产生和存在的本体依据"③。教育学是育人之学，是成全生命之学，是创造生命价值之学。

（二）教育公平是创建和谐社会的最有效手段

和谐社会是指"人和自然之间、人和人之间的矛盾的真正解决"。这是马克思在《1844年经济学哲学手稿》中把和谐视为未来理想社会的基本特征。创建和谐社会，首先，必须实现社会公平。而社会公平分为起点公平、过程公平和结果公平。其次，教育公平是人发展起点的公平，是社会公平的重要组成部分。教育公平是社会公平的基础，因为"教育能够显著地改善人的生存状况，促进社会稳定和可持续发展，因而被视为实现社会平等的最伟大的工具"④。从某种意义上讲，没有教育公平就实现不了社会平等。

① 李延平．生命本体观照下的教育［J］．教育研究，2006（3）：35.
② 李延平．生命本体观照下的教育［J］．教育研究，2006（3）：36.
③ 冯建军．论教育学的生命立场［J］．教育研究，2006（3）：30.
④ 史亚娟、华国栋．论差异性教学与教育公平［J］．教育研究，2007（1）：36.

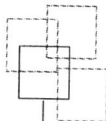

人的生命权是与生俱有的，从出生至死亡，贯穿始终。受教育权是天赋人权。千千万万的教育工作者殚精竭虑，用尽其毕生精力，就是为了实现人类社会公平正义、和谐发展的伟大理想。虽然，理想和实际有非常大的差距，教育平等只能是一种理想，而不平等则是现实。但是，我们不能因此而放弃我们的教育理想。教育公平之所以成为当代世界各国制定教育政策的基本出发点，个中原因除了接受教育已经成为现代社会公民的基本人权外，教育还能够显著地改善人的生存状态，实现社会阶层正向流动，是促进社会和谐发展的催化剂。

北京师大教育系李立国在《教育公平辨析》中说"现代教育的一个基本特征就是普及性与民主化，人人应该享受教育，也应该接受教育，教育是每个人发展的基本前提，是促进社会发展的最有效手段之一。古代教育是等级性和阶级性的教育，是以财富、门第、出身为标准来享受教育的，教育存在着特权。而现代教育是普及性、民主化的教育，必然要求体现公平"。教育公平还反映了我国社会主义教育事业的本质特征，这种本质特征首先体现在人们接受教育的机会均等和起点公平，即宪法意义上的"权利平等"，并且通过法律形式予以保障。尽管从客观上说，我们不可能排除社会个体之间存在的先天差异，但是后天的起点不公平的原因则主要源于地域环境、经济发展程度、社会制度以及政府和社会的教育价值取向与教育政策选择。当前出现"上学难"、"上学贵"问题的重要原因之一，就在于公共教育资源分配和享有的不平等。从经济学角度分析，教育公平的实现离不开教育资源的均衡、合理分配。教育公平的一个重要原则就在于教育机构之间和教育群体之间能够公平地分享教育资源，并最终落实到受教育者对教育资源的分配和使用上。从这个意义上说，公共教育资源的合理配置，是教育均衡发展和实现教育公平的必要条件。教育应该作为政府提供的一种公共产品，具有非竞争性和非排他性（即不能把贫困地区、贫困学生的消费权利排除在外），真正实现教育在人的发展中的作用，而不能够把教育作为一项产业来对待，办好一个人民群众满意的教育，是一个负责任的政府不可推卸的职责。实现教育公平是构建和谐社会的必由之路，也是实现人的公平发展的必由之路。因此，应该将教育的公益性作为政府向全体公民提供的公共产品的主要属性，回到教育的本原，即关注人的发展上。在此意义上，教育学承担着研究怎样通过不同的途径研究教育过程的差异性，资源配置的合理性，从而为政府制定教育公共政策提供依据。努力促使教育公平的意识成为全社会的共识，以教育公平促进社会和谐。

（三）教育是实现人生价值的最伟大的工具

人类学家兰格维尔特指出："人是教育的、受教育的和需要教育的生物，其根源都在于人的身体素质方面"①。从人的身体素质方面看，人所具有的双重生命特征属性，即人的生物属性和人的社会属性，其生物属性完全由遗传因素决定，是生物的和生理的物理因素，是一个常态函数；而社会属性的进程则完全取决于后天教育。后天教育是一个多变元函数，是一个随人的生存环境、教育程度、宗教信仰、经济条件等多变量关系而变化的函数，而非常态函数。如果以人的发展为因变量，教育因素作为自变量的话，其自变量和因变量一般呈现正相关的关系。因为教育既展示了人的意识存在，又促成了意识的发展。通过教育，唤醒了人深深潜藏的生命价值意识，启动了人认识自身和社会的社会意识，点燃了人生命前进发展的发动机，激发了人内心深处巨大的潜能。由于"人是双重生命的存在。正是这种生命的双重性，使人的生命体现为自然性与超自然性、有限与无限、现实与理想、事实与价值、实然与应然等的矛盾性"②。因而，人是既具有自然生命又具有超自然的价值生命，体现在自然生命与价值生命的统一体中。"人的价值生命的获得与生理生命不同，它不是通过基因遗传，而是通过社会遗传、文化遗传。而社会遗传、文化遗传是由教育来完成的"③。追求人感性和理性的发展，追求人生命的最大价值，从而追求在有限的生命里创造获得无限的价值生命是人人都想获得的最高理想境界。这是人不同于其他生命的价值追求，是自从有人类以来的生命活动本性，生生不息一代代延续下去的。

人的生命不能离开教育，生命的价值存在于教育活动中。因此，教育是人类进化、发展、延续的催化剂和人类文明的助推剂。教育因为人的需要而产生，人因为受到教育而获得生命的价值。不可否认，人的生命价值蕴涵于教育之中，由于受教育程度的差别，各个受教育层次的人群就统计数字而言对社会的贡献当然也不同。由于贡献不同，附着在其上所体现的社会价值也不同。就统计数字看，小学、中学、专科、本科、硕士、博士等各个教育层次与其社会评价，个人生活收入水平、社会适应能力、创造的社会价值是有着明显的正相关关系的。"教育就是要唤起沉睡于生命深处

---

① ［德］O. F. 博尔诺夫著. 教育人类学［M］. 上海：华东师范大学出版社，1999：36.
② 冯建军. 论教育学的生命立场［J］. 教育研究，2006（3）：32.
③ 冯建军. 论教育学的生命立场［J］. 教育研究，2006（3）：31.

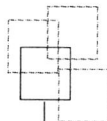

的自我意识，将人的创造力、生命感、价值感唤醒。意识是生命之灵，是生命主动发展的力量。唤醒发展的意识，挖掘生命潜能的力量，生命的成全就有了用之不竭的动力"①。人们通过教育，能够引导个体生命发展的方向，为生命发展提供源源不断的动力，去点燃对生命发展意识的熊熊火焰，充分挖掘生命潜能的力量，张扬生命的个性。

因此，教育问题的根本是通过对人提供良好的教育，从而发挥人的生命价值。教育是"直面人的生命，通过人的生命、为了人的生命质量的提高而进行的社会活动，是以人为本的时代中最体现生命关怀的一种事业"②。只有把教育活动植根于提高生命的价值当中，植根于人类追求崇高的自由、平等、公平理想，植根于创造永存于世的光辉灿烂的人类文化延续实践之中，教育才能获得源源不断的动力源泉，找到教育存在的理由和根基。

教育学是一门研究教育的学问，教育在实践中产生。我们需要建立以教育事实为基础，以研究教育问题为主线，以教育的生命价值为坐标，以人为本的教育价值观和教育学的研究范式。在教育学的理论框架内，以丰富的教育实践为基础，从人可持续的发展观出发，确立教育学的生命价值观理念，关注人的发展，关注人的生命价值，并由此出发作为教育学理论思考的内核性问题，形成教育学的学科立场，以研究教育为己任的教育学才能真正得到发展，教育学才能在此基础上枝繁叶茂。

****
*　　　天下不可一日而无政教，故学不可一日而亡于天下。　　　*
*　　　　　　　　　　　　　　　　　　　　　　　　——王安石　*
****

---

① 冯建军．论教育学的生命立场［J］．教育研究，2006（3）：33.
② 叶澜等．教育理论与学校实践［M］．北京：高等教育出版社，2000：136.

7

地方经济与高等职业教育发展关系的研究

李忠岘①

摘　要： 文章以云南经济发展的现状为切入点，对当前高等职业教育体制与地方经济发展存在的矛盾以及高职院校毕业生就业形势变化、压力增大的原因作了系统的分析。

关键词： 高职教育　地方经济　高职毕业生

一、地方经济发展与高职教育间存在矛盾

云南是一个边疆、多民族、经济欠发达的省份，地区间的经济发展水平不均衡。2002 年以来人均 GDP 超过万元的只有昆明、玉溪、曲靖等几个地市。大部分地市的人均 GDP 仅在 2 000 元左右，特别是人均纯收入还不足 1 000 元的地市，只处于解决温饱的水平线，而且城镇化水平相当低，城乡差距比较大。云南的高职教育就是在这一环境中曲折发展的。高职教育就是就业教育，也是针对性教育，高职教育不能脱离社会发展要求而独立存在。从社会和经济发展的角度来看，高职教育首先要立足本地经济发展的要求，其次是瞄准应用型、技能型的人才规格，最后是职业岗位的技术提升和技能的升级。从当前云南经济发展的趋势来看，高职教育与地方经济发展间存在矛盾。

第一，地方经济与高职教育模式的矛盾。由于历史的原因，许多高职院校的教育仍在沿用着老一套模式。一是较多地偏向于"职业教育普教化"现象。一些学校仍实行传统的研究性教育模式，加大基础课的比重，削弱了职业技能的训练，或只是根据相关专业进行缩减，没有自己实用的东西，实际上就成了本科教育的"压缩饼干"，失去了高职教育的特色。二是频繁的攀升现象。许多高职院校将学生专升本的比例作为自己教学质量和办学

---

① 作者简介：李忠岘（1977—　），男，云南国土资源职业学院职业指导师、经济师，研究方向为高等职业教育。

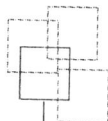

成功的标准，片面地追求对口的升入率。其实专升本只能作为高职院校提高就业率和学生提升自己的一种方法。还有一些不具备办学条件的中等学校的升格，它们短时间内难以脱去传统中等教育的外衣。高职教育是培养生产、建设、管理、服务的一线应用性、技术性人才。那么教学安排上必须以培养实践能力为基础，注重理论与职业技能的有机结合，目的就是适应市场需求。高职教育的教学应以理论"适度、够用"，实践"上手快、操作强"的原则进行教学，但这也不是绝对的，对于某些技术含量高的专业，应加大实践教学的学时，对于理论要求高的专业，可适度加大理论教学的学时数，灵活调整教学计划，使毕业生适应新型经济发展对实用型人才的需求。高职院校须清楚地认识到我们培养的是适应社会需求的高级蓝领，是既会讲理论，又能动手搞操作的高级技术人才。由于我国不同地域之间经济及社会发展不平衡，导致我国大中城市劳动力市场和中小城镇劳动力市场之间存在着明显的差距。这种差距直接影响着高职教育的发展，它让高职毕业生在选择就业地域时，常常把大中城市作为自己的首选目标，这种差距也直接影响着毕业生的就业机会。对经济发展缓慢、现代化水平不高的云南来说，城乡之间的这种差距更为突出。根据云南省 2006 年第三季度劳动力市场供求分析①（以昆明市②、玉溪市、曲靖市为例），可以得出各地劳动力供给和需求极不协调，经济发展越不平衡，城乡差距越是明显，说明地方经济的发展直接制约着本地高职教育的发展。

2006 年全省和部分发达地区第三季度劳动力市场供求分析

（按产业分组的需求人数）

产　业	城　市	需求人数	求职人数	需求比例
第一产业	全省	8 625	7 362	1. 17 : 1
	昆明市	1 102	1 009	1. 09 : 1
	玉溪市	781	1 118	0. 7 : 1
	曲靖市	194	119	1. 63 : 1

---

①　云南省劳动和社会保障厅. 云南省 2006 年第三季度劳动力市场供求分析. 云南省劳动保障在线，2006. 11. 2.

②　昆明市职业介绍服务中心. 昆明市 2006 年第二季度劳动力市场供求状况公告. 云南省劳动保障在线，2006. 7. 25.

续　表

产　业	城　市	需求人数	求职人数	需求比例
第二产业	全省	43 260	42 013	1.03:1
	昆明市	8 175	6 953	1.18:1
	玉溪市	1 711	2 254	0.76:1
	曲靖市	3 066	2 487	1.23:1
第三产业	全省	95 891	94 693	1.01:1
	昆明市	30 809	18 806	1.64:1
	玉溪市	5 062	4 572	1.11:1
	曲靖市	4 701	5 160	0.9:1
无需求	全省	–	7 146	–
	昆明市		2 141	–
	玉溪市		1 497	–
	曲靖市	–	1 899	–
合计	全省	147 776	151 214	0.98:1
	昆明市	40 086	28 909	1.39:1
	玉溪市	7 554	9 441	0.8:1
	曲靖市	7 961	9 665	0.82:1

　　第二，地方经济与高职毕业生就业的矛盾。当前市场需求状况是高级技师、技工短缺的现象严重，劳动力素质与岗位需求不适应的结构性矛盾也更加明显。据统计，在劳动力市场供给中，技师和高级技师只占1.5%，高级技工占3.5%，中级工占35%，初级工占60%，但从1999—2004年间，全国高校的连续扩招，使社会的就业压力不断增加。在这样的大环境下，就形成毕业生一毕业就有可能面临失业。就业问题已经成为全局性的经济与社会问题，如此庞大的就业队伍，给有限的就业市场带来了巨大的压力。随着就业形势的严峻，各单位人才高消费的情况也比较严重，高职毕业生的就业难度就可想而知了。云南地处边疆，经济不发达，地方产业相对较少，就业岗位明显就少，整个人才市场处于僧多粥少的情况，高职毕业生就业就更难了。

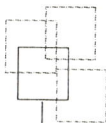

第三，地方经济发展对高职毕业生就业意识的影响。通过对本院 2006 年毕业生的就业意向进行了调查，数据截止日期为 2006 年 11 月 30 日，对象是已经签订云南省大中专毕业生就业协议（以下简称协议），落实就业单位和待就业毕业学生，涉及全院 5 个系 11 个专业，共 795 人，结果是：（1）已签订协议到单位报到和未签订协议以其他用工合同方式到单位报到的毕业生 608 人，占毕业生总数的 76.48%，其中到民营或私企的为 231 人，占毕业生总数的 29.06%；到国有大中型企业的为 247 人，占毕业生数的 31.07%；到事业单位的为 102 人，占毕业生总数的 12.83%；自主创业的为 14 人，占毕业生总数的 1.76%；考取并录用为公务员 2 人，占毕业生总数的 0.32%；专升本 12 人，占毕业生总数的 1.51%。（2）没有签订就业协议、自愿回生源地就业的学生为 187 人，占毕业生总数的 23.52%。据调查，准备再考公务员的 97 人，占待就业学生总数的 51.87%，无就业意向的 48 人，占待就业学生数的 25.67%，自认为专业不对口，不想就业的 37 人，占待就业学生数的 19.79%，其他无法统计的 5 人，占待就业学生数的 2.67%。

经笔者对本地高校毕业生就业及相关问题的调研，可以得出：一方面毕业生思想观念已经有很大的改变，到民营或私企就业的学生比上一年有所增加；另一令人担忧的方面是本地的毕业生不愿出省就业，大部分还是盯着政府、机关公务员、事业单位和国有大中型企业，大部分学生还一门心思考公务员，缺乏创业精神，只想安逸稳定工作的还占绝大多数，而没有从自己的实际考虑问题。我们的毕业生要多问自己：对个人的定位合理吗？有理由一出校门就拥有高职位、高薪的工作岗位吗？自己期望的回报与能力相匹配吗？云南经济欠发达，市场的需求量有限，已经出现了严重的供求失衡，劳动力的供给远大于市场需求。云南的经济发展状况就是不能满足大多数毕业生都到政府、机关、大企业，偏偏部分高职毕业生仍不能正确认识自己的特长、专业特色，不明白真正能让自己发挥所长的岗位到底是什么。我们的毕业生应结合本地经济发展状况、自己的综合能力、素质，合理评估自己，树立正确的人生观、价值观、就业观与择业观，合理规划职业与未来，给自己创建一条切实可行的人生路。

二、结合地方经济发展现状，把握高职教育人才培养方向，确定办学定位

人才是靠经济来支持的，发展经济是解决就业难问题的根本途径，云南各地区所处的地理位置、自然资源、人文资源等方面的不同，各地区的经济发展方向、规划目标存在着较大的差别。高职教育的人才培养主要是为地方经济的发展服务，换句话说，高职院校的人才培养目标与地方经济发展的方向应保持一致性。高职院校在确定办学方向和专业设置时，应尽量了解当地经济发展的状况，密切关注当地经济发展和规划目标，并以此为导向来确定学校自身的办学方向，做到定位合理、准确。例如，云南的经济属投资拉动型，产业结构不合理，农业基础薄弱，远远赶不上内地农业发展的迅速；制造业不发达，导致第二产业发展相对滞后；第三产业从1995年以来，以年平均9%的速度增长，2002年占全国GDP总量的36.11%，高出全国平均水平3个百分点，依过去五年的发展来看，第三产业已逐渐成为云南的支柱产业。从云南省2006年第三、四季度劳动力市场供求分析中可了解到，目前市场需求缺口最大的前十个职业都是服务业，据此可得出云南的就业市场还有潜力可挖，我们应积极地去挖掘这一巨大潜力。所以高职教育应关注不同区域内的经济发展和规划目标，把握高职教育人才培养的方向，做到高职教育的发展与地方经济发展相适应，才能培养出适销对路、保证质量、受社会欢迎的高级技能型、应用型人才。

三、以经济发展为基础，"三个导向"为核心，加大教学改革力度，确保高职教育的可持续发展

德国、美国、法国等发达国家高职教育成功的经验表明，在工业快速发展和经济结构转型的阶段，必须以积极发展培养应用型、技能型人才为目标的高职教育，这样才能为迅速扩充和升级的市场提供"适销对路"的"合格产品"。高职教育的生存和可持续发展必须依托于"三个导向"的办学模式，结合当地经济，深化教学改革，才能确保高职教育的可持续发展。

第一，坚持"三个导向"的办学理念，适应地方经济发展的需要。"三个导向"是以就业为导向、以市场为导向、以社会需求为导向。高职教育就是就业教育，所以首先是以就业为导向。以就业为导向也是以市场为导向，对企业来说，是生产适销对路的产品；对高职院校来说，是培养出圆满完成学业、懂理论、会操作、适应社会需求的毕业生。企业产品的销售过程，正是高职院校毕业生走向社会的过程。毕业生能否顺利、充分就业，对树立学院社会形象、打造品牌，促进其健康、稳定地发展至关重要。由此，可以说以就业为导向就等于以社会需求为导向，即培养出在自己的专业知识领域、综合素质方面适应社会对人才多样化的需求。以市场为导向

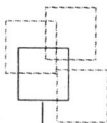

的教育，必须充分遵循市场运行的规律，在市场经济发展的新格局下，实现学校教学资源的合理配置。从另一方面讲，高职教育是服务于地方经济发展的，它的切入点就是学校所在地及周边的地域。因此，研究高职教育的发展问题，必须首先研究地方经济结构的特点和发展趋势，换句话说，探寻地方经济发展的特点就是探寻高职教育在本地发展的潜力。只有准确地把握地方经济发展的脉络，才能掌握其发展的趋势，才能保证高职教育健康、稳定地发展。

第二，要使高职教育长期、稳定地可持续发展，高职院校要深化改革。首先以增强学生的职业技能和创业能力为核心，深化教学内容和教学方法改革。高职教育主要是培养职业能力，在教学计划的制订中应以理论"适度、够用"，实践"上手快、操作强"的原则进行教学，在教学计划制订上，理论与实践教学的比例可按1:0.8或1:1进行，对于某些技术含量高的专业，应加大实践教学的学时；对于理论要求高的专业，可适度加大理论教学的学时数。高职院校的办学应面向社会和市场需求来调整专业结构、专业设置及专业培养目标；大力发展面向新兴产业和现代服务业的专业，推进课程体系和课程内容的改革，不断更新教学内容，积极开发新课程和新教材，增强高职教育的针对性和适应性，抓好校内外实习、实训基地的建设，采取"产—教—学—研"结合，校企联合等教学方式，建设一批适应市场需要的精品专业，增强高职院校的社会适应能力。改革以学校和课堂为中心的传统人才培养模式，增强学生的生产实习和社会实践能力，争取实现学习实训的时间为一年，达到强化学生的实际操作能力的目的，从而使学校的教学内容与企业岗位需求"零距离"贴近。学校按企业对学生知识、技能的要求，采取针对性教学，实现教学现场与生产现场同步，这样可以让学生了解企业，缩短毕业生思想观念和实际工作角色的转变过程；另一方面，使企业真正了解学校，更好地考察我们的毕业生。在师资建设上，增加教师的职业意识，提高教师的专业水平，加快建设"双师型"教师队伍的步伐，逐步扩大教师在职培训和学力提升力度，专业课程教师应取得职业资格证书；实施高职院校的实习、实训制度，教师每年都要到企事业单位或基层单位进行一段时期的专业实践，以此作为其升职、晋升的必要条件，积极推进"名师工程"，加大人才引进，改革学校的师资队伍结构，提高教师队伍的整体素质。

第三，为提高毕业生适应市场的能力，高职院校要不断探索办学模式。为便于满足市场多样化的需求，推行学分制和弹性学制，扩大学分制的范围,逐步缩短学制,推行半工半读、工学交替、分阶段完成学业的具有高职特色的教育教学模式。

首先,根据学生的实际文化水平、修养和个人对就业及相关问题的实际需要,调整基础课程教学目标,积极开发面向不同专业的理论基础课程,实施有针对性的个性化教学,使学生能够顺利学完所选课程。通过积极推进区域间、学校间和专业间的学分互认,承认学生已有的学习成绩和职业实践经历以及改进和加强对实行学分制的学校教学安排和教学质量的检查与评估,并形成教育教学质量评价和监控体系等,进一步建立和完善学分互认机制,确保教育教学质量。

其次,由于学生学习基础和能力的差异,学习进度有快有慢,市场变化和企业用人需求的急缓,部分学生就需要提前就业和创业。那么学校应根据学生的实际情况让其有足够的时间到用人单位完成实训实践,争取岗位,在用人单位任务少的时候,再回到学校加强理论的学习,这样既克服了过去学年制的不足,又满足了学生的合理要求。

再次,根据市场对用人的实际需求,允许符合条件的学生提前修满教学计划的全部学分,并提前毕业;在规定年限内难以达到毕业要求的学生,可申请延长学习年限,推迟2~3年毕业;入学满1年,取得正式学籍的学生,可申请实行工学交替,分阶段完成学业,为学生提前就业和创业提供了宽松的环境,较好地解决了正常教学与企业用人需求的矛盾。另一方面加快高职教育信息化、现代化的进程,充分利用现代信息技术,为学生提供质量优化的教育资源,同时加强学生的思想政治教育,以敬业和诚信为主要职业道德培养目标,全面提高学生的综合素质和实作技能。加强高职教育的科研工作,促进其宏观发展和高职院校的全面改革和发展,把学生的实作能力培养和基础理论教育提高到同一高度,苦练内功,树立学校的品牌,严把质量关,加强学生实习实训,增强就业竞争力,采取"请进来、走出去"的开放式办学模式;完善"订单式"教育的人才培养模式,学校根据单位的要求,签订订单;教育体系上,借鉴发达国家高职教育成功的经验,强化以理论教学为基础,以实践教学为中心的教育理念,实现以课堂教学为辅,以专业实践教学为中心;以教师的教为客体,以学生的学为主体的教育教学模式,建立和完善就业指导和服务体系,成立就业服务专门机构。

地方政府和教育行政部门要强化高职教育的统筹协调和宏观管理,着眼于经济和社会发展的全局,切实转变职能,制订高职教育发展规划、组

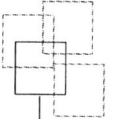

织教学质量和办学水平的评估，开展对高职院校的教学监督。加强政府指导、监督等措施，营造有利于高职教育改革发展的良好环境。同时大力宣传高职教育的高技能、高素质、应用型的人才在全面建设小康社会中的重要作用，营造让全社会重视、支持高职教育的良好氛围，使高职院校全面适应社会、经济、市场发展的需求，实现高职教育健康、稳定的可持续发展。

参考文献：

[1] 李忠岘. 论高职毕业生与云南本地经济发展的关系 [J]. 中国科技信息，2005 (7).

[2] 熊惠平. 高职教育实行"订单培养"模式的困难与问题 [J]. 河南职业技术师范学院学报，2004 (4).

[3] 黄瑞敏. 关于高职教育的思考 [J]. 中国高职高专教育网，2006－11－10.

[4] 荆德刚. 理性分析高校毕业生就业形式 [N]. 中国教育报，2006－03－2（第五版）.

[5] 张启富. 高职教育就业导向的适应性问题研究 [J]. 职教论坛，2006 (3).

[6] 王婉芳. 地方经济发展为导向培养适用型人才 [J]. 中国高职高专教育网. 2005－10－20.

[7] 中共云南省委云南省人民政府关于大力推进职业教育改革与发展的意见 [M]. 云南省办公厅云发 [2005] 18 号，云南省电子政务门户网站，2006－12－02.

＊＊＊＊＊＊＊＊＊＊＊＊＊＊＊＊＊＊＊＊＊＊＊＊＊＊＊＊＊＊＊＊＊
＊ 教育学，特别是教育理论，首先是在实践上适应一定目的的科学。＊
＊ 如果我们不向自己提出一定的政治目的，那我们就不能够单纯地去教 ＊
＊ 育人，也就没有权利进行教育工作。没有明确的、广泛的和人所共知 ＊
＊ 的目的的教育工作，会变成脱离政治的教育工作…… ＊
＊ ——马卡连柯 ＊
＊＊＊＊＊＊＊＊＊＊＊＊＊＊＊＊＊＊＊＊＊＊＊＊＊＊＊＊＊＊＊＊＊

高职院校实施审美教育的理论思考

高徽南①

摘　要： 论文针对部分高职学生学习状况不理想的情况，从审美教育的角度对问题进行理论思考，认为通过审美教育能促进高职学生情感内省，并朝着健康、美好、高尚的方向发展。重视和加强审美教育，是高职院校健全人才培养目标，走可持续发展道路的重要途径之一。

关键词： 高职院校　审美教育

一、问题的提出

进入 21 世纪，高职教育像雨后春笋般在全国迅速地发展起来，高职教育不仅为许多学子提供了继续学习的机会，而且开辟了人才培养的新模式。但是，随着高职教育的蓬勃发展，我们也发现了一些问题：从学生方面看，相当一部分高职学生的学习状况很不理想，他们学习积极性不高，目的不明确，学习基础差，厌学甚至缺课等。从教学方面看，重视职业性、技能性而忽略审美教育的现象较为普遍。高职教育强调技能培养无可厚非，但过分强调职业技能训练，导致高职学生缺乏应对复杂人生的能力又令人担忧。如何激发高职学生学习的积极性？如何树立高职学生健全的人生观？这些问题与高职教育的可持续发展密切相关。

二、问题的归因

造成高职学生学习积极性不高，学习状况不理想的原因是多方面的，归纳起来主要有以下几点：

1. 自信心不足。选择上高职院校的学生，多数是高考分数达不到本科线不得已而为之。到高职院校读书，有的学生感觉低人一等，学习打不起精神；有

①　作者简介：高徽南（1965 年 4 月—　），女，彝族，西双版纳职业技术学院副教授，主要从事汉语言文学及少数民族文化研究。

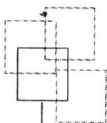

的则对自己的智力和能力产生怀疑和动摇，缺乏面对挫折的勇气和信心。

2. 适应环境慢。到了高职院校，整个管理模式与中学大不相同。如班主任不会再像中学那样整天盯着学生的学习，于是一些学生不能适应高职院校以自我管理、自主学习为主的生活，容易形成学习积极性不高的现象。另外进入高职院校后，学习内容的专业化、深度和难度比以前加大，学习方法也较中学有所不同，导致一部分学生学习有困难，对专业不感兴趣，学习效果不理想。

3. 对未来感到迷茫。部分高职学生对严峻激烈的市场竞争缺乏正确认识。特别是看到或听到学兄、学姐们在求职过程中的碰壁，使他们紧张不安，感觉未来没有出路，所以学习积极性不足。

4. 审美观缺失。随着我国改革开放的深入，民族文化与西方、港台文化广泛交流、相互影响，文化的撞击带来了心理的冲击，加之社会上行贿受贿、金钱至上、享乐主义等不正之风的影响，使一些学生对社会产生悲观失望的心理，美好的世界在他们眼前只有一片灰色，不知道怎样调整心态来应对复杂的生活局面。

三、实施审美教育的理论思考

众所周知，人性中有许多东西不是仅仅靠理性就可以把握的，如情感、想象、无意识等具有非理性成分的心理因素，这些心理因素往往可善可恶。要想使它们都朝着健康、美好的方向发展，就必须从内因加以诱导——实施审美教育。

审美教育是指导学生认识什么是美的一种素质教育。审美教育的目的是除去人性中卑劣的成分，发现人性中美好、崇高的一面，使人对生活的态度变得更加积极，思想变得更加健康。从高职教育来说，我们实施审美教育的目的是：帮助高职学生形成正确的审美观；培养高职学生健康的心理素质；塑造高职学生高尚的人格；提高高职学生对现实世界的感知、鉴赏、创造和应对的能力。只有审美教育才能越过人的理性和意识而达到非理性和无意识层次。因此，针对部分高职学生学习态度不积极，目标不明确的问题，仅靠学校的一些管理措施和硬性要求是不可能彻底解决这类学生的思想和意识问题的。只有采取触及心灵的审美教育和常见的法规教育，双管齐下，才能达到"标本兼治"的目的。人类对美有一种天然的趋向，通过审美活动，使生命中那些不受理性控制的因素能够符合理性的要求，从而达到高职学生自我教育的目标。所以，在高职院校中，重视和开展审美教育，使之渗透于各个环节十分必要。具体可以从以下几方面实施：

1. 珍爱生命——审美教育的基础。对高职学生实施审美教育，首先要让学生具有生命意识。所谓生命意识是人作为一种生命的自我意识，其内涵是尊重、珍惜和热爱生命。生命只有一次，这是每个人都知道的事实，但不是每个人都知道该怎样珍爱生命。其实珍惜时间就是珍爱生命的一种表现。然而，部分高职学生对未来迷茫，不知道抓紧时间学习，浪费青春还不以为然，实在让人痛心。没有生命意识的人，不可能有目标地规划人生，当然要掉进迷茫的漩涡。所以，具有生命意识的人，才会珍惜自己的生命，才会热爱生活，才会懂得让有限的生命最大限度地呈现应有的价值。同时，也只有具有生命意识的人，才知道如何尊重其他生命的价值，才能真正具有宽广无私的胸怀，才能不为世俗和眼前的功利所遮蔽，发现生命真正的美，这种美能引导高职学生向善。所以，审美教育的第一步是要让学生学会并懂得珍爱生命。

2. 建立目标——审美教育的起点。目标是人生的灯塔，建立目标是前行的起点。一个人热爱生命才会热爱生活，热爱生活才愿意建立目标。热爱是最好的老师，正如孔子所说的："知之者不如好之者，好之者不如乐之者。"热爱生活的人，才愿意珍惜光阴，才会端正学习态度。帮助学生建立目标是发展事业的起点。每个高职学生的学习都应该有一个基本的目的，但是具体目标以及达到目标的途径和方法要靠教师引导，学生自己设计。教师的引导必须从学生一进校就开始，通过举办讲座，开展活动课等对高职学生进行职业生涯规划和激励教育，指导学生对学习和生活的目标进行阶段性的分解，使学生通过渐进性和阶段性的方式逐步实现目标。具有成就感，学习的兴趣就能激发出来。

3. 科学审美——审美教育的发展。高职学生除了建立科学的学习观外，还要建立科学的审美观。目前，我国还处于转型时期，社会上行贿受贿、金钱至上、享乐主义等不正之风冲击着高职学生的心灵。面对腐败现象，血气方刚的年轻学生，有的能客观地对待这些现象，有的却不能。他们要么怨天尤人，要么对现实不知所措，对社会、对学校产生悲观失望的心理，在纷繁复杂的社会中，找不到自己的位子，这种情绪直接影响到学生的学习态度。建立科学的审美观，就是要教育高职学生不能只看到社会的阴暗面，还应看到社会进步的积极面。从新中国成立到现在短短几十年时间，我们国家发生了翻天覆地的变化，人们生活水平的提升有目共睹。所以，高职学生用什么心态看待社会万象，用什么心态看正在发展中的高职院校，

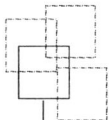

对其学习态度有直接的影响。一个人如果眼中只有阴暗面的事物，心灵必然阴暗，那他将会失去奋斗的动力。所以建立科学的审美观是发展审美教育的重要一环。

4. 知美爱美——审美教育的关键。爱美之心，人皆有之。这个美不仅是外在的，更有内在的。知美爱美的人必然是热爱生活的人，爱生活，学习才会有目标，生活才会有激情。作为高职学生，要让他们知道什么是美，比如刻苦学习，身体健康，知荣知辱，团结协作，不怕困难等都是美的表现。美在每个人身边，美从生活中的小事开始。知道美的内涵或学会审美，学生才会去追求美，这样学习和生活就有了目标，有了激情，有了信心。高职学生中，多数是因为高考分数较低，上本科的愿望破灭了才不得已报了高职院校，潜意识中带有失落的情绪。如果进到学校，得不到正确的引导，必然形成学习态度不端正、学习信心不足的局面。另外，由于高职教育以技能培养为主，部分学生片面地理解为突出技能即可，而忽略品质培养，一味追求实用价值，追求经济利益，导致审美标准降低，学习不扎实，态度不端正的倾向。所以，激发高职学生的学习兴趣就要告诉他们"既来之，则安之"、"条条道路通罗马"、"有志者，事竟成"等道理，帮助他们树立正确的世界观、价值观、人生观；教他们学会"业精于勤荒于嬉，行成于思毁于随"，并懂得学贵坚持、情要乐观的道理；让他们知道成才的路不是唯一的，读本科有本科的路，读高职院校有高职院校的路，世界是多元化的，无论是当水手还是当船长，只要爱岗敬业，不论成绩大小，都是美的行为，美的人生。美不神秘，美也不遥远，美更不是高不可攀，只要树立正确的审美观，任何人都可以通过努力获得不同程度的美感。所以，培养学生知美、爱美是开展审美教育的关键。

5. 学会感恩——审美教育的内趋力。感恩者是因为他知道施恩中有一种美，知恩就是知美。教会学生知恩、感恩、报恩，是培养他们成为对人、家庭和社会负责的内趋力。感恩励志教育是一种由内而外的"内在"教育，它从人性的本真、本善出发，唤醒人们遗忘或麻木的良知，深挖真、善、美中人性的原动力，以此冶心扶志，直接促进了学生对道德和人本的理解，对个性的主动发展，实现由"人要我学好"到"我要我学好"的主体性转化。高职学生中有许多是独生子女，从小受到多方面的关爱，以至于选择专业都是父母包办的，所以学习的主动性不强，自我管理能力差，遇到困难缺乏应对的能力。进校后，通过审美教育，适当进行换位思考，让学生理解天下父母的良苦用心，学会知恩感恩，逐步调整心态，提高学习兴趣，建立学习目标，健全人格的发展。

6. 寓美于教——审美教育的浸润。作为教师如何在教育教学中开展审美教育呢？

第一，教师要善于挖掘学科中的美学因素。无论是自然科学还是人文科学，每一门学科本身都蕴涵着许多审美因素。教师要善于挖掘学科中的美学因素，并对学科中的各种审美因素作出相应的体验和评价，使之感染学生，引导学生以审美的观点来认识和学习科学，从更深层次的角度来感知科学知识的魅力。把审美教育渗透到教学的全过程，使学科教学与审美教育相结合，这将是现代教学发展的一个必然趋势。如讲授《大学语文》中《陈情表》一课，教师不仅要挖掘文中体现了李密刚正的品格和雄辩的才华，还要引导学生体会文中更浸润着李密自幼父死母嫁的悲情，与祖母相依为命的亲情，从武帝而来的恩情，因祖母病重不能应召的愧疚之情以及愿为朝廷尽"微志"的忠情。要全面、深刻地把握课文的美学韵味。授课时，教师还要引导学生分析人物的审美标准，体会文中阐微显著的精神元素，挖掘文中的美学因素，达到对文章的理解不是表层的，而是透过字里行间看到李密的言行皆源于"以孝为本"的审美理想。这就是什么样的审美标准决定什么样的人生道路。其他学科也一样，只要教师善于挖掘，总能找到美的因素，因为科学本身就是一种美。当课堂中流淌真诚的旋律，师生间洋溢着和谐的氛围，那么上课就是一种享受，这时，我们还担心学生厌学吗？

第二，教师是审美教育的设计者。课堂教学带给学生的应是享受，是欢愉，是精神的升华，而这一切是由师生共同营造的，当然设计者是教师。教师应如何设计审美教育？这就要求教师坚守一个原则：在课堂上既要向学生传递知识和感情的信息，又要想办法从学生心底呼唤出"美的意境与情感的共鸣"，从而引导学生进入欣赏、想象和再创造的无穷乐趣中去。仍以语文课教学为例，美国作家欧·亨利的《最后的长春藤叶》这篇课文，小说从凄风苦雨中最后的几片藤叶和一个生命奄奄一息的少女写起，引出老画家贝尔门先生用生命的最后力量，在墙上画出那永不凋落的一片藤叶，挽救了少女的生命，故事动人。教学中，教师除了要分析小说"一粒沙里看世界，半瓣花上说人情"的精巧构思，领受小人物在贫困中美好善良的淳朴品格外，教师还要设计一个审美教育环节：就是让学生铭记——信念或是目标对生命是多么的重要。课文中那永不凋落的最后一片长春藤叶，象征着生存的信念，正是它，一片微不足道的叶子，带给生命垂危之人信

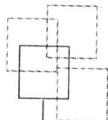

心，病人因此起死回生，改变了人物的命运。所以，教师要通过教学设计，启迪正在求学的莘莘学子思考，树立明确的人生目标和坚定的信念是多么重要。此外，在教育教学过程中，教师还要精心设计一些积极向上、有意义的活动，如开展丰富多彩的校园文化活动，引导学生建立正确的人生观。在活动中，让高职学生明白，在"终日奔忙只为饥"的人生之外，还存在着另一种人生，那就是贫贱不能移、富贵不能淫、威武不能屈的人生。这种人生是人经过自我搏斗后战胜了人性中的渺小、卑下和低级趣味而得来的，它是灵魂对肉体的胜利，精神对物质的胜利，高尚对卑俗的胜利。这种人生才更值得人去活着，去体味，去奋斗。有了崇高的精神境界，高职学生对人生的认识必然得到提高，他们会从心灵深处自觉纠正消极的学习态度，健康地成长。

第三，教师是审美教育的示范者。教师教学要有韵律和品位，这不只是专业水平的问题，还是文化底蕴积淀的问题。有了相应的文化底蕴，教师才能生发出具有审美价值的一言一行，才能成为审美教育的示范者。当代社会的功利主义和实用主义思想比较普遍，以至于许多人整天只是忙着票子、房子、车子，嘴里说的，耳朵里听到的都是工资、奖金、收入、福利等东西。一些高职学生耳濡目染社会的风气，思想受到了影响，不惜缺课去做临时工，为的是获取更多的经济利益和物质享受。赚钱享受是人生的一个重要部分，但如果说这是人生的全部，就大错特错了。疗救这种功利主义的良方是在高职院校广泛开展审美活动，推行审美教育。所谓"学高为师，身正为范"就是要求每一个教师要做学生的楷模。高职院校的教师如何做审美教育的示范者？首先，要坚信在功利活动之外，还存在着高雅脱俗的精神活动。高雅脱俗的活动可以抑制或减少人性中的兽性，发掘和放大人性中的神性，使人脱离低级趣味，从而变得更加高尚，使人生变得更有价值和意义。其次，教师在平时的言行举止中，要严于律己，率先垂范。比如，不准学生赌博，教师自己就必须杜绝赌博。否则，教师对学生的教育将是苍白的、无力的。

审美教育是心灵的体操，是建构和谐人格、使人得以完善和提升的一项社会工程。审美教育可以使道德精神得以升华，可以唤醒人的感性，使理性和感性达到平衡状态，恢复完整的人性。为此，笔者认为：重视和发展审美教育是高职院校培养合格人才、走可持续发展道路的重要一环。让我们为之而努力吧！

云南高等教育走向大众化

施　涌　成巧云　戴孟昆①

摘　要："十五"期间，云南省通过高等教育管理体制、投资体制、后勤社会化等一系列改革和"211 工程"、"省属重点大学建设工程"，促进了高校布局结构的调整，使高等教育规模快速增长，师资的数量和质量有所提高，办学条件总量有较快增长，推动了云南省高等教育的全面发展，基本完成了高等教育的"十五"计划，使云南省高等教育向大众化快速迈进，成为云南省自新中国成立以来高等教育发展最快的时期。

关键词：云南省　高等教育　"十五"期间

"十五"之初，云南省定下了高等教育领域的发展目标：高等教育毛入学率达到 8%，各类高等教育在校生折算后规模达到 31.84 万人，其中普通本专科 15.44 万人；力争高等教育毛入学率达到 10%，在校生折算后规模达到 39 万人，其中普通本专科 20.85 万人。②

"十五"期间，云南省通过实施"211 工程"、"省属重点大学建设工程"等，推动了高等教育管理体制改革和布局结构调整，取得了云南省高等教育的全面发展。到 2005 年，云南省博士学位授予单位达到 10 个；硕士学位授予单位达到 17 个；一级学科博士学位授权点发展到 10 个；博士学位授权点达到 40 个；硕士学位授权点增加到 422 个。高等教育发展目标总体上超额完成。全省普通高校由 2000 年的 24 所增加到 2005 年的 44 所。2005年，高等教育在学人数达 39.91 万人，比 2000 年增加了 24.87 万人。"十

① 作者简介：施涌（1962—　），男，云南省教育科学研究院高级教师；成巧云（1967—　），女，云南师范大学文新学院副教授；戴孟昆（1959—　），男，云南大学高等教育研究院副研究员。

② 本文数据来源：（1）云南省 2000 年至 2005 年教育事业统计公报；（2）全国普通高等院校在校生、人口数：2001 年至 2006 年全国统计年鉴；（3）教育部、国家统计局、财政部 2000 年、2005 年全国教育经费执行情况统计公告。

五"末，普通高等教育在校生 254 687 人：本科生 147 367 人，专科生 107 320 人，在学研究生 13 370 人（其中普通高校在学 12 625 人，科研机构在学 745 人；在学研究生中博士生 1 147 人，硕士生 12 223 人）。

高等教育毛入学率从 2000 年的 4.91% 提高到 2005 年的 12.65%，预计到 2008 年，云南省高等教育有望发生一次质的飞跃，即由高等教育的精英化迈入大众化的门槛。

一、云南省高等教育规模快速增长

从 1999 年全国高等院校开始实行扩大招生之后，云南省高等院校的数量、招生人数、在校生人数、学校的规模以及毛入学率都有较高的增长。

2000 年，云南省普通高等院校有 24 所，到 2005 年发展到 44 所（见表 1）；普通高等学校招生人数大幅上升（见表 2），从 2000 年的 31 955 人增长到 2005 年的 74 488 人，增长了 133.10%，平均每年递增 18.44%。其中 2000 年本科生 17 560 人，专科生 14 395 人，2005 年增长到本科生 43 308 人，专科生 31 180 人，分别增长了 146.63%、116.60%，平均每年递增 19.79%、16.72%。同时，云南省注重培养高级人才，硕、博士研究生招收数量也大为增加，2000 年全省招收研究生 1 231 人（含科研机构），到 2005 年全省招收研究生 5 483 人，增长了近 3.5 倍。其中博士生由 136 人增加到 384 人，增长了 1.82 倍；硕士生由 1 095 人增加到 5 099 人，增长了 3.66 倍。

表1　"十五"期间云南省普通高校发展数量表　（单位：所）

年　份	普通高校数量	比上年增长	增长比例（%）
2000	24	0	0
2001	28	4	16.67
2002	31	3	10.71
2003	34	3	9.68
2004	43	9	26.47
2005	44	1	2.33

表2 "十五"期间云南省普通高等院校招生增长情况表 （单位：人）

年　份	普通高校招生数量（人）	比上年增加（人）	增长比例（％）	在校生数量（人）	比上年增加（人）	增长比例（％）
2000	31 955	4 453	16. 19	90 409	16 507	22. 34
2001	42 455	10 500	32. 86	119 039	28 630	31. 67
2002	50 421	7 966	18. 76	143 419	24 380	20. 480
2003	57 217	6 796	13. 48	165 427	22 008	15. 35
2004	66 716	9 499	16. 60	200 644	35 217	21. 29
2005	74 488	7 772	11. 65	232 135	31 491	15. 69

"十五"期间，全省平均每万人口中，普通高等院校在校生人数增长保持较快的势头，但和全国的差距仍在继续扩大（见表3）。全省人口平均每万人中有普通高校在校大学生52.16人，由2000年的21.31人增加到30.85人，年均增长19.61%；全国平均每万人口中普通高等院校在校生人数的增长比云南省快，年均增长22.71%。因此，云南省和全国的差距由21.62人扩大为67.28人，扩大了3.11倍。

表3 "十五"期间全省平均每万人口中普通高等院校在校生情况

	2000 年	2001 年	2002 年	2003 年	2004 年	2005 年
云南	21. 31	27. 78	33. 10	37. 80	45. 45	52. 16
全国	42. 93	56. 34	70. 33	85. 79	102. 59	119. 44
相差	21. 62	28. 58	37. 23	47. 98	57. 14	67. 28

高校扩招后，云南省普通高校校均规模有了大的发展，2000年云南省普通高校校均规模为3 767人，到2005年发展到5 276人，增加了40%。

从2000年到2005年，云南省高等教育毛入学率增长了157.64%，虽然云南省和全国的差距扩大了1.59个百分点，但由于云南省高等教育毛入学率的快速提高，到2005年，云南省高等教育毛入学率已达到12.65%，已经逼近了高等教育大众化的门槛（见表4）。

表4 "十五"期间全国及云南省高等教育毛入学率增长情况

	2000 年	2001 年	2002 年	2003 年	2004 年	2005 年	增长（%）
全国	11.5	13.2	15.00	17.00	19.00	21.00	82.61
云南	4.91	6.11	8.64	11.0	11.15	12.65	157.64
相差	6.59	7.09	6.36	6	7.85	8.35	

"十五"期间是云南省高等教育发展最快的一个历史时期，在一定程度上满足了人民群众接受高等教育的需要。按照现在云南省高等教育毛入学率发展的趋势，云南省预计在2008年将跨入高等教育大众化的历史新阶段。同时我们也应该看到，由于历史的原因，云南省仍处于全国较低的水平，而且差距还在进一步扩大。据有关网络的资料显示，云南省的高等教育毛入学率在全国31个省（市、自治区）中仅高于贵州、西藏，列第29位。

二、高等教育结构进一步调整

云南省高等教育结构进一步调整，高校招生数、在校生数中的研究生、本科层次所占比例继续增大（如表5所示），但研究生层次所占的比例仍低于全国比例。

普通高等学校研究生、本科、专科招生数2005年比2000年分别增长3.69倍、1.47倍、1.17倍。2000年结构比例为3.36:53.11:43.53，2005年结构比例为6.54:54.34:39.12。其中研究生层次所占比例增长3.18个百分点；本科层次所占比例增长1.23个百分点；专科层次所占比例降低4.41个百分点。可见，随着高校的扩招，云南省普通高等学校结构层次重心逐渐上移。

表5 云南省普通高校招生结构表

	普通高校招生结构				
	1998 年	2000 年	2005 年	2005 年比 2000 年增减（%）	2005 年比 1998 年增减（%）
合计	100.00	100.00	100.00		
研究生	2.72	3.36	6.54	3.18	3.82
本科	53.35	53.11	54.34	1.23	0.99
专科	43.94	43.53	39.12	−4.41	−4.81

由于连续扩招中都不断地调整招生结构比例，使在校生结构比例也发生了变化。2005年全省普通高校在读研究生5 209人、在校本科生147 367人、专科生84 768人，结构比例为2.19：62.09：35.72，其中本科生所占比例比2000年增长2.81个百分点，专科生所占比例逐年下降。

高校专业结构调整力度加大，与加入WTO相关的专业发展较快。我国加入WTO后，法学、工商管理、金融、国际贸易等相关专业发展加快，计算机科学与技术、英语、经济、生物科学等较能适应社会需求的专业继续快速发展。据2001年统计，云南省普通高校在校本、专科学生人数最多的十个专业分别是：计算机科学与技术、汉语言文学、临床医学、英语、数学与应用数学、会计学、法学、旅游管理、经济学、物理学。

三、师资数量较快增长，质量有所提高

普通高等学校专任教师人数增长较快，教师学历继续提高（见表6），高级职称人数继续增加，但由于在校生规模迅速扩大，高校师资紧缺状况进一步加剧。2005年，云南省普通高校专任教师16 819人，比2000年增加7 582人，增长82.08%，年均递增12.73%；具有硕士研究生以上学历的专任教师5 235人，占31.13%，其中博士989人，占5.88%。

表6　普通高等学校专任教师学历情况

		博 士	硕 士	本科毕业学士*	其 他
2000年	人	244	1 957	5 216	1 820
	所占%	2.64	21.19	56.47	19.70
2005年	人	989	4 247	10 769	814
	所占%	5.88	25.25	64.03	4.84
2005年与2000年相比增减比例（%）		3.24	4.06	7.56	−14.86

＊本科毕业学士含研究生毕业中未授学位的。

普通高等学校专任教师中专业技术职务结构有比较明显的变化（见表7），2005年和2000年相比，具有正高级专业技术职务的教师增长1倍多，具有副高级专业技术职务的教师增长73.44%，具有中级专业技术职务的教师增长70.15%。但同时由于连续扩招，在校生规模大幅增加，新教师也大量补充，导致初级以下职称的教师占全体专任教师的比例有所提高。

表7　普通高等学校专任教师职称情况

		正高级	副高级	中　级	初级以下
2000 年	人	717	2 730	3 464	2 326
	所占（%）	7.76	29.56	37.50	25.18
2005 年	人	1 460	4 735	5 894	4 730
	所占（%）	8.68	28.15	35.04	28.12
2005 年和 2000 年 相比增减（%）		0.92	−1.41	−2.46	2.94

　　由于连续扩招，在校生规模大幅增加，生师比基本上每年都有提高（见表8）。据有关统计显示，2001 年除两所新审批的高校未招生外，全省26 所普通高校生师比达到 15.41:1，师资尤其是公共课教师紧缺现象继续发展，26 所普通高校中生师比超过 18:1 的就有 7 所，占 26.9%，其中生师比最高的学校达到 23.34:1。

表8　普通高校生师比

	2000 年	2001 年	2002 年	2003 年	2004 年	2005 年
生师比（%）	9.8	11.9	17.2	19.6	17.7	19.0
比上年 增加（%）		2.1	5.3	2.4	−1.9	1.3

注：2003 年后普通高校生师比按教育部新标准测算。

四、办学条件总量增长较快，人均增长不足

　　在"十五"期间，伴随着高校扩大招生以来，省财政加大了对高等教育的投入，同时动员和鼓励社会力量参与，各高校也积极筹措经费，努力改善办学条件。总的来看，云南省高等教育办学条件改善有喜有忧。喜的是：普通高校办学条件总量有较快增长，校园面积、校舍建筑面积及主要教学设施配置水平开始得到改善；忧的是：生均办学条件偏低，少数高校的办学条件仍然严重不足，尤其是普通高校在校生均预算内教育事业费（见表9）、普通高校在校生均预算内公用经费（见表10）有较大的下降，远远低于"十五"计划的目标。虽然生均预算内教育事业费、生均预算内

公用经费都和全国一样有不同程度的下降，但下降幅度比全国平均水平大，由比全国平均水平高 665 元、720 元到比全国平均水平低 501 元、364 元，这一方面反映高等教育扩招过快，另一方面也反映政府对高等教育投入的不足。

表9　普通高校在校生均预算内教育事业费（万元）

	2000 年	2005 年	2005 年和 2000 年相比增长（%）
全国	7 310	5 376	−26.47
云南省	7 975	4 875	−38.87
云南与全国相比	665	−501	−12.4

表10　普通高校在校生均预算内公用经费（万元）

	2000 年	2005 年	2005 年和 2000 年相比增长（%）
全国	2 921	2 238	−23.38
云南省	3 641	1 874	−48.53
云南与全国相比	720	−364	−25.15

2005 年全省普通高校的占地总面积为 30 122 亩，比 2000 年增加 19 964 亩，增长 196.5%；2005 年每万名在校生占地面积为 1 298 亩，比 2000 年增加 174 亩，增长 15.48%；校舍建筑总面积达 756.6 万平方米，比 2000 年增加 394.7 万平方米，增长 109.06%；2005 年生均校舍建筑面积为 32.59 平方米，比 2000 年减少 7.41 平方米，减少 18.53%。

2005 年全省普通高校固定资产总值达到 839 843 万元，比 2000 年增加 594 829 万元，增长 242.77%；生均固定资产值由 2.71 万元增加到 3.62 万元。其中教学科研仪器设备资产值 164 904 万元，比 2000 年增加 118 395 万元，增长 254.56%。生均教学科研仪器设备资产值由 5 144 元增加到 7 104 元。

2005 年云南省普通高校图书馆藏书 2 050 万册，比 2000 年增加 876 万册，增长 74.61%，但生均册数由 2000 年的 130 册下降到 2005 年的 88 册。

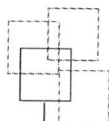

总体来看，在"十五"期间，尽管云南省高校办学条件总量有较快增长，但由于高校各类在校生增长速度远高于办学条件的增长，生均办学条件仍然较低。据统计，2001年按折合学生数（不含新审批设立的普通高校）计算，生均教学及辅助用房面积7.84平方米，生均教学仪器设备值3 794元，生均图书81.7册。26所普通高校（不含新批设立普通高校）中，生均教学及辅助用房面积低于10平方米的有15所，最低的学校为4.56平方米，生均教学仪器设备值低于4 000元的有18所，最低的学校为1 858.5元，生均图书80册的学校有15所，最低的学校为35.42册。

参考文献：

［1］云南省2000—2005年教育事业统计公报．

［2］云南省2000—2005年教育事业统计手册．

［3］2000—2005年全国教育经费执行情况统计公告．

［4］2001—2006全国统计年鉴．

* *

那些活泼而且很细心的蚕，那样自愿地、坚持地工作着，真正感动了我。我看着他们，觉得我和它们是同类，虽然在工作上我或许还不如它们组织得完密。我也是永远忍耐地向一个极好的目标努力，我知道生命很短促而且很脆弱，知道它不能留下什么，知道别人的看法不同，而且不能保证我的努力自有道理，但仍旧如此做。我如此做，无疑地是有使我不得不如此做的原因，正如蚕不得不做茧。

——居里夫人

* *

捷克现代高等教育

李跃波　张明清①

摘　要：高等教育是一个国家或地区教育水平的充分体现，也是一个国家或地区的综合实力反映。在中欧、东欧国家中，捷克的教学水平是最高的。本文主要介绍捷克现代高等教育状况、著名的高等学府以及捷克高等教育对中国的启示。

关键词：捷克　高等教育

捷克是一个教育比较发达的国家。三百多年前，捷克就出现了著名的教育家杨·阿莫斯·夸美纽斯（Johann Amos Comenius，1592—1670），他的代表作《大教学论》（Magna Didactica，1632），奠定了现代教育学的基本框架，是教育学从综合性知识领域中分离出来成为一门独立学科的起点。夸美纽斯的教育理念与思想对捷克现代教育产生了深远的影响。

捷克是捷克共和国（The Czech Republic）的简称，位于欧洲中部，原来与斯洛伐克共和国组成统一的社会主义国家。自1993年1月1日起，捷克斯洛伐克联邦解体，一分为二，成为独立的捷克与斯洛伐克共和国。捷克共和国人口1 024.1万人（2005年7月），面积78 866平方公里，首都布拉格。

捷克虽然国家小，人口少，但却具有崇尚教育、重视教育的优良传统。18世纪，捷克已经开始推行普及六年制义务教育。1993年捷克独立以来，将教育始终作为第一位的战略事业来发展，捷克高等教育取得了长足的进步。

① 作者简介：李跃波（1959—　），男，昆明大学副教授，主要研究方向是电子商务；张明清（1955—　），女，昆明大学副校长、教授，主要研究方向为经济管理。

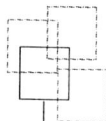

一、捷克现代教育的状况

（一）捷克高等教育的规模

捷克高等教育在 2005 年以前分国立、公立与私立大学，2005 年学校调整后只分为公立与私立大学。捷克大学数与在校生人数如表 1 所示。

表 1　捷克大学数与在校生人数[①]

学　年	大学总数（所）	国立大学数（所）	公立大学数（所）	私立大学数（所）	在校生总数（人）	国立大学在校生人数（人）	公立大学在校生人数（人）	私立大学在校生人数（人）
2000/01	36	4	24	8	215 207	5 909	207 260	2 038
2001/02	45	4	24	17	228 635	5 622	219 514	3 499
2002/03	55	4	24	27	248 756	4 991	235 874	7 891
2003/04	56	4	24	28	274 192	4 498	256 408	13 286
2004/05	63	2	25	36	298 196	4 114	274 962	19 120
2005/06	64	0	25	39	321 164	0	295 363	25 801

从表 1 中可以看出，近年来：（1）高等学校在校生增长速度很快，2000/01 至 2005/06 学年平均年增长 8.34%，是相应国内生产总值年增长速度的一倍多（捷克国内生产总值一直保持在 4% 左右）；（2）私立学校在校生增长速度最快；2000/01 至 2005/06 学年平均年增长 68.9%，是全国在校生年平均增长速度的 8 倍多；（3）公立、国立大学依然是高等教育的主力军，2005 - 2006 学年公立大学在校学生比重占 92%。

（二）捷克高等教育体制

捷克高等教育分三个层次：学士学位教育（学制通常是 3 年）、硕士学位教育（通常本硕连读 5 年）与博士研究生教育（学制通常是 3 年）。从表 2 中可以看出，捷克的高等教育层次相当高，比如 2005/06 学年在校生中硕士生占 31.9%，博士生占 16.1%。

---

① Czech Statistical - Office. Czech Education. Statistical Yearbook of the Czech Republic 2006 ［EB/OL］. http：//www.czso.cz/eng/edicniplan.nsf/kapitola/1001 - 06 - 2006 - 2100.

表2　捷克高等学校学生的构成①　　（单位：人）

学　年	学生总数	全日制学生数	非全日制学生数	学士生数	硕士生数	博士生数
2000/01	215 207	177 137	38 070	40 186	144 888	30 133
2001/02	228 635	186 270	42 365	47 376	149 357	31 902
2002/03	248 756	199 610	49 146	67 517	146 226	35 013
2003/04	274 192	217 606	56 586	99 165	135 846	39 181
2004/05	298 196	231 420	66 776	135 892	117 956	44 348
2005/06	321 164	245 457	75 707	167 187	102 336	51 641

捷克不但高等教育的层次高，而且大众化率也高，2000 年捷克的高等教育的毛入学率已达 30%。同时，捷克高等教育保持了相当数量的非全日制学生，这为在职工作人员提供了接受高等教育的机会。

（三）捷克高等教育的特点

捷克高等教育不但教育的整体水平高，而且良好的文化氛围以及以人为本的教育理念为捷克培养了大批的建设人才。主要表现在：（1）以科研促进教学。捷克动员与鼓励全社会精英参加教育队伍行列，教师水平高，高校专业教师博士普及率达 98%。大学采取了很多措施增加科研活动，例如学校每学期都要定期组织一系列的学术交流会及国际研讨会，让教师参与一些重大项目研究。这大大提高了教师的科研及教学水平，实现教学、科研双丰收。专业教师除每周教授 20 学时左右专业课外，兼搞科学研究，以科研促进教学。（2）重视实践教学。捷克是工业比较发达的国家，它的机械制造业一直处于国际先进水平。捷克每年需要大批高级、中级的技术人员与管理人才。为了适应行业的需要，捷克非常重视实践教学。学校实习设备先进，实习设备多，学生动手能力强，甚至可以直接在生产线上实习。同时捷克非常重视职业技术教育，政府从政策上、税收优惠上鼓励兴办技术学院，以适应工程技术发展的需要。（3）注重校园文化建设。捷克大学注重校园文化氛围的建设，重视学校传统教育，注重学校历史的总结。

---

① Czech Statistical – Office. Czech Education. Statistical Yearbook of the Czech Republic 2006 ［EB/OL］. http：//www. czso. cz/eng/ edicniplan. nsf/kapitola/1001 – 06 – 2006 – 2100.

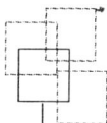

同时，注重学生的品德培养，对在校生进行传统和环境熏陶，陶冶学生情操，提高学生综合素质，培养学生良好的行为习惯。学生文明程度高，校园文化丰富多彩，校园、教室、实习实验场所干净整齐。（4）教育终身化。随着科学技术发展的加快，知识更新日新月异，终身教育的重要性日益凸显。为此，捷克高等教育积极配合国家、社会、企业，不断对在职人员进行知识更新与技能培训，以提高其适应能力。同时，捷克有许多继续教育学院进行就业培训、岗位培训等，这对提高民族素质发挥了重要的作用。（5）教育国际化。现在各国的教育都是国际教育领域的重要组成部分，都面临激烈竞争。所以，捷克高等教育几乎无一例外地以面向世界为前提，把教育融入整个欧洲的教育体系中，使本国的高等教育向国际开放，以促进学术、文化和教育的交流和协作。这主要体现在交流办学经验、交换情报资料、参与国际学术活动和合作研究与开发项目，鼓励教师、学生能在整个欧洲自由流动，相互交流，共同进步。

二、捷克著名的高等学府

高等学府承担着培养高素质人才，带动科学进步和促进经济建设的重任。现在，捷克有高等院校 64 所，出现了一批国际著名的大学。

（一）查理大学（Charles University）

始建于 1348 年的查理大学是皇帝查理四世（Charles IV，1316—1378）的立国文化业绩，也是这位欧洲著名君主留给后人的最珍贵的精神财富。现在，历史悠久的查理大学是捷克最大的高等学府。在校学生近 5 万人，其中学士生仅 7 200 人，但硕士研究生达 2.9 万人，博士研究生 6 200 多人，外国留学生近 5 000 多人。全校教工 7 000 多人，其中有 4 000 名专职教师与学者。查理大学现有 17 个学院，包括哲学院、法学院、社会科学院、自然科学院、数学物理学院、教育学院、体育学院、人文科学院和 5 所医学院、1 所药学院、3 所神学院①。查理大学是捷克产、学、研相结合的典范。在2006 年学校开支的经费中，41% 来自教育基金，27% 来自科研费，26% 来自学校产业的收入。

（二）马萨里克大学（Masaryk University）

位于捷克第二大城市布尔诺（Brno）的马萨里克大学是一个综合性大学，也是捷克第二大大学。马萨里克大学成立于 1919 年，现有医学、法律、

① Charles University [EB/OL]. http://www.cuni.cz/UKENG-1.html.

自然、经济、信息、教育、社会、艺术、体育9个学院。学校现有学生3.5万人，其中硕士生8 500人，外国留学生2 800。教工3 800人，专职教师1 600人①。

（三）捷克技术大学（Czech Technical University）

布拉格捷克技术大学是中欧最古老的技术大学。它的前身是1806年成立的工业学院，而工业学院的前身则是1707年成立的平民工程学校，1920年被核准为大学并更名为捷克技术大学。现在，捷克技术大学有7个学院：土木工程、机械工程、电子工程、生物工程、核及物理工程、建筑和交通。在校生23 000多人②。

（四）布拉格经济大学（University Economics Prague）

布拉格经济大学是捷克唯一以经济学与管理学为主要方向的高等学府。布拉格经济大学最初是捷克技术大学的一部分，1919年，在捷克技术大学经济学院的基础上成立了经济大学。布拉格经济大学现有在校生1.6万人，其中全日制学生1.2万人，专任教师650人。布拉格经济大学现设有金融与会计、国际关系、企业管理、信息与统计、经济学与公共行政管理、管理科学6个学院③。

另外，奥罗莫茨帕拉斯基、捷克化工技术大学、布尔诺技术大学、捷克农业大学、南波西米亚大学、伯肯尼大学等也是捷克的知名大学。捷克还有一些专门从事艺术的院校，有的也有长达两百多年的历史，如艺术学院、表演艺术学院、建筑与工业设计学院和音乐与戏剧学院等。

在坚实的教育背景下，捷克历史上出现了很多世界知名大师，如宗教改革先驱约翰·胡斯（Jan Huss，1369—1415），现代派文学鼻祖弗兰兹·卡夫卡（Franz Kafka，1883—1924），著名作家米兰·昆德拉（Milan Kundera，1929—），杰出的音乐家贝多伊齐·斯美塔那（Bedrich Smetana，1824—1884）以及诺贝尔化学奖得主海洛夫斯基（Jaroslav Heyrovsky，1890—1967），他们为人类文明奠定了厚重的基石。

三、捷克高等教育对中国教育发展的启示

（一）政府对教育的经费投入充足、到位

捷克公立大学对本国公民实行免费教育，包括免收学费、住宿费和医疗

① Masaryk University［EB/OL］. http：//www. muni. cz/? lang = en.
② Czech Technical University［EB/OL］. http：//www. muni. cz/? lang = en.
③ University Economics［EB/OL］，Prague http：//www. vse. cz/? lang = en.

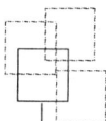

保险费，而且捷克有健全的社会保障制度，从而保证学生不会因家庭贫困而辍学。在校大学生只需承担个人生活费和少量的管理费。捷克很多大学生边学习，边工作，经济独立，生活自主。中国财政性（公共）教育经费投入的水平低，始终没有突破国民生产总值的4个百分点（2005年世界平均4.5%）。经费投入的不足与高校规模扩大的矛盾已成为制约我国高等教育发展和质量提高的"瓶颈"，"穷国办大教育"的国情，使我们常常不得不以全国不足3%的公共教育经费支撑着全国19%的在校生的办学规模。因此，增加政府对办学经费的投入以及保证经费到位是发展高等教育的关键。

（二）和谐的课堂教学，良好的学术氛围

在捷克，课堂教学生动、活跃。教师只讲重点，大部分课堂时间留给了学生提问、讨论与回答问题，这有利于启迪学生的思维能力与想象力，充分发挥自己的潜力。而我国依然延续满堂灌，课堂气氛呆板，教师不停地讲，其结果成效甚微。在信息化的今天，多媒体、网络的应用在单位时间内向学生展示的信息量倍增，需要留给学生更多消化、吸收知识的时间，上课时间可以缩短，并注意增加和谐的课堂教学气氛。另外，捷克高校学术气氛比较好，各种观点、学派都有展示的舞台。师生可以经常参加各种学术活动，言无不尽，百花齐放。在捷克大学里，教授的知名度是最高的，学术的影响是第一位的。因此，大学具有良好的学术氛围。

（三）提倡素质培养，淡化应试教育

捷克考试方式多种多样，专业考试采用面试与笔试相结合，而且以面试的成绩为主。面试前学生要做充分的准备，查阅大量的资料，因此考试时间有时长达两个月。这样，学生更多地注重培养自己的应变能力与分析问题、解决问题的能力。而我国教育在较长的一段时间里，以应试为目的，以成绩排名次，不重视人的素质的提高，忽视了人的个体的全面发展。我国教育的培养目标是"造就数以亿计的高素质劳动者，数以千万计的专门人才和一大批拔尖创新人才"。这三大类人才及其金字塔式的结构，就是我国全面建设小康社会的人才需求。因此，对考试制度的改革与调整，是导向学生素质的培养、知识应用能力的提高，造就数以亿计的高素质劳动者的有效手段。

（四）学校片区化，后勤社会化

捷克许多大学有好几个校区，分布在城市不同的位置。比如查理大学有20多个校区，分布在布拉格的东西南北，各校区构成一个相对独立的学院。在便利的信息、交通支撑下，各校区往来便捷。学生居住在城市的不同角落，衣食住行全依赖于社会，这为学生就业、走向社会提供了方便。近年来，我国兴起建"大学园区"，卖掉旧校建新校，把大学生集中在一片或少数几片。学生主要住在学校，吃在学校，局限于学校生活，把"大学园区"孤立成一片，不利于学校与社会的融合及交流，也不利于真正意义下的后勤社会化。因此，大学园区从长远来看并非利大于弊。

参考文献：

[1] 夸美纽斯.大学教育论［M］.傅任敢译.北京：人民教育出版社，1979.

[2] 李社教.论捷克夸美纽斯的道德教育思想［J］.河南大学学报（社会科学版）.2007.40（4）：106～107.

[3] ［法］爱弥儿·涂尔干.教育思想的演进［M］.李康译.上海：上海人民出版社，2006.8：295～324.

[4] 刘传德.外国教育家评传精选［M］.北京：北京师范大学出版社，2006.9：46～53.

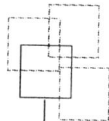

曲靖师范学院"走内涵式发展道路"的思路和策略

张英杰①

摘　要： 走内涵为主的发展道路是曲靖师范学院适应高等教育战略转变和地方经济增长方式变革的客观需要。曲靖师范学院几年来的建设和发展成就，为实现发展模式和方略的转变，走内涵发展道路奠定了坚实的基础，但也面临着一些困难和矛盾，需要完成改革和创新人才培养模式、调整和优化学科专业结构、加强教学基本建设、注重科学研究、强化师资队伍建设、塑造大学校园文化等主要任务。为此，曲靖师范学院应积极更新思想观念，深化教育教学改革，构建新型管理体制和运行机制，进一步融入地方经济社会发展之中，以保证学校真正步入内涵发展的轨道。

关键词： 地方高校　内涵发展　质量工程

内涵发展是高等学校改革与发展的主题，是新建本科院校提升综合实力的必由之路。曲靖师范学院作为一所在世纪之交全国高等教育改革与布局调整中组建的地方新建本科院校，"面对高等学校办学规模相对趋于稳定的发展趋势，应尽快摆脱困境，果断地把发展战略和办学思路调整到以加强教学建设和提高教学质量为核心的内涵发展的轨道上"②，本文拟就曲靖师范学院走内涵发展道路的基础条件、主要任务和保障措施谈一些思考和打算。

一、曲靖师范学院"走内涵式发展道路"的基础条件

曲靖师范学院在组建初期的几年内，为适应高校扩招和改善办学条件的需要，积极建设新校区、大量引进新教师、主动申办新专业、不断扩大招生范围和人数，使办学规模在原有基础上翻了 2～3 倍，逐步接近万人规

---

① 作者简介：张英杰，女，曲靖师范学院院长，教授，博士生导师。
② 汤道相．地方新建本科院校的内涵发展［J］．湘潭师范学院学报，2006（3）．

模的大学。在此过程中也十分注重发展内在品质的提升，有两个学科进入省级重点建设学科的行列，两个专业成为省级重点建设专业，3 门课程成为省级精品课程，有 4 名教师成为省中青年学术技术带头人和云南省高校教学科研带头人，1 名教师成为云南省教学名师，4 人被表彰为全国和全省优秀教师，主持和承担了一批国家级和省部级科研项目等等。显然，曲靖师范学院在以往所走的发展道路是一条是以外延扩张为主的发展道路，但这条道路却蕴涵着"内涵发展"的成分，为走内涵式发展道路奠定了基础，提供了条件。

1. 国家高等教育发展战略和地方经济增长方式转变为曲靖师范学院"走内涵式发展道路"提供了宏观背景。高等学校是庞大社会系统的一个单元，是社会有机体中的一个细胞，也是整个教育大局中的一颗棋子，其发展必须顺应整个高等教育的总体趋势。地方高校是区域知识创新和科技创新的微观主体，是地方文化建设的生力军，其发展必须依托地方经济和社会这个基础。目前，国家高等教育在初步完成了从精英化教育向大众化教育转变的历史过程后，正从以外延扩张为主走向内涵式发展为主的发展轨道；曲靖地方经济建设随着市场化改革的推进和科技水平的提高，也逐步从粗放型增长方式转向集约型增长方式。上述两大转变不仅对曲靖师范学院"走内涵式发展道路"提出了客观要求，而且也为曲靖师范学院"走内涵式发展道路"提供了宏观背景。

2. 科学合理的定位是曲靖师范学院"走内涵式发展道路"的重要前提。高校走内涵式发展之路，要以科学发展观为统领，立足实际，科学定位。曲靖师范学院在先进教育思想和科学办学理念指导下，经过全校师生集思广益而确立的以"加强学科专业建设，加强师资队伍建设，加强办学条件建设，走内涵式发展之路，提高办学质量和水平，切实提高学校综合实力和社会声誉，把学校办成优势明显，特色鲜明的应用型多科性大学，进入西部地区同类院校的先进行列"为主要内容，包括办学目标、办学类型、办学层次、学科专业建设、人才培养、服务面向等六大方面的办学定位，经过实践的检验，是符合高等教育发展规律和学校实际的，因而也是科学合理的。这个办学定位本身就体现出"走内涵式发展道路"的思想，为学校在今后快速步入内涵为主的发展道路提供了必要前提。

3. 建校后的五大历史性跨越为曲靖师范学院"走内涵式发展道路"奠定了坚实的基础。曲靖师范学院自 2000 年成立以来，在云南省委、省政府、曲靖市委、市政府和社会各界的大力支持下，经过自身的不懈努力，顺利

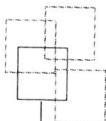

实现了同地方经济社会发展水平相适应的五个新的跨越。一是优质高效地建设了能够容纳1万余名学生学习生活的新校区，为学校的进一步发展拓展了空间；二是在短期内完成了三个不同类型、不同层次学校的实质性合并；三是初步实现了由专科教育向本科教育的根本性转变；四是克服一切困难，完成了扩招任务；五是于2007年6月顺利通过教育部的本科教学工作水平评估。这五个跨越为学校的建设和发展提供了物质条件，同时也为学校"走内涵式发展道路"奠定了坚实的基础。

二、曲靖师范学院"走内涵式发展道路"的主要任务

"内涵式发展"是相对于外延式发展而言的，"是指通过挖掘学校内在的资源、潜力而提高办学质量和效率"①。"走内涵式发展道路"不仅意味着发展模式的转变，而且还意味着整个办学治校方略的根本变革。对于组建仅七年的曲靖师范学院来说，从外延为主的发展道路向内涵为主的发展道路的转变包含了学校工作的方方面面，但其中最主要和最关键的是要抓好以下几个环节的工作：

1. 改革和创新人才培养模式。人才培养是高等院校最根本也是最重要的职能，是高等院校服务地方经济建设和社会进步的基石。在高等教育从精英化向大众化转型的阶段，日趋激烈的市场竞争呼唤高等院校适时改革和创新人才培养模式，以适应社会对人才结构和质量的需要。曲靖师范学院成立以来，积极探索并构建了符合学校办学定位的人才培养模式，并于2002年、2004年和2006年3次修订人才培养计划或培养方案，不同程度地改革了学校人才培养模式，但由于传统的思维方式和教育制度的制约和影响，学校人才培养模式改革还没有取得根本性突破。为此，要在遵循人才成长一般规律的基础上，大胆改革和创新人才培养模式，构建以"通才+专才"为主的人才培养新模式，以推动学校人才培养模式的实质性变革，更好地适应地方经济建设和社会进步对高素质创新型人才的要求，为学校赢得更加广阔的发展空间。

2. 调整和优化学科专业结构。学科专业的调整是教育教学改革的重点和主线，是学校发展的龙头和核心。曲靖师范学院围绕学校关于"重点发展教师教育，做强师范类主体优势专业，积极拓展非师范类应用型专业，形成文理渗透、理工结合、整体优化、协调发展的学科专业布局"的基本

---

① 魏新刚. 推进高校内涵发展的几个关键环节 [J]. 理论学习, 2006 (8).

定位，着眼于地方经济社会和科技发展的需要，着眼于高等教育大众化发展趋势的要求，对学校的学科专业结构进行相应的调整。对传统师范类专业着重在巩固提高上下工夫，强化其内涵建设。要在进一步拓宽专业口径的基础上，加强专业方向建设，在高年级设置灵活的专业方向，增强学生的社会适应能力和就业竞争能力，不断提高各专业的内在品质，逐步形成相应的专业品牌和特色；对非师范类应用专业，要大力开辟新的领域，形成新的增长点，根据曲靖地方建设和社会进步对人才的需求尤其是六大支柱产业对紧缺人才的需求，积极创办煤化工技术、食品科学与工程、企业市场营销、物流管理等应用型专业，大幅度增强学校服务地方经济建设、科技进步和社会发展的功能。同时积极加强相关学科建设，使所设专业有成熟的学科支撑，拥有相匹配的师资条件、教学条件和图书资料，这是本科教育与专科教育的重要区别，也是学校内涵发展的基本内容之一。

3. 高度重视科学研究。科研工作是现代大学功能的集中体现，是提高教学水平的基本途径之一，是培养学生创新精神的重要手段，是学科建设的基础，也是直接为社会服务的主要渠道。随着经济的发展，科技和社会的进步，高校的科研职能更加重要，科研已经成为一个高校是否完善和质量优劣的重要标志。国内外对高校的评价指标中，科研能力是一个重要因素，占很大的权重。曲靖师范学院组建以来特别是2006年和2007年，科研工作取得了明显的成效，先后争取到两项国家自然科学基金项目、两项国家哲学社会科学规划项目、一项教育部重大招标项目、五项教育部一般项目、一项云南省政府委托项目、七项云南省哲学社会科学规划项目、数十项省科技厅和教育厅基金项目，科研质量也有相应的提高，但同一些实力雄厚的大学相比，同建设高水平大学的要求相比，科研意识和能力还有着较大差距。为此，要在进一步强化科研意识，优化科研环境，营造学术氛围的同时，以学科建设为主线，不断完善和创新科研管理机制，凝练研究方向，大力加强科研基地建设和科研队伍建设，促进学校整体科研实力和水平的提高，取得同本科院校地位相适应的科研成果，为学校争取硕士学位授予权打下基础。

4. 强化师资队伍建设。师资队伍建设是高校改革与发展的核心，是高校各项事业顺利发展的重要保障，也是高等院校走内涵式发展道路的重中之重。曲靖师范学院自2000年建校以来，为了满足扩招及办学规模扩大的需要，师资队伍建设主要采取了吸收应届毕业生充实教师队伍、鼓励在职教师攻读硕士、博士学位及派出去进修、访学等政策措施，以解决数量不

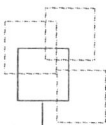

足和学历、职称结构过低的问题。数量规模问题基本解决后，应把重点转到提高教师队伍素质特别是教师教学科研水平上来。今后，师资队伍建设应围绕学校教学、科研和人才培养等核心任务开展，着重抓好三个环节的建设工作。一是学术团队、教学团队建设。要制定学术团队和教学团队选拔的标准、方式，培养的对策措施，力争在近期内形成几支团体协作意识强、创新能力强的学术团队和教学团队，为教学改革和人才培养提供师资保证，也为成功申报硕士学位授予权打下基础；二是根据《曲靖师范学院校级教学带头人选拔及培养办法》、《曲靖师范学院校级学术学科带头人选拔及培养办法》、《曲靖师范学院校级中青年学术带头人后备人才选拔及培养办法》等文件的规定，选拔学术学科带头人、教学带头人，加快骨干教师队伍建设，努力创建优秀的教师队伍；三是针对学校年轻教师比例较大的状况，推行青年教师导师制，充分发挥教学带头人和学术学科带头人在培养青年教师中的"传、帮、带"作用，以其良好的师德、教风和丰富的教学经验，帮助青年教师尽快形成自己的教学风格，确立自己的科研方向，以促进青年教师迅速成长，更好地适应教育教学工作的需要。

5. 着力推进校园文化建设。校园文化与环境对学生成才有着十分重要的影响，建设具有曲靖师范学院特色的校园文化和校园环境，并利用高校浓郁的人文精神和文化氛围，发挥辐射功能，为地方精神文明建设及和谐社会建设作出贡献，是新时期学校内涵发展的一项重要任务。曲靖师范学院在几年的办学过程中初步形成了以"一训三风"为主题的校园文化，即"刚正博爱、睿智笃行"的校训，"民主和谐、求是创新"的校风，"精业乐教、立德树人"的教风，"勤学慎思、励志力行"的学风，并正在成为全校师生的精神追求和行为准则。笔者认为，还应在此基础上进一步营造良好的校园文化氛围，倡导积极向上的文明学风，发挥学生群团的积极作用，增强文化环境的育人功能，以适应走内涵式发展道路的需要。

三、曲靖师范学院"走内涵式发展道路"的保障措施

内涵式发展是曲靖师范学院"十一五"发展规划所确立的基本方针，是学校今后相当一段时期建设与发展的主线。为了圆满完成内涵发展的各项任务，需要采取相应的对策措施，以保证学校快速步入内涵发展轨道，获得更加良好的发展前景。

第一，不断更新思想观念。"内涵建设涉及人才培养工作的各个方面，首先就是学校领导班子和教职员工的思想观念问题"[1]。对于曲靖师范学院的干部和教职员工来说，一要"从思想认识上牢固树立内涵发展的意识，也就是说要在学校的各项工作中始终把学科专业建设和人才培养放在非常重要的战略地位，作为学校发展的重中之重"[2]。二要"在办学实践中具体落实内涵发展的思想，必须始终抓住学科专业建设这一龙头，强化教学工作的中心地位，要合理地调整经费投放的方向，把有限的经费重点投放到以学科专业建设为龙头的教学建设上，切实加大教学基本条件建设、学科专业建设、课程建设、师资队伍建设、教学实践基地建设、科学研究和人才培养的经费投入。只有这样，才能实现真正意义上的内涵发展"[3]。

第二，深化教学改革，提高人才培养质量。教学质量是高等学校的生命线，提高人才培养质量是高等学校的永恒主题。作为新建的地方本科院校，曲靖师范学院要面对新的形势和任务，按照"着眼于国家现代化建设和人的全面发展需要，加大教学投入，强化教学管理，深化教学改革，坚持传授知识、培养能力、提高素质协调发展，更加注重能力培养，着力提高大学生的学习能力、实践能力和创新能力，全面推进素质教育"的总体要求，在进一步强化质量意识、树立新的教育质量观的基础上，调整学科专业结构、改革人才培养模式、改革和优化课程体系、改革教学内容和方法、强化实践教学环节、改革和完善考试机制、加强教材建设与网络教育，建立和完善教学工作责任制、教学质量监控评价体系，确保人才培养质量不断提高。

第三，创新学校内部管理体制和运行机制。学校管理体制和机制创新是地方新建本科院校"走内涵式发展道路"的战略保证。曲靖师范学院前身的几所学校都是专科层次的佼佼者，有着丰富的专科办学经验，形成了适合于专科学校的管理体制、机制和相关制度。"升本"7年来，先后建立了包括党政管理、教学科研管理、学生教育管理、后勤管理在内的系列规章制度，为学校体制、机制的创新提供了有力的支撑，但随着办学规模的不断扩大和高教改革形势的发展，体制、机制和制度的创新还要继续推进，以便形成一套适合于本科办学层次的管理体制和运行机制。针对曲靖师范

① 焦兆平，查吉德，王晓敏．"以质量为核心，质朴内涵式发展道路"的办学理念与实践[J]．高教探索，2006（3）．
② 汤道相．地方新建本科院校的内涵发展［J］．湘潭师范学院学报，2006（3）．
③ 汤道相．地方新建本科院校的内涵发展［J］．湘潭师范学院学报，2006（3）．

学院教育教学管理现状和发展要求，学校管理体制和运行机制的创新主要从两个方面进行：一方面，要进一步简政放权，强化系（院）管理，下移管理重心，真正实行学校、系（院、部）、教研室三级教学管理体制和运行机制；另一方面，要健全和完善"由各类专家组成的校务委员会、学术委员会、教学工作委员会、教材建设委员会等机构，形成'教授治校'的机制，发挥专家教授在办学治校方面的才智和经验，为提高学校的管理水平，将学校办出特色，办出质量提供保障"①。

第四，进一步融入地方经济社会发展之中。高校内涵发展在本质上是要通过挖掘学校内部潜力来扩充学校发展的容量，但这绝不意味着学校可以脱离外界的支持来单独发展。地方高校的内涵发展同样需要地方政府和社会各界的鼎力支持，需要以地方经济实力为支撑。曲靖师范学院作为一所新建的地方本科院校，所肩负的使命就是为曲靖地方经济建设和社会发展服务，脱离了这一点，学校就失去了生存和发展的基础。因此，必须围绕曲靖地方的需求确定学校的发展方向，调整学科专业结构，组织教学科研活动，培养曲靖地方经济建设和社会发展急需的创新型应用人才，为曲靖地方经济文化建设提供咨询服务，为曲靖地方科技创新提供智力支持，只有这样，曲靖师范学院的可持续发展才会有更加坚实的基础。

* *
我们必须以现实做出发点，我们既不能像孙行者的摇身一变，脱离这个现实的世界，翻个筋斗到天空里去，那么我们只有向前干的态度，只有排除万难向前奋斗的一个态度……现实根本就是有缺憾的，必然是不完全的，必然是有着许多不满意的，甚至必然是有着许多令人痛心疾首的，我们既不能逃避现实，就不能逃避这种种，就只有设法来对付这种种；一个人或少数人来对付不够，就只有设法造成集体的力量来对付。

——韬 奋
* *

---

① 李望国，张仲秋．新建本科院校"内涵升本"发展战略的基本思路［J］．中国大学教学，2005（11）．

建立合作研究机制，提升电大系统科学研究能力

林 瑛①

摘 要：针对中国广播电视大学系统整体科学研究水平不高的现状，本文提出了合作研究是提升电大系统科研能力的一种有效途径，并阐述了三种合作研究方式：利用国家支持的项目开展合作研究；电大系统内的合作研究及与高等院校、科研院所等的合作研究。最后论述了应从搭建合作研究平台、提供合作研究经费、保障合作研究人力三方面来建立合作研究机制。

关键词：电大系统 科学研究 合作研究

中国的广播电视大学系统（以下简称"电大系统"）自1979年建立以来，走过了27年的历程，作为世界上的一种巨型大学，在教学模式、管理模式及其运行机制上取得了巨大成功，为中国的经济社会建设培养了大量人才，为穷国办大教育提供了成功经验。但作为中国著名的远程开放大学，就整体科学研究（以下简称"科研"）水平而言显得较为落后，主要表现在：教职工开展科研工作的积极性不高，参与科研工作人数较少；没有高水平的学术带头人，科研人才队伍建设滞后；学科研究水平较低；申请到的科研项目在数量与质量上都有待提高等。电大系统要进一步提高教学质量与提升办学层次，就必须提升科研能力。

一、合作研究是提升电大系统科研能力的一种有效途径

（一）电大系统开展合作研究的可行性

首先，电大系统自身的结构与运行机制为开展合作研究提供了有利条

① 作者简介：林瑛（1963— ），女，云南广播电视大学科研处处长、副教授，主要研究方向为教育管理与基础数学。

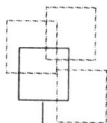

件。中国的广播电视大学系统是由中央广播电视大学（简称"中央电大"）和全国44所省、自治区、直辖市、计划单列市及独立设置的广播电视大学（简称"省级电大"），945所地（市）级电大分校及省校直接管理的工作站，1 842个县级电大工作站，46 724个教学班（点）组成的统筹规划、分级办学、分级管理的远程教育教学系统。中央电大是教育部直属高等学校，负责对电大系统全国统设专业的教学和教学管理进行统筹规划、指导、管理和服务。省级电大是同级人民政府领导的地方高等学校，其主要职责是对所辖地区的电大分校、教学工作站提供教学服务，对教学工作进行指导、管理、检查、监督与评估。地（市）级电大分校和县（市）级电大教学工作站的主要职责是，按照中央和省级电大的教学计划和教学、教学管理等规章制度组织实施教学和教学管理工作。

从上面的介绍我们可以看出，中央电大与地方电大都是高等学校，有大学的特质，除了注重教学与管理外，师资队伍建设也是一项重要工作，对科研工作也比较重视（有相应的管理机构、有一定的经费支持、有相关的规章制度等），这就为我们开展合作研究提供了一定的人力及物质基础。最重要的是电大系统作为一个统筹规划、分级办学、分级管理的系统涉及了我国的绝大部分行政区划，合作已成为电大系统赖以生存的基础，我们也可以把合作很好地落实到科研工作中。

其次，电大系统人力资源分布为开展合作研究提供了必备的条件。中央电大开设理学、工学、农学、医学、文学、法学、经济学、管理学、教育学等9个学科24个门类的75种统设专业。地方电大根据中央电大统设专业教学计划及非学历教育项目，开设本地区统设或派生专业，目前开设专业总数超过270个。基于卫星电视网络、计算机网络和电大系统专兼职教师网络，即天网、地网、人网"三网合一"开展远程教学活动，已经成为电大系统现代远程开放教育的显著特色和突出优势。截至2004年底，各级电大教职工总数近8万人，其中专任教师占职工总数的55.1%，教学管理人员占20.9%，提供技术保障的人员占12.2%。

我们从上面可以看到，电大系统的人力资源分布除了在远程开放教育、现代教育技术等方面有较大的优势外，由于电大系统开设专业多，中央电大、省级电大乃至部分地州电大都配备有相应的专业教师。从单个电大看，有关专业教师显得较弱，但把整个电大系统的相关专业教师进行整合，其人员数量不少，只要建立相应的合作研究机制，电大系统教师的科研能力可以得到很快的提高。再者，电大系统在办学过程中一直注重利用社会资源，与高等院校、科研单位、企业等建立了良好关系，我们可以把这种关系应用到合作研究中。

（二）电大系统开展合作研究的重要性

第一，合作研究可以整合电大系统科研资源，对重大科研项目进行协同攻关，提升电大系统的科研竞争力。现在电大系统能够申请到的国家科研项目凤毛麟角；省级电大在地方科技厅、教育厅、社科规划办申请到的项目相对说来数量少、质量低。除了电大系统教职工自身的科研水平有限外，没有建立起适合电大系统的合作研究机制是重要的原因。

第二，合作研究可以尽快建设科研人才梯队，为电大系统向更高层次的远程开放大学迈进提供人才储备。科学研究一个重要的功能是培养人才。年轻教师如果能与科研经验丰富的教师一起进行科研活动，通过一段时间的训练，科研能力会有很大提高。这样电大系统就能形成一个科研人才梯队，为电大系统开展更高层次的教育（如研究生教育）提供人才储备。

第三，合作研究可以提升电大系统的学科研究能力。前面谈到电大系统学科研究水平低，原因主要是对单个电大（无论是中央电大还是省级电大）而言，从事相同专业工作的教师太少，形不成学科研究群体，无法对本学科进行深入的研究。只有进行合作研究（系统内与系统外），才能提高学科研究能力。

二、合作研究方式

1. 利用国家支持的项目开展合作研究。在全面建设小康社会，落实科学发展观的过程中：走新型工业化战略、科教兴国战略、西部大开发战略等都为科学研究工作提供了很多合作项目。如云南省开展的省院省校合作项目；云南省"十一五"科技规划项目等都提供了很多合作研究项目，资金支持力度较大。电大系统如果能够争取到一些项目，将会实现科研人才培养、科研成果上台阶的双丰收。

2. 电大系统内的合作研究。（1）纵向合作研究，即中央电大、省级电大及地州电大的合作研究。主要由中央电大牵头，实行自上而下的整体研究布置，各级电大分别进行研究，最后成果从下到上归纳总结，形成符合要求的研究成果。如由中央电大组织，各省电大系统参与的"人才培养模式改革和开放教育试点课题"、"人才培养模式改革和开放教育试点项目"的毕业生追踪调查工作等就是成功合作的典范。也可以开展由中央电大牵头，部分省级电大与地州电大的合作研究：如我们在资源建设方面开展的

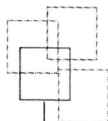

合作就是如此。省级电大及地州电大的合作研究。由省级电大牵头，地州电大教师参与的研究。很多省级电大的科研课题都有地州电大教师参与，为掌握全省情况提供了有力保证。特别是云南电大的地州电大分校几乎都合并到所在地的高等院校中，师资队伍得到加强，教师科研能力提升很快，如果建立良好的合作研究机制，进行广泛的合作研究，双方科研水平都会得到提高。（2）横向合作研究。主要指省级电大间的合作研究。可根据研究内容的需要与省级电大的具体情况，选择不同的合作伙伴进行研究。也可以根据地区划分进行合作研究。

3. 与高等院校、科研院所等的合作研究。由于电大系统高水平的学科带头人太少，要提高科研水平，特别是学科研究水平，必须与全日制高等院校或科研院所合作，参与到他们的研究领域中，虚心学习，培养自己的科研队伍，提高科研能力。符合条件的教师应积极争取到高等院校中做硕士教师，通过与高校教师共同指导研究生来提高研究能力。云南电大分别与云南大学高等教育研究院、软件工程学院签订了合作协议，符合条件的教师可以担任其硕士研究生导师。当然，对有条件的电大我们还可以与企业合作，实行产、学、研相结合的研究。

三、建立合作研究机制

1. 搭建合作研究平台。从中央电大到各省级电大，科研管理机构都是健全的。可以利用现有的机构有意识地组织部分科研项目进行合作研究。对系统内，可由中央电大定期在网上公布相关信息，整合研究队伍，优化资源进行合作研究。对系统外，各级电大应积极走出去，争取和相关单位签订合作研究项目，以项目促合作，以项目带研究。

2. 提供合作研究经费。（1）建立电大系统的合作研究基金。现在从中央电大到省级电大，都设立有科研经费，但从合作研究的情况看，经费与现在电大系统的发展水平不适应，特别是中央电大提供的经费太少，可由中央电大牵头，省级电大积极支持，建立合作研究基金，给电大系统广大教职工申请使用。（2）积极争取各种合作科研经费。各级电大科研管理部门应提高服务意识，支持、鼓励广大教职工开展科研，积极争取各类合作科研项目，并在经费的管理与使用上提供方便。

3. 保障合作研究人力。（1）建立健全科研工作、奖励制度，使广大教职工积极投入科研工作。电大系统的教师由于其工作的特殊性，身兼教学与教学管理等工作，开展科研工作的积极性不高，但通过这几年的师资队伍建设，我们教师的学历层次、科研水平都有了较大提高。以云南电大为例，学校现有 185 名专职教师，其中博士 4 人、在读博士 5 人，硕士 64 人，在读硕士 16 人。2006 年云南电大公开发表论文 101 篇，完成各类课题 15 项，取得各类教学科研成果奖 28 项。但云南电大至今对教师的科研工作没有要求，配套的科研奖励制度也没有建立，只要能建立健全科研工作、奖励制度，相信教师的科研积极性会提高，科研成果会有较大提升。（2）学校重视科研工作，为开展合作研究工作提供较好的条件。

开展合作研究除需要经费支持外，学校能否在观念上倡导合作研究，在行动上重视合作研究，积极实行"走出去，请进来"策略，为教师开展合作研究，在时间和空间上创造条件，也是决定合作研究能否取得成效的关键。

参考文献：

[1] 侯光明等. 组织系统科学概论 [M]. 北京：科学出版社，2006.

[2] 中央广播电视大学课题组. 远程开放教育人才培养模式的构建——"中央广播电视大学人才培养模式改革和开放教育试点"课题研究报告 [R]. 北京：中央广播电视大学出版社，2007.

＊＊＊＊＊＊＊＊＊＊＊＊＊＊＊＊＊＊＊＊＊＊＊＊＊＊＊＊＊＊

　善学者，师逸而功倍，又从而庸之。不善学者，师勤而功半，又从而怨之。善问者如攻坚木，先其易者，后其节目，及其久也，相说以解。不善问者反此。善待问者如撞钟，叩之以小者则小鸣，叩之以大者则大鸣，待其从宏，然后尽其声。不善待问者反此。此皆进学之道也。

——《礼记·学记》

＊＊＊＊＊＊＊＊＊＊＊＊＊＊＊＊＊＊＊＊＊＊＊＊＊＊＊＊＊＊

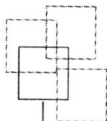

新建地州本科院校发展策略探析

——以红河学院为例

毛 芳 马洪波①

摘 要： 本文从我国高等教育的大众化、市场化背景出发，以红河学院为例，分析了新建本科院校在获取办学资源、保障教学质量、实现学生就业等方面出现的困难和问题，提出了新建本科院校应结合"十一五"规划的制定和实施，推动学校向"办学社会化、后勤企业化"转变的观点。

关键词： 地州本科院校 高等教育大众化 发展战略

自20世纪90年代末期以来，随着高等教育大众化步伐的加快，我国出现了一大批新建本科院校，这些院校大多由原来的专科学校合并、升格组建而成，多数位于省会城市以外的二级城市，具有显著的地方性、区域性特征，红河学院就是这样一所学校。红河学院是2000年4月经教育部批准，由原蒙自师范高等专科学校和红河广播电视大学合并组建的一所省属普通本科院校，学院位于红河州蒙自县。经过四年的发展，目前学院已发展成为一所占地面积1 200亩，教职员工700余人，在校生9 200多人，设有30个本科专业，涉及文学、历史学、法学、经济学、管理学、教育学、理学、工学、农学9个学科门类的新兴本科院校，初步形成了综合性大学的学科框架体系②。但是，随着学校的快速发展，规模扩张与资源不足的矛盾也日益突出，成为学校进一步发展的制约因素，这些问题在新建本科院校都不同程度地存在着，已成为一个具有共性和普遍性的问题。本文力图以"办学社会化、后勤企业化"为切入点，结合红河学院的具体情况，对新建本科院校如何破解这一难题提出一孔之见，以求教于各位方家。

---

① 作者简介：毛芳（1967— ），女，红河学院图书馆馆员，主要从事图书馆和教育管理研究；马洪波（1967— ），男，红河学院教授，主要从事民商法和教育管理研究。

② 本文有关数据参见《红河学院教学年报》、《红河学院年鉴》。

一、问题的提出：高等教育的大众化和市场化

随着我国高校近十年的持续扩招，我国高等教育规模迅速扩大，目前已进入国际公认的高等教育大众化阶段，高等教育不再是一种稀缺的社会资源，相当一部分社会成员获得了接受高等教育的机会和可能。与此同时，高等教育呈现出市场化的趋势，成为我国新兴服务产业的一部分，形成了相当的市场规模和一定的交易关系。尤其值得关注的是，在教育服务的接受方（消费者）与提供方（经营者）的博弈中，接受方（消费者）正在改变其弱势地位，整个高等教育正在发生由"卖方市场"向"买方市场"的转变。

高等教育的这一变化趋势对我国高等教育的发展有重大的影响，尤其对于一些新设立的本科院校，在某种程度上将会构成严峻的挑战。那么，新建本科院校如何应对这一挑战呢？首先，新建本科院校必须明确自己在高等教育系统中处于何种位置，应该扮演什么角色？其次，新建本科院校要认真分析自己有没有竞争优势？如果有，是什么？如果没有，又应该如何寻找和创造？再次，这种类型的院校如何才能在市场竞争中取得优势？

从近两年红河学院的发展情况看，大众化高等教育一些具有共性的问题在该校都有不同程度的表现，突出表现在三个方面：一是办学资源短缺，二是教学质量下降，三是学生就业困难。例如，在办学资源方面，从2003年到2006年四年间，红河学院各类在校生人数已从3 901人增长到9 203人，增长了2.3倍，而财政拨款在学校经费来源结构中的比例却在逐年下降，到2006年，省、州财政拨款在学校经费来源结构中的比例已降至42.85%，而学校自筹经费的比例则增大到50%以上，经费短缺已成为学校必须面对的一个问题。

红河学院对学校办学定位的"地方性"和"教学型"特点的认识正在不断深化，学校提出学校的人才培养目标是适应地方经济和社会发展需要的应用型人才。这主要是基于以下判断，即大众化阶段高等学校也是分层次的，研究型大学和部分教学研究型大学主要培养精英人才，而教学型院校主要培养为地方经济和社会发展服务的应用型人才，高职院校则培养纯粹的职业型人才。

二、社会化办学：新建本科院校发展的策略选择

当前，各高校都在制定本校的"十一五"发展规划，这是新建本科院

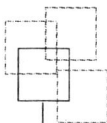

校考虑学校发展战略的又一良机，新建本科院校应该研究在高等教育大众化的背景下，什么才是适合本校的、恰当的发展战略，并作出正确的战略选择。选择正确，则可以促进学校的发展；选择错误，则可能错过发展机遇甚至面临生死存亡问题。

首先要分析学校生存和发展的外部环境，特别是如何获得办学资源。红河学院的办学资源主要来自三方面：一是省、州政府的财政拨款，二是学费收入，三是银行贷款。应该承认，来自云南省和红河州两级政府的财政拨款从绝对数上讲虽然逐年增长，但由于学校办学规模的扩大，政府拨款在学校办学经费中的比例实际上一直在下降，而且今后若干年内也只会降而不会升。此外，由于红河学院是一所省属一般本科院校，因而很难从国家和省财政那里得到大笔专项资金，这样一来学校的发展就很难建立于政府财政支持的基础之上。而且，今后随着科学发展观的贯彻落实，国家将继续实行紧缩银根，控制贷款规模的政策，而全国"十一五"高等教育发展规划也提出了控制规模、提高质量的设想，在这两大因素的主导下，学校要获得银行贷款的难度大大增加，因为学校贷款所形成的银行不良贷款数额正在大量增加，银行对高校的投资意愿明显低落甚至消失，近两年学校出现的贷款难局面已充分反映出这一点。

实际上，学校唯一还能主导的办学资源已只有学费，但在高校学生收费颇受社会各界诟病的今天，学费标准已没有多少上涨空间，特别对于红河学院这样一所地处边疆民族地区的新建高校，目前学费标准已达到每生每年 3 400～4 500 元，艺术类专业更达到 7 000 元，在这种情况下，要提高学费标准更是一件需要慎之又慎的事情。因此，要增加学费收入已不能靠简单地提高学费标准，而只能靠扩大学生规模，而要扩大学生规模，就必须增加专业数，要增加专业数，就要疏通生源市场和就业市场两个出入口，而这两个口子是否通畅，则取决于两个因素：一是学校所设置的专业是否受到市场的欢迎，二是教学质量能否得到保障，能否培养出受到市场欢迎的毕业生。

但也有一个问题是必须研究的，即仅靠学费收入能否有大的作为？能否实现学校的持续发展？笔者对此持怀疑态度，学费收入虽然能够确保学校的生存，但要取得大的发展，则还需要拓展其他办学资源。一般来讲，一所高校如果没有足够的规模，就会经常面临经费短缺的问题，必须把学校做到一定的规模，才能确保学校生存所需的学费收入，而要生存得好些，就必须尽量把学校规模做大（但这并不意味着无限大）。对于红河学院这样的新建本科院校来说，笔者认为，外延发展应优先于内涵发展，首先要采取规模效益型发展战略，将来再逐步转到质量效益型发展战略。另一个必须考虑的因素是我国高等教育改革和发展的趋势，应该说，我国政府对大众化高等教育的提前到来并未作好充分准备，高校扩招所引发的一系列问题就是其表现。由于政府财力不能有效支撑如此庞大的高等教育规模，今后可能的改革趋势就是"抓大放小"，即国家重点扶持那些对确保国家知识竞争力有帮助的重点高校，其他高校则推向市场，实行社会化和市场化，优胜劣汰，因此，谁首先在竞争中抓住先机，谁就有可能在竞争中取得优势地位。

这就意味着，像红河学院这样的新建本科院校必须探索以社会化的方式拓展办学资源，实行"办学社会化"和"后勤企业化"，扩大社会资源（包括学费资源）在学校发展中的作用，最终实现办学资源结构的"国退民进"，拓展学校生存和发展的空间。

三、新建本科院校实施社会化办学的若干问题

1. 树立经营学校的理念。长期以来，由于高校都是国家办学，因此高校本身并不关心办学资源的来源及运行成本，多数学校很重视学校管理而轻视学校经营（或者没有经营意识）。但在当前情况下，新建本科院校必须牢固树立经营学校的理念，在学校各项工作中都要讲求经营意识和成本意识，做好核算，提高资源使用效益，力争以较小的投入获得较大的产出。同时，要使全体师生员工认识到，学生和用人单位是学校所提供的教育服务产品的消费者，学校必须提供质量合格的产品（课程、专业和毕业生），切实加强服务，才能在未来的高等教育市场竞争中处于不败之地。

2. 树立就业先行的观念。新建本科院校实施规模效益型发展战略，其前提是保障就业，否则这种规模是很难持久的，因此，要按照市场规律来设置专业和开设课程（同时兼顾学科逻辑），要根据新建本科院校的地方性、区域性特点，关注地方支柱产业建设所形成的就业需求以及就业岗位较多的沿海发达地区的就业需求，对于那些市场前景一般而办学成本较大的专业要控制发展（如音乐艺术类专业）。在学生学习过程中，就业帮助（而不是简单的就业辅导）要贯穿其学习过程的始终，以利于增强学生在就业市场上的竞争力。

3. 多渠道扩大办学规模。笔者认为，规模效益型发展战略的核心是做大规模，因此，新建本科院校要多渠道扩大办学规模，一是扩大社会资源

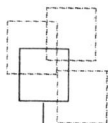

对学校办学的参与程度；二是适时设置一些市场看好的本专科专业，扩大招生规模；三是积极创造条件与本地方内外机构联合办学（如设立民办性质的二级学院）；四是收购本地方一些优质的教育资源，利用其指标扩大招生规模等等。

4. 争取政府的政策支持。我国《高等教育法》赋予了高校比目前更多的办学自主权，但这些法定权利受到了政府行政管理权的削减，如专业设置、自主招生、教师聘任、内部管理等，目前这些权利的取得还不能依据法律，而只能依靠政府主管部门的特许。因此，就办学业务而言，加强学校与政府教育行政主管部门的合作是十分重要的。同时，由于政府不能在财政上给予高校充分的支持，因此新建本科院校必须尽量争取政府的非财政支持。在某种程度上，给政策甚至比给钱更为重要，因此，加强与主管部门和地方政府的合作，争取政策上的支持十分重要。另一方面，办学的社会化也意味着高校在办学资源上减少了对政府的依赖，新建本科院校完全可以通过办学资源的多元化来获得更多的办学自主权。

5. 建立健全法人治理结构。高校要实行办学社会化，引入社会办学资源，就必须建立规范的学校法人治理结构，改变高校传统的管理和决策机制。但由于《高等教育法》已明文规定高等院校实行"党委领导下的校长负责制"，因此如何建立学校法人治理结构还需要进行探讨。在《高等教育法》的框架下，新建本科院校可利用法律赋予的办学自主权进行一些探索，如实行中层干部竞争上岗，使院系领导对拓展院系办学资源、专业设置、学生培养和就业等承担更多的责任。在教学单位的设立上，不仅要考虑学科逻辑，更要考虑市场规律（或者主要考虑市场规律）。

6. 实施后勤企业化改革。过去高校由于强调突出教学科研中心工作，后勤工作就实行社会化，完全交给社会机构或公司企业来运作，这样围绕师生服务所形成的利润大部分被校外机构拿走，学校拿到的只是小头。在新建本科院校普遍面临资源短缺的今天，这种后勤社会化的做法是否可取值得探讨。笔者认为，在已经形成具有一定规模的、并且是垄断的消费者市场（学校师生）的前提下，如果管理成本也低于交易成本，学校就不应再把后勤服务这块利润让出去，而应该改变后勤社会化的做法，实行后勤企业化，如由学校成立一家教育投资公司，再组建由教育投资公司控股的后勤服务集团，后勤服务集团是一家以营利为目的的企业法人，主要围绕师生需求开展相关的房地产、餐饮、物业管理等业务，而且后勤服务集团还有两大优势，一是可以享受国家对校办企业的优惠政策（如税收），二是不受《高等教育法》的限制可以营利，从而为投资者（学校）提供一定的办学资金。教育投资公司还可以投资于（独资或合资方式）其他以营利为目的的周边产业。

7. 降低学校资产运行成本，有效盘活学校资产。过去高校由于不需要重视资产经营，因此学校拥有的不少动产和不动产资产并未有效实现保值增值，不少资产还需要支付巨额的运行成本。在资源短缺的情况下，新建本科院校必须认真清产核资，盘活学校的各种人财物资产，使之充分发挥作用，实现保值增值。例如，对学校拥有的土地、房屋等不动产按照一定的功能和目的实行拍卖或产权置换，对一些运行成本较高的资产如车队、宾馆、体育馆、计算机机房等实行独立核算，学校不拨给经费，由其独立经营并上缴部分创收，对一些在对外交易中处于优势地位的单位如设备处、教材科、校医室等也实行独立核算、自主经营。

8. 调整支出结构，提高投入效益。高等院校具有人才培养、科学研究、社会服务三大职能，但对于新建本科院校来说，由于科研实力和服务能力有限，其在科学研究和社会服务方面很难有重点大学那样的作为，也很难做出亮点。新建本科院校的根本还在于教学工作，教学工作做好了，人才培养质量就有保证，就能招到学生。因此，在办学资源短缺的状态下，新建本科院校应该把有限的资源优先投向基础设施建设和教学领域，适当控制科研和服务等方面的投入，提高资源使用效益，同时对非教学机构和非教学人员的规模加以严格控制，防止侵占和浪费资源。

9. 实行全员聘用制。与高校的社会化、市场化改革相适应，新建本科院校要全面推进人事制度改革，取消行政级别，实行全员聘用制，促进人力资本流动，以优化人力资源结构，降低人力资源成本。通过确定各种岗位待遇，拉大差距，淘汰富余人员；同时降低师资队伍建设成本，建立退出机制，对低职称、低学历人员实行人事代理制，形成内部压力，提升员工学历职称水平。

10. 转变学生工作观念，做好服务工作。在大众化高等教育环境下，高校学生的法律地位具有二重性。首先，学生是受教育者，必须服从学校的教学管理；其次，学生是缴费上学的消费者，有权享受相应的教育服务。过去高校学生工作一般侧重于管理的一面，而忽视了服务的一面。因此，做好学生服务工作，首先是要保障教育教学质量，向学生提供合格的教育产品（课程、教师和知识）。另一方面，在非教学领域，学生有权享受到与其支付的费用相应的服务，各管理部门、教学院系都要满腔热情地为学生解决面临的实际问题，把学生服务工作做成吸引学生入学的品牌。

11. 积极探索新的人才培养模式。精英高等教育是按照学科逻辑来培养学生，以培养学术型、领导型人才为主，而大众化高等教育是按照社会需求来培养学生，以培养应用型、职业型人才为主，这两种人才无论在培养规格、质量标准还是发展方向上都有本质的不同。新建本科院校大多把自己的人才培养目标定位为应用型人才，这就不仅要在专业设置上考虑社会需求，而且在课程体系上也要考虑社会需求。新的人才培养模式应探索一种"因材施教、宽进严出"的培养模式，一方面降低招生门槛，扩大入学规模，另一方面坚持质量标准，因材施教，特别是一些基础性专业要认真落实培养应用型人才的目标定位，改革课程体系，强化实践环节（如规定课程实践环节比例），如在学科教育中引入高等职业教育的多证书培养模式，使学生毕业时能够获取多种学历和职业证书，增强学生的就业竞争力，对公共外语课也应围绕提高学生的英语应用能力开展教学改革等等。

＊＊＊＊＊＊＊＊＊＊＊＊＊＊＊＊＊＊＊＊＊＊＊＊＊＊＊＊＊＊＊＊
＊　　教师的工作就其本身的逻辑、哲学基础和创造性质来说，本来就＊
＊不可能不带有研究因素。这首先是因为，我们与之交往的每一个个体，＊
＊在一定程度上说都是一个具有自己的思想、情感和兴趣的独一无二的＊
＊世界。如果你想使教育工作给教师带来欢乐，使每天的上课不致变成＊
＊单调乏味的义务，那就请你把每个教师引上进行研究的幸福之路吧。＊
＊　　　　　　　　　　　　　　　　　　　　　　　　　　　　＊
＊　　　　　　　　　　　　　　　　　　　　　——苏霍姆林斯基　　＊
＊　　　　　　　　　　　　　　　　　　　　　　　　　　　　　　＊
＊＊＊＊＊＊＊＊＊＊＊＊＊＊＊＊＊＊＊＊＊＊＊＊＊＊＊＊＊＊＊＊

西双版纳职业技术学院推进科研工作的思考

聂 曲 王军健①

摘 要：文章分析了边疆民族地区新建高职院校在申请立项开展科研工作方面存在的困难、问题和优势，提出了"组织梯队，以老带新"、"争取支持，自主立项"和"找准方向，突出特色"等三条积极应对措施。

关键词：高职院校 科研工作

对于大学而言，教学与科研犹如车之两轮、鸟之双翼，二者不可偏废，必须同驱共振。对于新组建的高职院校而言，在抓好教学的基础上，着力抓好科研，这对打造学校品牌，提高人才培养质量具有重要意义。西双版纳职业技术学院组建于 2001 年，是一所边疆民族地区的高职院校。学院组建后，对科研工作重要性的认识逐步深入，"科研兴校"的发展思路逐渐明确并得到贯彻落实。近年来，学院提出了"抓项目促科研"的工作方针，在组织教师申报课题，争取立项，开展科学研究方面作了一些有益的探索，积累了一定的经验，这些经验可以用三句话概括，即正视困难，明确优势，积极应对。

一、正视困难

与所有新建高职院校一样，西双版纳职业技术学院组建之初，在申报课题，争取立项，开展科研方面存在许多困难和问题，致使学院的科研工作一度在低水平上徘徊不前。任何工作，存在困难是必然的，关键在于如何应对和解决；而解决困难的第一步，就是要认识和正视困难。经过认真分析研究，我们认为，边疆民族地区新建高职院校在科研方面存在的主要

---

① 作者简介：聂曲（1963— ），女，云南省西双版纳职业技术学院党委书记、院长，主要从事高职教育管理及研究；王军健（1952— ），男，云南省西双版纳职业技术学院科研处处长、教授，研究方向为语言学、民族文化和民族教育。

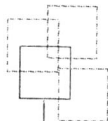

困难和问题是：

1. 科研力量薄弱。与那些地处中心城市的老牌高校相比，边疆民族地区新建高职院校科研力量薄弱的问题显得十分突出。这集中表现在两方面：一是能积极主动开展科研的教师数量偏少。尽管每个新建院校都有一些甚至一批教师能积极主动、自觉地开展科学研究，但仍有不少教师把科研当做"分外事"，是"额外负担"，不少人都是晋职前拼凑论文充抵科研成果，晋职后干脆就把搞科研、写论文抛之脑后了；二是不少教师的科研仅仅停留在选个课题写篇论文的层面上，不知道也无条件向各级科研管理机构申报课题，请求立项支持，这些教师的科研工作整体上还处于"自发"、"自为"的初级阶段。一句话，对于边疆民族地区新建高职院校而言，科研积极性、科研水平和科研能力较高的教师确属凤毛麟角。没有科研人才就不可能打开科研工作的局面，当然也不会取得丰硕的科研成果。可以说，科研力量薄弱这一问题在很大程度上阻碍了边疆民族地区新建高职院校科研工作的发展步伐。

2. 科研信息短缺。由于地处边疆民族地区，新建高职院校与内地高校在科研工作上的交流、联系、沟通就显得十分稀少；又由于是"新建"，边疆民族地区的高职院校与各级科研管理部门的关系也处于"新建"阶段，需要逐步理顺。基于上述两方面的原因，边疆民族地区高职院校科研信息短缺的问题显得十分突出。不能与发达地区的高校密切联系、交流，你就无法获得有关学科、专业的科研信息，不可能了解和掌握某一研究领域取得的新成果、达到的新水平、出现的新方法；不能与各级科研管理部门建立有效联系，你就无法获取某一年度、某一时期该部门规划的研究方向、研究重点乃至研究项目等相关信息。而这些科研信息的短缺，必将导致选题的盲目性；而缺乏方向性、创新性的选题在申报立项时必然会大大降低命中率和成功率。可以说，科研信息的短缺是边疆民族地区新建高职院校科研工作的"软肋"；只有清除这块"软肋"，边疆民族地区新建高职院校的科研工作才会有快速发展。

3. 立项课题稀少。有因必有果。由于科研力量薄弱和科研信息短缺，边疆民族地区新建高职院校必然出现各级科研管理部门立项资助课题稀少的问题。以西双版纳职业技术学院而言，组建之初，不少教师还不知道申报立项为何物，对科研的认识还局限在撰写一两篇论文的层次上；有的教师虽然知道申报课题争取立项支持的事并想尝试尝试，但又担心自己的能力、水平乃至"关系"还不够格，便也迟迟迈不出关键的一步——这样一来，整个学院"立项课题稀少"当然就是不言自明的事了。

二、明确优势

马克思主义唯物辩证法认为：任何事物都具有两面性。在看到边疆民族地区新建高职院校科研工作方面具有"劣势"的同时，我们也要努力开掘、发现并明确自身的优势所在。西双版纳职业技术学院在刚组建的头几年，学院领导和科研部门的负责人谈到科研工作，总会用不同的形式反复向广大教师强调这样一个观点：我们既要承认在科研方面的"劣势"、"弱势"地位，同时也要认清我们所拥有的"优势"和"强项"。具体而言，边疆民族地区新建高职院校在科研工作方面的"优势"和"强项"至少有这样几方面：

由于是"新建"，学院改革发展的方方面面都需要认真研究，进行科学的论证。比如高职院校的办学定位、培养目标、人才规格、教学模式、特色专业培植乃至学院的发展战略、发展规划等，都应该也必须列入研究的范围作为课题进行深入的研究，从而以科研的理论成果更好地指导学院的改革发展实践。应该说，这种在改革发展的实践中确立科研课题进行学术研究，用科研的理论成果指导改革发展实践的研究模式是一种学术与实践密切结合的研究模式，值得充分肯定。

由于地处边疆，学院在汉语国际化推广工作和对外交流合作方面存在许多空间和可能性。西双版纳与东南亚山水相连，西双版纳各民族与泰、老、缅各民族之间有着不可分割的亲缘关系，东南亚各国的华侨子女回祖国学习汉语的热情日渐高涨……所有这一切，都给西双版纳职业技术学院在对外交流合作与汉语国际化推广工作等方面带来了机遇和挑战。而要贯彻好"走出去"的发展战略，更好地开展对外交流合作与汉语国际化推广工作，其间有许多新的问题、新的领域是我们从未涉及的，迫切需要科研的理论支持和引导，我们完全可以将此作为研究对象，作出一篇篇理论与实践相结合的大文章。

再由于地处少数民族地区，我们拥有丰富的、令许多内地学者叹羡的科研资源。比如少数民族的经济、社会、文化、历史、宗教、教育、语言、习俗等，是我们取之不尽、用之不竭的科研资源，有的甚至还是人无我有，人有我优的"稀有矿藏"。好好珍惜并认真挖掘这些宝贵的科研资源，我们完全可以从中获得令内地学者无法赶超的、具有鲜明独特性的课题和研究成果。

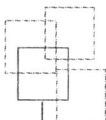

实践证明,明确优势对增强学院整个学术团队的自信心,积极争取立项,开展科学研究产生了极大的作用,科研方面的自卑心理和畏难情绪因此逐渐消除。

三、积极应对

正视困难,目的在于避免盲目乐观的思想滋长;明确优势,目的在于消除不必要的自卑心理——边疆民族地区新建高职院校的科研工作要有大的发展,还必须在正视困难、明确优势的基础上采取积极的应对措施。西双版纳职业技术学院在这方面主要抓了以下三点:

1. 组织梯队,以老带新。针对"科研力量薄弱"的问题,学院确立了"团结协作,集体攻关"的工作方针,通过组建课题组集体申报研究项目的方式,把那些热心学术研究的教师组织起来。在课题组成员的构成上,特别强调老、中、青结合,既要有研究经验较为丰富的老教师,又要有发展潜力较大的中青年教师。在项目实施过程中,特别强调新老结合,以老带新,努力为中青年教师在科研方面逐步成长、成熟、成才搭建平台,创造条件。近年来,学院关于"团结协作,集体攻关"的科研工作方针在申报立项实施研究等方面均得到了较好的贯彻实施,先后组建了三人以上的课题组十余个,申报课题二十余项。实践证明,这种"团结协作,集体攻关"的工作方针对解决科研力量薄弱的问题极为有效。它不仅可以实现老、中、青教师的优势互补,使申报立项的命中率、成功率大为提高,更为重要的是,一批批教师特别是中青年教师在参加课题组参与项目研究的过程中丰富了学术经历,积累了学术经验,逐步成长、成熟起来,学院科研力量薄弱的状况因而有了很大改变,一支老、中、青三结合的学术梯队已初步形成,在很大程度上实现了"立项目、出成果、出人才"的科研工作目标。

2. 争取支持,自主立项。针对科研信息短缺和立项课题稀少的问题,学院提出了"两手抓"的方针,即一手抓理顺关系,积极争取各级科研管理部门的支持,一手抓自主立项,拨出专项资金设立院级科研课题。一是积极主动地与国家、省、州等科研管理部门理顺关系,建立联系。新建高职院校由于地处边疆,常常会因"山高皇帝远"成为"被人遗忘的角落",这就需要我们积极主动地去找路子、找关系、找"娘家",尽快与各级科研管理部门理顺关系,建立联系,从而得到他们在科研方面的指导和支持。近几年,学院对这方面的工作十分重视,学院主要领导亲自抓,做了大量联络、沟通、协调工作,逐步使学院的科研工作与全国、全省的各类科研管理部门和科研机构"搭上线"、"联了网",学院也因此获得了越来越多的科研信息和项目资金支持。二是拨出专项资金自主立项。对于地处边疆民族地区科研力量相对薄弱的新建高职院校而言,要在较短时间内获得国家或省的重大项目资金支持确非易事,较为现实的办法是由小到大,逐步提高。正是基于这方面的考虑,从 2004 年开始,学院拨出专项资金设立院级科研课题,动员、组织、激励教师围绕学院的改革发展申报项目开展研究。三年多的实践表明,院级科研课题的运作在营造浓厚的科研氛围、扩大教师的参与面、培养和锻炼学术队伍等方面均取得了很大的成效。同时,院级科研课题的研究成果还为推动学院的改革发展发挥了直接的、积极的作用。

3. 找准方向,突出特点。我们强调科研在边疆民族地区新建高职院校的各项工作中具有十分重要的作用和地位,但并不意味着高职院校的科研与研究型大学或教学研究型大学的科研应不加区别,毫无二致。恰恰相反,我们认为,边疆民族地区新建高职院校的科研应该也必须走出自己的路子,呈现出自身的特色。具体而言,应找准方向,在以下三方面体现出边疆民族地区高职院校的科研特点。

第一,明确一个目标。作为边疆民族地区高职院校,如果把科研的目标定位在创造国内领先、世界一流的科研成果并获得诺贝尔奖之类是完全不现实的,那无异于痴人说梦。近年来,西双版纳职业技术学院的科研工作指导思想是符合实际的,即始终强调科研要为"兴校"服务,鼓励和要求全院的专兼职研究人员针对学院改革发展过程中存在的困难、问题,从理论与实践的结合上进行科学的分析论证,给出解决困难及问题的理论支持和实施办法,把科研的目标准确定位在推动学院的改革发展这一点上。在 2004 年至 2006 年批准立项的院级科研课题中,绝大多数课题都是与学院的改革发展密切相关的;对关乎本校改革大局、发展大计的科研课题,学院还特别加大了资金的支持力度。这样做的目的,就是要提倡、鼓励专兼职研究人员始终把"推动学院的改革发展"作为科研工作的主要目标。

第二,遵循两条原则。边疆民族地区的高职院校在确定具体的科研工作思路时,还必须把握和遵循两条原则。一是量力而行的原则。很显然,边疆民族地区的高职院校没有必要、也没有办法去和内地城市那些老牌的综合性大学在科研方面度长絜大。如果我们硬要在科研方面和北大、清华比高、比深、比精、比专,那肯定是不切合实际的。科学的态度是:遵循量力而行的原则,去做那些新建高职院校或教师个人基本具备条件的项目。

经济建设中的好大喜功受人诟病，科学研究中的好大喜功同样会徒劳无获。当然，我们不排除个别院校、个别研究人员在个别研究领域的"跨越式发展"，但就边疆地区高职院校科研工作的全局而言，量力而行仍是我们应当遵循的原则之一。二是结合实际的原则。边疆民族地区高职院校的科学研究在很大程度上不属于理论性、学术性很强的基础研究，而应是实践性、操作性很强的应用型研究。这就要求我们在科研工作中必须遵循"结合实际"的原则，从"推动学院的改革发展"这一目标出发，选择、确定一些条件基本具备、具有实践价值的重要项目加以研究，再用取得的研究成果来指导、改进、推动我们的教育教学实践。当然，我们强调要结合实际开展实践性、操作性很强的应用型研究，这是从边疆民族地区高职院校科研工作的总体要求上说的，并不是说不能进行基础理论研究（条件基本具备的院校、个人做一些类似的项目也是应予鼓励的）；更不是说应用型研究就可以不讲理论性和学术性（没有或很少理论性、学术性的科研将会沦为一种工作总结）。

第三，认准三个方向。要在科研工作中贯彻好"量力而行"、"结合实际"的原则，实现"推动学院的改革发展"的目标，关键在于确定科研课题申请立项时要认准三个方向。首先要结合自身的教学实际。从研究人员自身而言，我们强调要结合自身的教学实际，推崇"在教学中搞科研，以科研促教学"的理想模式。边疆民族地区高职院校的教师不可能专职搞科研，他们的很多时间、精力要倾注在教育教学工作上，因此，他们的科研必须结合教学实际进行和开展；同时，"在教育教学中发现问题→确定科研课题→取得科研成果→指导和改进教学工作→成为教学和科研的行家里手"，这是高职院校广大教师成长、成才的一种规律。如果能把教学和科研有机地、紧密地结合在一起，那么，有关"教学任务重，没有精力搞科研"、"埋头教学，找不到研究课题"等诸如此类的话语就会越来越少了。其次要围绕学院的改革发展。从学校的科研工作全局而言，边疆民族地区高职院校的科研选题还必须认准"围绕学院的改革发展"这一方向。西双版纳职业技术学院组建之初，我们就清醒地看到，在西双版纳这样一个多民族的边疆地区举办大学，特别是举办高等职业教育，既无历史经验可借鉴，也无现成模式可参考，一切都得从零开始——这就需要一步一步地去探索，去尝试。在以往的探索、尝试过程中，科研工作无疑发挥了重要的引路作用。近年来，学院顺利进入稳步发展阶段，但在办学理念、发展方向、管理模式、学科设置、专业培植、对外合作与交流、汉语国际化推广工作、当地少数民族实用型技术人才培养乃至做好学生的管理、服务工作等各方面均存在大量的问题、难题，需要深入研究，等待我们从理论与实践的结合上为科学决策提供强有力的依据和支持。从这一点出发，我们强调了边疆民族地区高职院校的科研工作在具体的实施过程中，必须联系学院的改革发展实际，把改革发展过程中出现的各种现象、事实、问题、困难等，经过审慎的筛选、过滤后转化为科研的项目进行研究，取得成果后反过来指导、促进学院的各项工作，从而把"推动学院的改革发展"这一科研工作的重要目标真正落到实处。再次要突出边疆地区的特点。前已述及，对于西双版纳职业技术学院这样的边疆民族地区新建高职院校来说，要在科研的"高、深、精、专"方面与北大、清华度长絜大当然是不现实的，但如果能扬长避短，在"独、特"两字上做足文章，我们的科研工作仍然能够以"独"取胜，以"特"出彩。如前所述，边疆民族地区高职院校在一些方面还是具有内地高校所不具备的优势和特点的。以西双版纳职业技术学院为例，它的办学环境属于边疆少数民族地区，培养对象大多数是少数民族学生，这就使得我们的教育教学工作乃至科研工作都具有了浓重的边疆性质、民族性质，如果我们能在科研工作中紧紧抓住并凸显"边疆、少数民族"这一特质，就可以做到科研项目和学术成果的人无我有、人有我特。

"突出边疆民族地区的特点"还有一层含义，即边疆民族地区高职院校应把边疆少数民族地区的经济、社会、文化、历史、宗教、教育、语言、习俗等作为科研的对象，并以此为当地的经济社会发展建言立论，提供智力支撑，发挥"智囊团"的作用。大学服务社会的职能作用不仅仅是培养人才一项，它还可以通过转化学术成果为当地的经济社会发展作出贡献。西双版纳是多个少数民族聚居的边疆地区，有着非常丰富但内地大城市十分稀缺的科研资源。近年来，西双版纳职业技术学院遵循"发挥优势、找准方向、突出特点"的原则，鼓励、支持专兼职人员充分发掘西双版纳丰富的科研资源，积极申报各级科研项目开展科学研究。至 2006 年底，学院教师以课题组的方式成功申报了多项国家、省、州的科研项目，如《地方高职教育面向东南亚国家合作办学的现状及发展对策》获得了中国高等教育学会的立项支持，《民族地区高职院校生源质量与学生学习状况调查及对策研究》获得了云南省教育厅基金项目的立项支持，州级课题《西双版纳傣族教育发展战略研究》顺利完成研究任务，研究成果已结集出版，并获得了自治州科技进步二等奖，在推动西双版纳少数民族教育事业改革发展中产生了重要影响。

总之，边疆民族地区新建高职院校在申请立项开展科研方面困难与机遇共存，劣势与优势同在。只要正视困难，积极应对，发挥优势，突出特色，就一定能获得越来越多的项目资金支持，取得一批批具有较高水平的科研成果，培养出一支高素质的学术梯队，从而推动边疆民族地区的高职教育事业又好又快发展，为边疆民族地区的经济社会发展提供人才保障和强有力的智力支持。

* *

欢迎投稿

《云南高教论坛》（半年一辑）为云南省高等教育学会主办、云南大学出版社公开出版、面向国内外公开发行的系列论文丛书。欢迎投稿！

论坛宗旨：坚持"兼容并蓄、百家争鸣、突出特色、服务云南"的指导思想，为云南省高等教育的全体研究人员提供抒发笔墨，探究学术的理论平台，立足云南高等教育现实，着眼国内外前沿学术研究，为繁荣云南省高等教育科学研究，为云南高等教育学学科建设及教育改革和发展服务。

主要板块：直抒己见、理论探讨、管理探索、大学文化、专业建设、教学前沿、学生培养、师资发展、教育评估、专题探讨、学会工作等。

论文格式：（1）题目；（2）作者简介（含姓名、出生年、性别、工作单位、职务职称、学历学位、研究方向）；（3）内容摘要（150字以内）；（4）关键词（2～5个）；（5）正文（6 000字以内）；（6）注释及参考文献；（7）联系方式（含通信地址、邮政编码、办公电话、家庭电话、电子邮箱）。

请将电子文本发至编辑部邮箱 yngjlt@ ynu. edu. cn，也可拷贝于软盘寄至云南大学高等教育研究院《云南高教论坛》编辑部。

* *

新时期高校安全保卫工作的创新

彭 云 施 锷 罗利坤①

摘 要：进入21世纪，高校发展迅速，连续多年扩招，校区扩大，高校成为社会和境内外敌对势力关注的地方，在这样的历史条件下，如何积极探索创新开展工作，使安全保卫工作的思路、方法和形式更具有时代特征，构建和谐平安校园，是高等学校安全保卫工作中应该认真研究的一个课题。

关键词：高校安全保卫 平安校园

随着国家科教兴国战略的实施，我国教育事业取得了全面的繁荣和发展。然而，面对学校规模的不断扩大和数量的增加，相应的一系列问题也随之凸显出来。每天大大小小的安全事故都在发生，令人防不胜防。高校没有安全谈不上办学，没有稳定谈不上发展。通过近几年的探索、实践和到省内外考察学习，我们总结构建和谐平安校园的思路和措施如下：

一、确定一个中心

用科学的发展观指导，构建和谐平安校园。这是高校安全保卫工作的中心任务，一切工作必须紧紧围绕这个中心开展，一切工作必须落实到这一中心上，归属到这一中心上。

二、实现两个目标

一是维护政治稳定。高校肩负着培养社会主义事业建设者和接班人的

---

① 作者简介：彭云（1964— ），男，云南农业大学保卫处副教授、水工专业学士，主要从事农业水利工程和公共安全管理的研究与实践；施锷（1961— ），男，云南师范大学保卫处助理研究员、物理专业学士，主要从事高校安全保卫工作研究与实践；罗利坤（1956— ），男，昆明医学院保卫处助理研究员、经济管理专业，主要从事公共安全管理与研究。

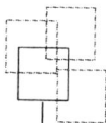

重任,是社会的"晴雨表",可以说,没有高校的稳定,就没有社会的稳定,就没有和谐的校园,就没有和谐的社会。"稳定压倒一切",党委重视,责任落实,措施有力是高校维护稳定的特点之一。维护稳定的具体做法:首先,高度认识高校稳定工作的重要性,把稳定工作作为头等大事来抓。其次,坚持"内紧外松"的原则,提高警惕,多渠道、全方位收集深层次的有效信息,提供给校党委决策,做到讲政治、保稳定、促发展。第三,抓建章立制,严格落实维护稳定工作责任制,制定出处置突发事件工作预案,使稳定工作有章可循。四是抓住校园周边治安综合治理的契机,处置和解决各种热点、难点问题,扎扎实实将稳定工作落到实处。五是"以生为本",切实解决学生的困难,诚心诚意地为学生办实事、解难事、做好事。

二是确保校园安全。做好学校安全工作,确保正常的教学、科研和生活秩序是学校安全工作一项长期、复杂的系统工程,特别是随着高校办学规模的不断扩大,社会主义市场经济的深入发展,改革的不断深化,各种利益格局不断调整,社会矛盾日益复杂,伴随而来的治安问题越来越多,这些矛盾和问题必然影响到学校的安全,高校也是各类犯罪分子盯住的地方。我们必须充分认识到学校安全工作面临的严峻形势,认识到做好高校安全工作的极端重要性和紧迫性,为此,要强化学校安全工作一把手负责制,健全安全工作领导机构;把安全工作列入学校重要议事日程,与其他工作同研究、同部署、同检查、同落实;加强学校安全管理,建立健全确实可行的安全工作机制,确保各项工作落到实处;加强安全知识教育的宣传力度,通过各种途径寓教于乐开展活动,提高广大师生员工的安全意识和安全基本技能;深入开展"文明安全校园"创建活动,以创建活动为载体,以解决问题为重点,以防止重大刑事、治安案件的发生,减少违法犯罪案件和安全事故,努力实现师生员工以公民道德、职业道德、文明修养和民主法制观念为主要内容的思想道德素质的显著提高,实现以内容健康、格调高雅、丰富多彩为基础要求的校园文化生活质量的显著提高,实现以良好的校园安全秩序和优美的校园环境为主要标志的平安和谐校园。

三、建设三支队伍

第一支安全保卫工作队伍:高校安全保卫队伍建设是做好一切工作的关键,毛泽东同志讲:"政治路线确定以后,干部就是决定的因素"。高校保卫部门必须抓好两支队伍的建设,即保卫部门的干部队伍和校卫队队伍的建设，只有建一流的队伍、创一流的工作、树一流的新风、争一流的荣誉，才能确保保卫工作的健康发展。而队伍建设的关键是抓好"班子"建设。通过多年的实践和总结，笔者认为，应该从以下几方面开展工作。一是抓班子建设，选拔录用年富力强，有专业，有事业心，有奉献精神的爱岗敬业的干部队伍，增强队伍的综合素质，增强队伍的战斗力和凝聚力。二是把好校卫队员的选拔关、教育学习的培训关和校卫队员的各项管理规章制度，做到制度化、规范化和人性化，用制度管人。三是搞好机构和人员配置，为队伍建设提供组织保证。基本设置有治安科、户籍科、校卫队（含消防工作）和综合科（含信息调研工作）。四是加强思想教育和业务培训，提高队伍的思想政治素质和基本业务技能，做到"内强素质，外树形象"，形成"抓队伍，促工作，保平安，促服务"的格局。五是按照军事化管理模式，严格训练，严格要求，严格奖罚，提高队伍的战斗力。做到"招之即来，来之能战，战之能胜"。六是切实加大经费投入，不断改善装备条件，提高作战能力。

第二支思想政治工作队伍：思想政治教育是学生工作的核心，是大学生的全部素质的主要灵魂，首要任务是要帮助大学生牢固树立正确的人生观、世界观和价值观，培养学生解放思想、实事求是、与时俱进的科学精神。所以，必须建设好思想政治工作这支队伍，必须坚持建立"学生工作督导制度"、"实施学生工作特色项目制度"、"建立班级诚信互助基金制度"、"建立家校联系通知书制度"和"建立班主任工作考核制度"，形成上下联动，齐抓共管的运行机制。

第三支学生管理工作队伍：高校的学生工作是以"大学生的思想政治教育"为核心，以"学生的综合发展"为中心，以"科技教育与人文教育"为双翼，"以培养学生的创新精神和实践能力"为重点，以"学生全面成才"为目标，以"提高学生综合素质"为目标，为培养适应新世纪经济科技发展和社会进步所需要的高素质综合型的"四有"新人而努力。所以笔者认为，要紧追时代步伐，认真研究学生工作的新机制、新渠道、新方式、新方法，以构建学生工作创新的思路，实现学生工作创新的目标。高校要以学生处、保卫处、教务处、学院、班主任和学生宿舍、公寓管理部门组成学生工作管理领导小组，确立学生在整个工作中的主体地位，逐步实现管理教育重心向学生转移，激发学生调动自我教育、自我管理、自我服务的积极性。关注学生在学习和生活中遇到的各种实际问题，把解决思想认识问题和各种实际问题结合起来，在解决实际问题过程中帮助学生提高思想觉悟，在为学生提供有效的服务过程中落实教育和管理的基本要求。我们的具体做法是，定期每两周组织一次例会，共同研究、解决和处理各种学生工作的问题，除开展日常的学生管理工作外，根据大学生专业课的教学，针对专业特点，通过本学科领域的专家教授的讲座、报告、参观展览、知识竞赛、读书活动等形式，面向全体学生进行科普知识的宣传与教育，以此拓宽学生知识视野，丰富学生知识。同时，组织和引导大学生积极参加学术科技知识活动，在大学生中大力倡导、鼓励、支持和开展多种丰富多彩的科技创新活动，增强实效性。组织学生参加各种校内外的创新竞赛，如"挑战杯"大学生课外学术科技作品竞赛、电子设计竞赛、数学建模竞赛，大力吸引大学生参与教师科研课题，加强工程实践环节，培养学生创造能力，鼓励大学生参与科研，撰写科技论文，广泛发动学生参加科技创新教育项目，培养学生动手能力，收集信息、获取知识能力，语言表达能力，团结协作能力，社会交往能力等，学会科学的思维方法，培养严谨的科学态度，激发求知欲，培育创新精神和实践能力，培养创新精神、创业精神、创造精神，倡导学生在实践中广知识、强素质、增才干。

四、落实四项措施

一是推行目标责任制。抓领导，建立和强化目标管理责任制，坚持党委书记一把手直接抓，充分发挥好社会治安综合治理委员会的作用，坚持每学期召开 2 至 3 次专题会议。本着"谁主管，谁受益，谁负责"的原则，抓好学校与学院和各部门签订《社会治安综合治理 创建平安和谐单位目标责任书》，层层落实安全目标责任制，使各个部门真正做到"看好自己的门，管好自己的人"。

二是划片管理。各个高校根据自己的实际情况，合理、科学和规范地进行划片，我们的做法是划为四个片区，即综合办公区、各个学院、学生宿舍和公寓、家属区。通过划片管理，明确保卫人员的责任，增强了责任感、使命感和忧患意识，并根据工作好坏和成绩，进行轮岗交流，调动了保卫人员的积极性、创造性，保卫人员的荣誉感和责任得到进一步增强。

三是建立督促检查机制。云南农业大学历年来认真贯彻落实"安全第一，预防为主"的方针，制定了《社会治安综合治理 创建平安和谐单位目标责任书》的检查制，由保卫处牵头，每两个月进行一次检查和督促，对存在问题的部门和单位及时下发《限期整改通知书》进行整改，按照规定时间、项目进行复查，对不能按时完成整改的部门上报学校社会治安综合治理委员会进行通报批评，下发限期整改通知。

四是实行责任追究制。对发生事故和出现问题的部门，根据签订的《社会治安综合治理　创建平安和谐单位目标责任书》进行追究，对相关的责任人进行处理。每年年底由社会治安综合治理委员会对各单位进行考评。

五、完成五项任务

防火、防盗、防群体事件、防自然灾害、防突发事件。在推进高校安全保卫，构建和谐平安校园工作中，我们按照"严密防范，严格管理"，坚持"整建结合，重在建设"，"以防为主，打防结合"，"标本兼治，重在治本"的原则。

一是充分发挥"人防、物防、技防"相结合的作用，人防是基础，物防是补充，技防是手段。要加大技防的投入，做到减员增效，为破案提供必要的物证。

二是在安全防范中，把安全检查工作作为行之有效的措施，认真执行学校的季检查、部门月查、班组日查、保卫处经常检查的制度，做到检查有记录、隐患有记载、有报告、有落实，确保检查不走过场、不流于形式。

三是针对校园每个时期的特点，组织校内巡逻检查。发现问题立即进行整改，打击违法犯罪活动，消除不安全因素。

四是制定出"消防工作预案"、"处置突发事件工作预案"和"处置自然灾害预案"，一旦事件发生立即启动预案进行处置。

五是由保卫处牵头，组织实施各项预案的演练，查缺补漏，不断完善预案，做到切实可行。

六、开展六项工作

一是社会治安综合治理工作。要以专项整治进行推动，以健全制度、落实安全措施、整改隐患为重点。一定要做到党政工团齐抓共管，层层落实责任制，积极配合公安机关开展严打整治和专项治理，加强基础建设，将综合治理工作落到实处，奖罚分明。

二是消防工作、设施的检查和维护保养工作。防与消是做好消防安全工作的重要措施和手段。坚持"预防为主，防消结合"的原则是我们在实际工作中必须把握和处理好的第一个重要关。"预防为主"就是在消防工作的指导思想上，始终把预防火灾放在第一位，立足于防。通过加大对广大师生员工学习消防常识和贯彻落实《消防法》，不断增强提高消防意识、消

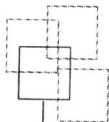

防技能和消防工作的法制观念。加强义务消防专兼职队伍的建设，开展日常的维护、保养，积极与属地公安消防部门联系，安装"重点单位消防工作管理系统"软件，纳入规范化、系统化管理。

三是户籍、流动人口和出租房的管理工作。体现"以生为本"，对户籍管理工作、流动人口和出租房纳入计算机管理，我们的具体做法是根据学校的实际情况，按照公安部门的要求，编写"户籍管理系统"，结合公安部门的"流动人口和出租房管理系统"一同进行系统管理，定期进行复查，不断对数据进行更新，做到"家底清，底数明"，实施动态管理。

四是校内车辆交通管理。随着高校的不断发展和改革，学生人数和车辆的猛增，校园车辆管理和校园交通安全已经成为各高校的一个突出的问题，存在着较大的安全隐患，必须加强管理。我们的具体措施是：第一，制作车辆出入证，进入校门车辆发牌，出门时验证。第二，规范停车，画出固定和临时车位。第三，在校园内画出交通标志线，安装交通标志。第四，加大对师生员工的交通安全知识培训和宣传力度。

五是信息调研工作。充分意识到目前高校已经成为境内外敌对势力渗透的重点，一些热点问题成为师生员工关注的焦点，加大信息调研的力度，转变观念，更新工作方法，深入到教职工、学生之中，收集分析深层次的信息，做到防患于未然，把各种矛盾化解在萌芽状态。

六是快捷高效多能的"校园110"。为了有效、及时地处置和控制各种事件，加大处置突发事件的应急能力，高校必须建立一支快速反应应急队伍，通过近几年的实践证明，高校投入必要的人力、物力，必须建立"校园110"。作为新时代的为师生员工提供安全服务的产物，必将成为为师生员工服务的中心、信息处理的中心、学校安全秩序维护中心、处置各种突发事件的应急中心。

七、依托七个依靠

一是依靠上级教育主管部门管理、协调和指导作用的支持。高校安全保卫部门一定要深刻理解和认识到教育厅行政主管部门的作用，一定要依靠和发挥教育厅在安全保卫工作中的地位，依靠教育厅来协调和指导安全保卫工作。

二是依靠属地政府综合执法的支持。高校必须明确高等教育是政府的一项公益事业，不论高校级别多高，必定是在属地政府的管理之中，一定要与属地政府联系、协调好，依靠属地政府开展校园内外和周边的综合执法整治工作，发挥属地政府的作用，切实做好社会治安综合治理工作。

三是依靠公安机关打击各类违法犯罪。目前高校安全保卫部门没有执法权的问题，已经是多年来高校保卫部门共同努力未果的现实，只有紧紧依靠公安机关执法部门的支持，针对高校的突出问题进行打击，对各类案件进行侦破。

四是依靠广泛的宣传教育和培训途径，提高师生员工的安全防范意识，增强自我保护能力。高校安全保卫工作必须通过高校的各种媒体、资源和知识分子集中的特点，加强宣传教育和培训，提高师生员工的安全意识和防范能力，共同关注和自觉维护学校的安全稳定工作。

五是依靠各个部门上下联动，形成齐抓共管的长效机制。高校安全保卫工作是一个涉及面广的系统工程，只靠保卫部门一家是不可能搞好的，必须由各个职能部门和学院在校内形成合力，又要依靠校外相关职能部门的密切配合，形成合力，上下联动，齐抓共管，建立长效机制共同开展。

六是依靠广大师生员工的群防群治的支持。在提高广大师生员工的安全意识、自我保护意识和安全防范技能的前提下，充分发挥师生员工的积极性，提高警惕，树立我为人人，人人为我的思想，形成群防群治的局面，紧紧依靠这个局面，促进安全保卫工作的新局面。

七是依靠师生员工的自我管理、自我服务、自我监督机制的支持。

****
*　　一个涉及一切其他科目的科目，而因此是在教育中应该占最高地*
*位的科目，就是教育的理论和实践。　　　　　　　　　　　　　*
*　　　　　　　　　　　　　　　　　　　　　　　　　　　　　*
*　　　　　　　　　　　　　　　　　　　　　　——斯宾塞　　*
****

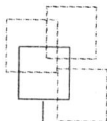

开放教育模式下边疆地区学生
学习汉语的调查与探讨

张兰仙①

摘　要： 文章以开放教育汉语言文学本科专业学员为对象，通过访谈、问卷调查等形式，对成人学习《汉语专题（1）》的方法进行比较、分析与探讨，并提出了一些可行的教、学方法，从而帮助学员尽快熟练掌握《汉语专题（1）》知识，成为成功的学习者。

关键词： 开放教育　边疆地区　学习方法

一、调查目的

《汉语专题（1）》大纲指出：汉语专题（1）是为中央广播电视大学汉语言文学专业专升本学员开设的一门必修基础课，是中央广播电视大学汉语言文学专业专科基础课《现代汉语》的提高课。本课程的教学目的是使学生在初步具备观察和分析现代汉语的能力的基础上进一步加深对现代汉语基础理论的理解，提高实际应用能力，拓宽专业知识面，培养研究兴趣，加深对现代汉语规范化的认识，不断提高运用语言的水平，从而使学生的语文修养更上一层楼。

实践证明，学习任何一门课程，学习方法得当与否将直接影响其学习成绩，而对开放教育下以教师为主导，学生为主体的自主学习者更是如此。本次调查的目的是通过比较、分析开放教育汉语言文学专业的学员学习《汉语专题（1）》的学习方法与成绩之间的关系，从而帮助边疆地区从教的教师指导学员学习方法，最大限度地为学员创设自主学习环境，帮助学员选择恰当的学习方法，成为学习的成功者。

---

① 作者简介：张兰仙（1973— ），女，云南德宏师范高等专科学校中文系讲师，主要从事现代汉语言及文学研究。

二、调查对象及方法

1. 调查对象。云南边疆某电大分校汉语言文学专业本科 2004 级（春）学员 20 名。这些学员的《汉语专题（1）》考试成绩为及格者 8 人，最高分 80 分，最低分 60 分；不及格者 12 人，最高分 59 分，最低分 41 分。

2. 调查方法。（1）问卷调查法：发放问卷 20 份，实际收回问卷 20 份，有效率 100%。（2）访谈法：对 16 名学员进行访谈，其中 8 人为考试及格者，8 人为不及格者。问卷及访谈内容是根据笔者经验编制的，如在学习本课程之前，你制订《汉语专题（1）》的学习计划吗？能否按计划进行自主学习？你适应开放教育的模式吗？主要通过什么途径学习《汉语专题（1）》？你是怎样学习的？专科是否学过《现代汉语》等，然后笔者将问卷及访谈结果作为一个整体进行统计分析。

三、调查结果与分析

问卷调查结果归纳起来有以下几点：

1. 制订和实施学习计划比较。古人云：凡事预则立，不预则废。对于成人学习来说更是如此，制订学习计划是学员进行自主学习的重要保证。从统计结果来看，所有学员均能在辅导老师的指导下，根据自身的特点及工作情况制订合理的学习计划。但在被调查的学生中，20% 的学员能按学习计划进行自主学习，学习较积极、主动；而 80% 的学员由于各种因素影响（如家庭、工作等），在业余时间未能按原计划进行学习。据调查，60% 的学员在面授辅导时才开始学习本课程，有 1 个学员在考试前两天才进行突击学习，因此他未能取得好成绩，这就说明了在工作之余能有计划地安排自己学习并主动学习的学员，学习是有效果的。

2. 学习兴趣和学习动机比较。《汉语专题（1）》是提高课，因此学员必须具备一定的专科《现代汉语》的基础知识，才能学好本课程。调查的对象中，专科阶段非汉语言专业毕业者占学员的 80%，现从事教师职业的占 90%，但从事语文教学工作的仅占 15%，因此大部分学员在专科阶段未学过《现代汉语》，汉语基础较为薄弱，在学习中感觉难度较大。从调查的数据来看，只有 20% 的学员对此课程有兴趣，60% 的学员对《汉语专题（1）》课程不感兴趣，20% 的学员感觉有畏难情绪。正确的学习动机是积极认真学习的前提。据调查，60% 的学员参加学习的目的是为了应付考试，拿到本科毕业证，40% 的学员为了拓宽自己的知识面，以便指导自己今后的工作。考试结果证明，有学习兴趣的学员由于学习动机端正，因此更能以积极主动的态度进行学习，掌握基础知识牢固，考试成绩相对比较理想。

3. 获取知识的途径比较。笔者在本课程考试前，对学员获取知识的途径进行了问卷调查（见下表）。

学员获取知识途径表

获取知识的途径	网上资源	网上交流	面授辅导	小组学习	文字资源
及格者8人	8	8	6	8	8
比例	100%	100%	75%	100%	100%
不及格者12人	9	4	6	10	12
比例	75%	33%	50%	83%	100%

以上数据表明，考试及格的学员大部分能通过下载网络资源、面授辅导、小组学习、文字资源获取知识，并参加了网上交流，有的与辅导老师、学员通过BBS进行讨论。相比之下，不及格的学员中，50%的学员因其地处边疆，工作单位没有电脑，只能利用业余时间到网吧上网，因此参加网上讨论和利用网上资源进行自主学习的时间相对较少，50%的学员只能通过书本自学或面授辅导时到学校上网。对考试及格者和不及格者上网学习次数进行统计，考试及格者中每月上网最多4次，最少1次；不及格者中大部分在考试前一个月才开始上网查资料。

4. 访谈结果。在问及"你是怎样学习的？采用些什么学习方法？"时，考试及格者的做法有：（1）课前预习。"在参加面授前，把弄不懂的地方做上记号，听课时就会注意这些地方。"（2）掌握各个专题的重点，加强自主学习。"根据辅导书及网上发布的信息及时了解学习重点进行学习，这样才能做到心中有数，掌握学习的主动权。"（3）充分利用网络资源及网络的交互功能进行学习。（4）加强练习。《汉语专题（1）》理论性较强，学习时必须多做练习，才能做到举一反三，强化理解。除了做大作业及辅导书的练习以外，还做了一些网上设置的练习，参加小组讨论。而后者的做法是：（1）平时很少有时间看书，只有在面授时突击学习。（2）平时没办法上网查找资料，只能从辅导老师、同学中获取一些资料进行学习。只有在面授时才能到校上网查找资料，参加网上讨论。（3）专科阶段没有学过《现代汉语》，因此，在学习后未能较好理解及掌握《汉语专题（1）》的知识，仍不能独立完成作业。

从上面的对比中可以看出，前者基本掌握了开放教育模式下的学习方法，基本能适应远程教育的教学模式；而后者基本上是传统的学习方式占主导地位，获取资源的途径单一，在学习中仍存在着一定的困难，这需要辅导教师对未学习过现代汉语的学员开设补修课程，有针对性地进行个别化指导；对没有电脑的学员，应将网上资料下载给学员，以便其自主学习。

四、思考与建议

从以上调查中可以看出，在开放教育模式下，学习方法得当与否对学员的学习成绩有很大影响。尤其是边疆地区的学员，学习时间少，获取知识途径单一，因此在学习《汉语专题（1）》的过程中，应结合课程及个人实际，运用多种较好的学习方法进行学习，从而收到事半功倍的效果。

1. 制订学习计划，拟订学习目标。合理的个人学习计划是取得学业成功的重要保证。开放教育的学员大多是成人，各人专科时的专业背景、文化基础、学习能力不同，学习动机与目的也不大一样，有文凭动机、从众动机、生存动机、岗位动机、需要动机、发展动机等。低层次的学习动机决定了其自主性学习的动力与程度较差，他们没有浓厚的学习兴趣，不能自觉主动地学习，而是消极被动地学习以应付考试。高层次的学习动机决定了其自主性学习的动力与程度较好，学习目的性十分明确，能稳定而持久地创造性学习，任何时空都能获得学习机会，每时每刻都自觉地进行学习。此外，成人学习受到年龄、职业、家庭负担等方面的影响程度也不同。因此，首先，学员要正确认识自身的主客观条件，分析自我现有的知识水平，根据自己的实际情况，制订出符合个人的课程学习计划。包括设立目标、浏览学习材料以及确定学习步骤等。其次，明确的学习目标是学生努力学习的动力和方向，它可以最大限度地调动学生学习的积极性。学员应当根据自身的实际状况，确立整体学习目标和学科学习目标，自主选择适合的学习方式，自主完成学习计划与学习任务。在自主学习中不断提高自主学习的质量、效率和能力。"冰冻三尺，非一日之寒"，学好一门课程也非一日之功。有了学习目标，制订了学习计划，关键在于实施，贵在持之以恒。因此，学员应保证自己的学习时间，最大限度地按计划完成自学任务，以便慢慢提高自己的学习水平。

2. 采用多种学习方式，打牢理论基础。

（1）文字媒体学习方式。教材是制定教学大纲、出考试题目的基础，

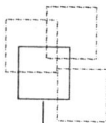

学员应该多读教材、学习指导书及其他文字材料，这样才能全面掌握现代汉语基础知识，才能做到理论联系实际。对于教材的学习应该是从教材目录入手，掌握教材知识体系结构，然后概要浏览教材，把握教材全貌，初步了解学习难点；接着通读教材，在通读的过程中，对要求重点掌握的基本概念、基础知识等要进行标识，可通过写批注、做笔记的办法加强识记，难点、疑点问题要及时注明。另外，在阅读中应结合大纲要求多分析、多思考，在分析比较中掌握知识。如对专业术语的掌握，除了要求准确掌握概念意义外，还要求能用例子来说明，那么在平时的学习中，学员就需结合例子来思考。这样，考试时才能触类旁通，举一反三。此外，本课程与专科阶段的"现代汉语"的内容是互相衔接的，在学习中，如果学员在专科阶段学的是非中文专业，一定要及时补修有关课程，否则学习就有一定难度。即使是中文专科毕业的学生，也需要适当复习有关现代汉语的知识，以便尽快进入新课程，领会教学内容。如在学习短语的层次划分之前，应先复习短语的结构类别及短语层次划分的原则等。另外，为了便于学生学习，辅导教师面授时也应边讲新课边复习，以"温故而知新"。如德宏师范高等专科学校在教学《汉语专题（1）》时，就对专科没有学过现代汉语知识的学员开设了补修课程。这样，使学生在学习时能做到前后衔接，知其然并知其所以然。

（2）数字媒体学习方式。中央电大、省电大、各分校电大的电大在线教学平台提供的学习资源很丰富，有 IP 电视辅导、教学辅导、学习辅导、视频直播、网上实时讨论等。同时，教学中许多重要的信息，如期末复习指导等都是通过电大平台发布的，所以学员在自主学习时要注意上网查看。在学习过程中，学生首先要根据自己的客观经济条件、资源条件和学习能力，选定学习信息资源，然后根据学科教学大纲规定的学习目标和要求，制订出可行的学习计划，明确具体的学习措施，通过自主性学习，完成学业。另外，通过调查我们发现，受传统教育和学习习惯的影响及工作时间的限制，更多的学员通过文字教材学习的时间远远要多于网上的时间。所以，对边疆地区没有电脑的学员，辅导教师应及时下载网上有关资料，通过不同途径传到学员手中。这样，学员在学习时就能将文字主教材和网络教学资源相结合，既可以增加自己的学习内容，又可以避免学习的盲目性，达到事半功倍的学习效果。

3. 讲究学习方法，提高学习效率。

（1）练习法。《汉语专题（1）》课程理论性强，实践性也强。学习中只有多练习，才能吃透并掌握有关的知识。很多学员都说看书时看懂了，但真正做题时又不会了。主要原因是做题太少，不能做到理论与实际相结合。如对于"句子变换分析法"，学生很难掌握，既是学习重点又是学习难点。教学中，我们在学生掌握了"什么是句子变换分析法"之后，结合语言材料给学生分析讲解，然后再让学生做题，经过反复练习，学生也就能慢慢掌握并巩固它了。所以在学习中应该多做练习，通过大量的练习，吃透并掌握相关的知识，考试时才能熟能生巧，应付自如。

（2）比较法。本课程虽然与专科现代汉语内容衔接很紧密，但也有不同的地方，在考试时是以本科教材的观点为准的，因此在学习中要用比较的方法学习。例如："看了一回电影"，专科课程一般处理为单宾语，但本科课程处理为双宾语，这样，双宾语的范围就比以前大了。又如"请他吃饭"，专科课程一般叫做兼语短语，但本科课程叫递系短语等，学习时要注意比较。同时，在学习和作业时要注意分析比较，如别人做得对，为什么做得对；自己做得不对，要分析不对在哪里，为什么做得不对，这样可以提高观察和分析语言的能力，也是运用理论知识指导实践的有效途径。

（3）小组讨论法。学习小组是学生根据地域或工作上的便利自愿组成的富有凝聚力的协作学习小组。众所周知，成人学习时间紧、任务重、记忆力减弱，再加上《汉语专题（1）》课程理论性和实践性强，学习起来难免会有一定的难度。但成人的分析理解能力较强，所以学员应充分发挥自身的优势，积极参加小组讨论。如"句子变换分析法"的内容一般较难学懂，我们让学生以小组为单位进行学习并完成相关的作业。经过讨论，学员反映说，内容理解了，作业会做了，而且还记得牢。可见，小组讨论法不仅可以减少学生个别学习时的孤独感，增加学生学习的情趣，还能使学生在学习中相互交流、互帮互学，从而加深理解，巩固所学的知识。

（4）网上交互法。开放教育学员大部分采用的是自主学习的方式，如果在学习中遇到了困难，可在任何时间上网，参加网上适时或非适时的讨论，只要在讨论板上提出问题，指导教师都会给予回答，这有助于帮助大家理解掌握所学的知识。另外，学生还可以通过电话、E－mail和上网学习讨论答疑的形式与教师或同学取得联系，在学习中学生充分使用计算机网络学习，既可以随时解决学习中遇到的问题，又能提高学习效率。

参考文献：

[1] 陆俭明. 现代汉语语法研究教程 [M]. 北京：北京大学出版社，2005.

[2] 陆俭明，沈阳. 汉语和汉语研究十五讲 [M]. 北京：北京大学出版社，2004.

[3] 张斌. 现代汉语语法十讲 [M]. 上海：复旦大学出版社，2005.

[4] 胡吉成. 汉语专题（1）导学：汉语专题（1）课程的教与学. 中央电大在线网上资源.

[5] 高名凯，石安石. 语言学概论 [M]. 北京：中华书局，1985.

[6] 胡壮麟. 语言学教程 [M]. 北京：北京大学出版社，2002.

[7] 邵敬敏. 现代汉语通论 [M]. 上海：上海教育出版社，2004.

高等教育研究院举办户外拓展训练暨毕业典礼

6月18日，云南大学高等教育研究院举办2007届硕士研究生户外拓展训练暨毕业典礼，吴松校长应邀出席典礼并致辞。

户外拓展训练在省青少年消防安全教育实践基地进行，训练内容包括有轨电车、高空断桥飞跃、高空单杠、逃生墙等项目，此项活动旨在为即将离开母校的研究生们和其他在读研究生及老师提供一个磨炼意志、增强自信、挑战自我、挖掘潜能的平台，使他们进一步认识到群体的作用，增进对集体活动的参与意识和集体责任感，增强集体凝聚力，活动在教官和全院师生的共同努力下取得了良好的效果。

当晚举行的毕业典礼采用毕业酒会的形式举行，创意新颖独特，旨在为毕业生们提供一个较正式的交际场合，增强他们的社会交际能力和适应能力，为全院师生提供一个良好的交流沟通的平台，增强师生之间的感情。

吴松校长出席典礼并致辞，他代表学校向取得学位的毕业生们表示祝贺。他说，三年来，同学们一直用智慧和思考参与着云南大学的改革和发展，为云南大学的改革和发展殚精竭虑、奉献心智。他希望同学们在今后的工作岗位上继续将高等教育研究院的研究精神发扬光大。

高教院院长董云川在毕业典礼上致辞，他说，不积跬步，无以至千里，同学们在高教院的三年时间里，迈出了坚实的步伐，取得了丰硕的成果，他希望同学们再接再厉、再创辉煌。

随后，导师代表张建新教授，班主任徐延宇老师和毕业生们分别致辞，表达了师生之间的深厚情谊。

（陈艳）

会计教育现状问题的调查研究

郭漫勤①

摘　要：本文通过问卷的形式，对目前会计教育中存在的问题进行了调查，并针对调查结果进行了分析探讨，对会计教育中存在的问题提出一些改进性的建议。

关键词：会计教育　现存问题

随着经济的不断发展，会计在社会发展中的作用日渐重要，社会对会计人才的需求量也日趋增大，教育部门为适应社会发展需求，随即创办诸多的会计教育项目，但门类繁多的会计教育并未带来预期的教学效果，与市场对会计教育专业毕业生的要求相去甚远，大部分学习会计的毕业生通过几年的会计教育，临近毕业时仍没有信心胜任会计工作，只有较少部分毕业生自认为毕业后可以从事会计工作。用人单位也反映一些毕业生存在会计理论不够扎实，缺乏实践操作能力，协作沟通能力不够，自信心不足等一系列问题。针对以上问题，2006 年 8 月，我们对会计用人单位和会计专业学生②发放"会计教育现状"调查问卷 130 份，其中会计用人单位 30份，私有企业、国有企业、国有事业单位及机关各 10 份，学生问卷 100 份，回收率为 100%。通过描述性统计分析得到以下结论：

一、教育机构在办学条件上存在的问题

办学条件是指办学单位所应具备的最基本的物质和人力资源。办学条件在很大程度上制约了办学水平。目前很多办学机构的办学条件并不成熟，但在市场经济利益的驱使下大肆兴办会计类教育的现象比比皆是，具备办

---

① 郭漫勤（1973— ），女，云南师范大学数学院讲师、中国注册会计师，主要从事会计教学及教育方面的研究。

② 会计专业学生的调查对象为某本科院校的四年级学生。

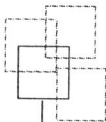

学条件的在办，根本不具备办学条件的也争着办班。会计教育市场百花齐放、竞争激烈、空前混乱。结果导致在此条件下的教学软硬件条件的严重欠缺。

首先是很多机构既无会计实验室也无电算设备，使得本应开展的实务操作及电算教学课无法进行。由于教学硬件设施的缺乏，教师和教学管理人员对学生日益高涨加强实践的"呼声"也爱莫能助。更为严重的是许多老师半路出家，自己都是似懂非懂，何谈对教学质量的保证。提高会计的教育质量，关键在于拥有一支合格的师资队伍，而恰恰在这一点上，我国会计教育面临着危机。主要表现是，中老年教师断档，骨干教师流失现象严重，部分教师知识陈旧，轻视教学。细究其原因，一是由于十年动乱会计教育停办，造成中年会计教师断档，"文化大革命"前毕业的老教师大都离休、退休，各校几乎清一色的是恢复高考后的大学毕业生、研究生，年龄最大的也就是45岁左右，大部分为30岁左右的青年教师；二是教师待遇偏低，而社会上相应会计职业待遇较高，造成高学历的人员不愿从教，而已从教并成为骨干教师的又有部分弃教从商，即使在校从教的骨干教师也大都兼有第二职业，致使会计教师相当一部分没有把主要精力用在教学上；三是我国高校教师职称评定历来重视科研成果，忽视教学效果，从而引导多数人倾心于写书、写论文，而真正下工夫研究教学、努力提高教学质量的教师为数甚少，因而拥有高学历、高学识、高素质的人才通常不愿意从事会计教师职业。在物质上，一方面工资待遇不高，另一方面，教师在外兼职的内外条件尚不成熟；在精神上，我们没有一个良好的制度和氛围促使和激励教师更新知识、晋升职称和爱岗敬业。对于此类问题我们希望政府有关部门在进行教学资格审批时严格把关报批条件，提高办学要求，严把质量关。

二、培养目标上存在的问题

培养目标是学校学历教育必须明确的奋斗方向。按照国家规定，高校会计专业的教育目标是："培养在企事业单位会计师事务所、经济管理部门、学校、研究机构从事会计实际工作和本专业教学研究工作的德才兼备的高级专门人才。"这一目标没有对会计人才素质的培养作出具体要求，对会计专业教育目标的表述较为笼统，应以理论知识为重心还是以实践知识为重心表达得不够具体明确，教师在执教过程中普遍存在随意性和任意性，学生在学习过程中也存在学习目标混乱的特点。有的学校据此将本校会计专业的学生培养目标定为培养企业会计人才；有的定为培养具有一定理论水平、科研能力的企业会计人才，甚至有的把注册会计师作为培养目标，造成相同层次的学校培养出素质相差很大的学生。另外，不同层次的学校（如中专、大专、本科）所定目标相差无几，学生素质差别不大，从而使培养出的学生不能满足企业不同层次会计工作对会计人员的需求。

近年来，会计在教育层次上突出的缺憾是：教育层次的界限模糊，教育层次偏重于高学历教育。大专和本科、本科和研究生的教学内容只有广度的差别而缺乏深度的差别，各教育层次也没有各自明确的培养目标，无法满足社会对多种层次会计人才的需要。我国目前会计教育的层次主要是：大专—本科—硕士—博士。教育层次的提高是社会发展的必然趋势，但这并不代表盲目地追求高层次，只要高层次。一个行业不可能、也不能全是"重吨位"的人才。不少学生面对竞争激烈的就业市场，受到考研大潮的席卷，盲目地加入了考研大军。在对会计用人单位的调查中，对"您认为本单位所需会计人才的学历层次"，76%的用人单位认为他们所需会计人才专科层次即可，24%的用人单位认为需要本科生，需要研究生的单位为零（如下图所示）。

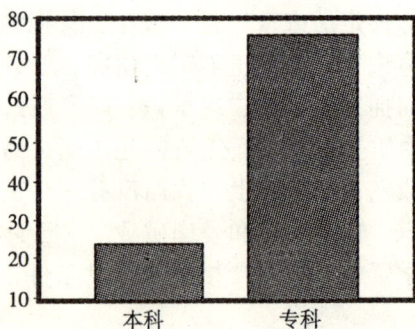

你认为本单位所需会计人才的学历层次

学校培养目标以及学生学习目标的混乱导致了在校学生的学习思路也不明确，把一些本应注重的专业课程特别是动手课程忽略，等他们完成学历课程的学习之后，却只是高分低能儿，降低了社会适应能力及工作能力，这也是一方面高校学生就业困难，另一方面有经验的会计师又供不应求的症结所在。美国当代著名教育心理学家本杰明·S. 布卢姆在20世纪50年代提出"必须把学校的重点放在发展解决问题的一般方法上，放在能适用于广泛新情景的认知上"①。因此，教育培养单位必须明确自己的优势，确立培养目标，统筹现有资源，培养学生在实际工作中的操作技能及解决问题的能力，以适应市场对高校会计毕业生的需求。

三、教学方法、教学方式和教学手段上存在的问题

我国高校目前从教的教师大都是恢复高考后的大学毕业生，而他们一毕业就从事教学工作，缺乏从事会计实践的经验，走的是从书本到书本的纯书本路径。另外我国的会计教育手段单一落后，一贯采取"填鸭式"为主的知识传授方法，缺乏案例教学，不能做到理论联系实际，培养出的学生动手能力不强，高分低能。在对学生的调查中，大多学生比较青睐"讲授＋案例分析法"、"讲授＋讨论分析法"，传统的"讲授式"在学生中已不受欢迎（如下图）。

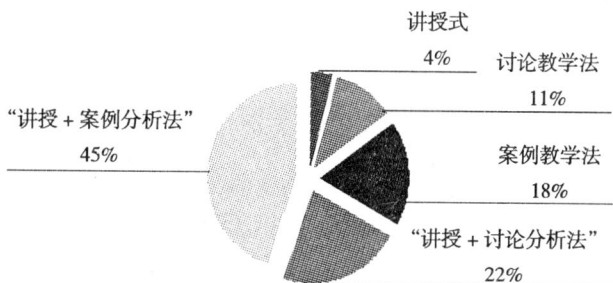

你认为你最能接受的教学方法

在实际的教学工作中真正能采用"讲授＋案例分析法"的老师屈指可数，绝大多数老师就只是照本宣科地采用"讲授式"教学法。要让授课教师能实施学生欢迎的"讲授＋案例分析法"教学模式，就要求我们的老师不论是在专业功底、实际经验，还是在教学水平上都要有新的突破，做到理论联系实际，以培养学生的实际操作能力为重点。

为了找到教师教学方法上存在的问题，我们必须寻找教学方法存在问题的根源，即教学方式。美国著名教育家杜威曾说过"教师在教育事业中的任务在于提供刺激学生的反应和指导学生学习过程的环境。归根结底，教师所能做的一切在于改变刺激，以便反应尽可能使学生形成良好的智力

① 布卢姆. 教育目标分类学 [M]. 武汉：华东师范大学出版社, 1986, 37.

的和情绪的倾向。"① 会计教育也应该遵循教育规律，教师扮演引导者和启发者的角色，而非一位面面俱到的灌输者。因而教师按少而精的要求将知识以启发式的方式培养学生学习和钻研的兴趣，这对学生终身学习能力和继续教育理念的培养颇有帮助。调查中65%的学生期望教师以点、线、面相结合的教学方式，仅有35%的学生选择面面俱到式的教学方式。

人对信息的接受和记忆同时受到听觉、视觉、味觉、触觉等因素的影响。多媒体的教学方式对于教学信息的传达和学生的记忆均有辅助作用，越来越多的学生倾向于让教师使用多媒体的教学方式。根据我们对"现行教学手段"的调查后发现：认可传统的"粉笔＋黑板"教学模式的同学仅有4%；认可单一多媒体教学手段的有12%，认可"粉笔＋黑板为主、多媒体为辅"的学生占被调查者的25%，认可"多媒体为主、粉笔＋黑板为辅"的学生高达59%。然而，多数学校由于办学经费不足造成学校硬件设施不达标，仍然采用"粉笔＋黑板"的传统教学模式，这对学校办学的条件又提出了挑战。

四、在学校的课程设置和教学内容方面存在的问题

在课程设置上与会计准则和会计核算制度相配套。大学课程缺乏必要的理论深度，许多教材只讲是这样，不讲为什么是这样。从目前各学校开设的课程看，多数以《基础会计》、《财务会计》、《成本会计》、《财务管理》、《审计学》、《会计电算化》、《高级财务会计》等作为主干专业课。出于自身利益考虑，各校竞相自编教材，教材内容大都是会计准则、会计制度重复，不能形成完整的体系。基础会计与财务会计教材内容有重复现象，成本会计、财务管理、管理会计教材内容存在大量重复，造成同一内容不同老师多次讲授，做着事倍功半的事情，不利于学生长远能力和素质的培养。我们通过"你对学校所开的课程是否满意"，对学生进行了学校所开课程的满意度调查。有61%的被调查者对所开课程并不满意，只有32%的被调查者认为所开课程是满意的，7%的被调查者认为一般。由此可见学校在课程设置方面还存在着较大的问题。针对以上问题，我们展开了教学内容及所开课程的调查后发现，很多学校在课程设置上只偏重专业课程的建设，课程设置中的通识课程和实践课程被压缩。有57%的被调查对象认为学校所开课程枯燥，太理论化，不能与实践相结合；28%的被调查对象认为课程

① 杜威. 民主主义与教育［M］. 人民教育出版社，1990，192.

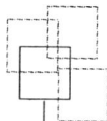

存在知识较为陈旧，对新知识、新制度的介绍、讲解不够；15%的同学认为所开课程缺乏足够的道德教育。我们可以发现我国高等会计教育虽得到了长足发展，但仍存在重技能、轻法制的问题。会计人员在工作过程中违法违纪现象与之密切相关，原因主要有：我国会计法规的发展较为缓慢；我国大部分国民的法律意识还较为淡薄①。

针对以上结论，我们通过"你希望学校所开设的课程"对同学进行了调查，调查发现同学希望开设的课程依次为：实用性课程、营销及管理类的课程、法律类课程、较为深入的专业课程、提高综合素质方面的课程。（1）实用性课程。学生对实际的业务非常感兴趣，不论是电脑还是手工做账都希望能在课堂上通过案例分析以及实践的模拟操作来接触实际业务。（2）营销及管理类的课程。现在的学生不仅需要会计知识，也需要营销及管理类的知识，学生通过此类知识来完整自己的知识结构，更好地了解会计知识，扩宽就业渠道，为就业做准备。（3）法律类课程。我们知道会计的职能除了核算外还有监督。要我们会计专业的同学毕业后能胜任此项工作，只有让他们在校时学习与经济相关的有关法律，同时对一些常用法律比如《税法》、《经济法》做深入的学习，只有在让他们知法的基础上才能做到守法，也才能做到有效行使会计的监督职能。（4）较为深入的专业课程。一部分同学除了基础理论学习外，还想在专业层次上有所提升，对于这类同学就可以开设一些比如高级会计、高级审计、高级财务管理等类的课程。（5）提高综合素质方面的课程。在社会对人才需求多元化的今天，我们对在校学生除了注重专业知识外，还要对他们的心理素质以及公关礼仪等方面的素质进行教育。

五、对学生能力培养上存在的问题

对学生的调查也显示学生对自己的能力没有自信，71%的学生认为自己毕业后不能胜任会计工作，只有29%认为能胜任。在调查过程中有47%的单位认为大学毕业生不能直接到单位上岗，即学生现有的能力不能胜任单位要求的工作。当问及"你认为现在的会计专业毕业生不能上岗的原因是"，所得到的调查结果依次为：不能将所学理论知识灵活应用到实践中去、毕业生没有专业资格证书或从业资格证书，认为专业知识不足的仅占8%（如下图）。

---

① 林昊．试论我国高等会计教育目标改革［J］．会计研究，1998（6）：45.

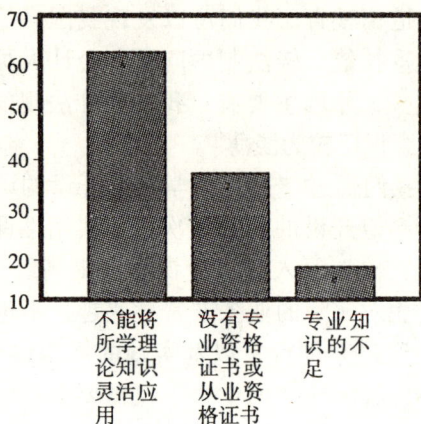

70
60
50
40
30
20
10

不能将所学理论知识灵活应用　没有专业资格证书或从业资格证书　专业知识的不足

你认为现在会计专业毕业生不能上岗的原因

在教育提出产业化的今天，学生作为学校的产品应以满足市场需求为第一任务，因而我们在教学革新中的首要任务将是引导学生如何将所学知识灵活应用到实践中去以及适度地参加一些专业资格的考试。

经过调查后我们发现用人单位认为毕业生不能上岗的原因如下：缺乏将所学知识灵活应用到实践中的能力；自我学习新知识的能力较弱；没有会计从业资格或从业资格证书；所学知识陈旧，与人沟通协作能力较差；缺乏足够的职业道德教育等。然而，学生能力发展的不完善受到诸多因素的影响，如办学条件、培养目标、教学方法和手段、课程设置、教学内容及教师自身素质的影响。此外，我国从1999年高校扩招后每届毕业生人数众多，而会计工作的特点是专业岗位用人太少，加之企业走向市场后更多地关注其市场效益，不愿接受学生实习成为一个普遍的现象，因此学生业务实习难以安排。专业实习流于形式，名不符实。从社会用人单位反馈的信息看，许多专科、本科毕业生在刚参加工作时，对许多最基本的凭证、账簿都不会填写和登记，就是理论与实践严重脱节的明证。

为了培养出适应社会的学生，我们应该在对学生进行专业教育的同时对其素质能力进行认真的关注，注意加强培养学生良好的道德品质，学习能力，敬业精神，创新能力，与人沟通协作能力，吃苦精神，勤奋的品质，坚强的毅力。

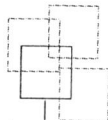

六、教师自身存在的问题

为了发现我们教师本身的问题，我们对用人单位进行了一次对教师满意程度的调查。有72%的被调查对象对我们目前的教师还是满意的，只有28%的被调查对象对教师不满意。这说明用人单位对我们绝大多数教师是满意的，只有少数不满意。针对不满意的原因我们又进行了一次调查，发现：教学手段单一，教学观念陈旧，缺乏与用人单位及学生的沟通和交流，教学方法死板，教学内容陈旧是目前教师所存在的主要问题。为了教出受社会欢迎的好学生，我们的教师应针对以上的问题进行一次自我反省。

以上几个方面是我们对目前会计教育存在的一些问题所作的分析及建议，希望能对同行有所帮助，也能对会计教育的良性发展有所帮助。

参考文献：

[1] 马薪贵. 对我国会计教育几个问题的认识 [J]. 当代经理人（中旬刊），2006（9）.

[2] 高文. 高等会计教育的几个问题分析 [J]. 长春理工大学学报（综合版），2005（3）.

[3] 杨克泉. 高校财务管理专业建设现状及改革构想 [J]. 财会讯息（综合版），2006（8）.

[4] 彭桂芳，陈洪. 会计本科教学改革的实践和思考 [J]. 东莞理工学院学报，2006（5）.

[5] 孟爱仙. 会计专业贯彻实施"学为主体"教育观念的思考 [J]. 山西经济管理干部学院学报，2004（3）.

[6] 胡皎，郑小兰，刘红华. 高校会计专业教学现状调查分析 [J]. 南昌高专学报 2005（3）：67~71.

[7] 范晓军，付荣霞. 我国高校会计教育现状与展望 [J]. 华北煤矿医学院学报，2005（9）：682~684.

昆医法语特色教学实践与探索

许 涛 杨 凌①

摘 要：如何进行大学外语教学改革，因势利导走创新之路？这是一个值得研究和探讨的课题。昆明医学院自20世纪90年代中期在校内率先进行法语教学改革，创立法语班特色外语教学模式，从教学目的、体制、结构、方法、内容、教材等方面综合整改，实行公共法语和医学法语并举的教学模式，实践双语教学，探索外语教学改革新路。

关键词：外语特色 教学实践

如今，我国的大学外语教学改革大势所趋，势在必行。如何进行改革，因势利导走创新之路？这是一个亟待研究和探索的课题。昆明医学院法语教学改革勇于探索和创新，开创特色教育之路，实行开放式办学，为公共外语教学和专业外语教学改革提供了参考经验。

昆明医学院素有与法国交流合作和法语教学的历史。该校自20世纪40年代初开展法语教学，除"文化大革命"期间曾经中断外，一直延续至今。由于社会发展和形势需要，学院于20世纪90年代中期进行了大幅度的法语教学改革，从教学目的、体制、结构、方法、内容、教材等方面综合整改，实行公共法语和医学法语并举的教学形式，实践双语教学，创立法语班特色教育模式，与国际合作项目接轨，收到了成效，积累了经验，现正向深化改革的方向迈进。

一、历史背景

昆明医学院的发展历程与法国的联系有着不解之缘。早在20世纪40年代初就已开展法语教学并有法国教师在校任教。翻开昆明医学院校史

---

① 作者简介：许涛（1955— ），男，昆明医学院外语部副主任、副教授，研究方向为语言学和外语教学法；杨凌（1957— ），女，昆明医学院教务处处长、教授，研究方向为教学管理。

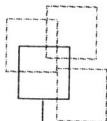

（1933—1998），可以看到：1937 年云南大学医学院成立，首任院长就是留法医学博士范秉哲先生。1956 年云大医学院独立建院，首任院长亦是留法医学博士杜棻先生。1948 年 4 月，法国驻昆领事馆向医学院赠送一部价值约 2 000 美元、二十九册的精装医学名著《医学大辞书》，并举行隆重赠书仪式。浏览国立云大医学院主要教员一览表，三十位教员中，留法回国博士达二十一位之多（均任教授），另有三位法国专家在校任教；1941 年创办云大医学院附属医院，首任院长戴练江先生亦是留法回国医学博士；1949 年以前在医学院本部任职的八位教授中，六位是留法回国博士①。这一大批留法学成回国的医学精英、爱国志士，呕心沥血，励精图治，无私奉献，为改变云南省当时落后的医疗条件和为学院的创建和发展作出了卓越的贡献。50 年代后，刘崇智、兰瑚等一批留法学成回国的医学博士充当了昆明医学院的业务骨干力量，尔后又由他们架起了昆明医学院与法国交往合作的桥梁。1979 年，恢复本科生及研究生法语教学，随后逐年聘请法籍语言教师来学院任教，并陆续与法国里昂医学院、波尔多医学院、巴黎第七大学、巴黎巴斯德研究院、法国科学研究中心等建立校际关系；同时争取到法方资助；逐年派遣医师赴法国学习和进修。迄今，学院本部和两个附属医院曾得到法方和中方资助赴法国和法语国家学习进修的教医师达数十人，其中十三人作为硕导（不计退休人员）招收以法语作为外语的研究生。学院留法回国人员大多数在学院及两个附属医院担任院长、副院长及科主任、教研室主任职务，形成了新一代业务骨干力量，保持和发扬了法语教学和对法交流的特色。

　　昆明医学院之所以能保持对法交流的特色，是基于长期不懈的法语教学，可以说没有法语教学就没有今天对法交流的成果。但是自 1979 年至 1996 年这个阶段的法语教学始终沿用一套较陈旧的教学模式：每年指定一个大班（约四十人）学习法语。每周六个课时，持续两个学年。结果学生学不到多少东西。因为法语学习是从零开始，两年的学习仅打下初步基础，不继续学习提高很快就荒废了。况且，学生只懂公共法语，没有医学法语基础，日后难以在专业上使用法语和进行国际交流。更重要的是，法语使用面窄，学法语的学生毕业后前景不甚乐观。应如何改进法语教学？怎样才能使法语真正学以致用？怎样提高法语教学水平和质量？法语教学如何

---

① 向达治主编. 昆明医学院校史（M）. 昆明：云南人民出版社，2001（6）：29；144～149；49；40～41；50～60；623～629.

适应新形势的要求？这些问题长期以来一直没有得到实质性的解决。

二、教学改革及法语班特色教学模式

1. 改革的实施。适值 1996 年，许涛、况铣、李玛琳几位留法回国人员几经商议，向学院领导提交了改革法语教学的报告。该报告得到了院领导的重视，多次开会商讨法语教学改革措施，并组织有关部门和人员对报告进行论证，最终批准了报告，正式组建法语教研组，后成立法语教研室，负责具体实施改革方案。法语教研室基本由留法回国的教医师组成（专职法语教师四人，医生十六人，分公共法语组和医学法语组），每年从入校的新生中选 15～20 人组成法语班。法语班奉行少而精的培养宗旨，增加法语课时，实行五年制法语教学；实施公共法语和医学法语并举的教学模式，贯彻听、说领先，读、写、译全面发展的教学方针，实行现代外语教学法与传统教学法兼顾的教学方法，运用多媒体教学手段，目的在于培养公共法语和专业法语兼备的优质医学人才；法语班选用国内最新大学法语统编教材，同时引进法国最新原版语言教材及教学法，采用法国"视、听、说"原版教材及教学法，并参考国内外医学资料及教材自编医用法语教案和讲义；头两个学年实行公共法语强化学习，打下语言基础，从第三学年起，除保持公共法语课外，加入医学法语课，一直延续到五年级；第四、五年进入临床实习，法语班学生全部留昆明，以保证五年法语课不间断。经过十年改革实践，我们不断总结经验，结合本校实情，完善教学程序，如今已初步形成一套比较完整的教学模式及教材建设（见后面参考书目）。

学时和课程设置表

学　年	学　期	课　程	学时/周
第一学年	第一学期	精读、视听、说	14 学时
第一学年	第二学期	精读、视听、说	12 学时
第二学年	第一、二学期	精读、视听、说口语	10 学时
第三学年	第一、二学期	医学法语精读、听、说—写作	8 学时
第四学年	第一、二学期	医学法语精读、听、说—写作	6 学时
第五学年	第一、二学期	医学法语精读、听、说—写作	6 学时
注：（1）口语和听说—写作课由外籍教师任教；（2）医学法语课由留法回国的医生任教。			

法语班学生每学期均进行公共法语和医学法语考查或考试。法语班学

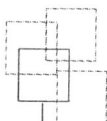

生自三年级起，除开设医学法语课外，每年法国方面派遣五位医学专家分期给他们授课。根据学院和法国外交部签署的协议，自2001年起每年由法中双方组成评审组对法语班毕业生进行考核，择优录取2~4人享受法方奖学金派往国外深造。五年法语学习结束，法语班学生应达到教育部大学法语教学大纲（非法语专业）的要求，具备较好的公共法语基础，并能够基本听懂相关医学课程的法语授课和用法语回答课堂提问，能够借助工具书查阅法语医学文献。

2. 实现开放式办学特色，拓展对外交流的局面和途径。由于昆明医学院改革法语教学，创立五年制法语班特色教学模式，开展医学专业法语教学，引起了法国政府和有关国际组织的关注和支持。法国驻华使馆大使以及参赞、语言文化合作专员等官员分别来访问，并与法语班学生见面，向他们赠送法语百科全书词典等工具书。近年来，我们不断得到法国使馆在法语教材、教学设备方面的馈赠。法国电视亚洲五台免费向昆明医学院法语教学提供电视广播节目。1999年法国使馆在昆明医学院举办昆明地区法语教学研讨会，展示电视法语教学手段，研讨法语教学方法。同时，法国外交部派特使来访问，与学院签署交流合作协议，决定为昆明医学院学生和医生提供出国深造的奖学金，并每年向昆明医学院派遣五位专家，分别给法语班学生授课以及给教医师进行专题学术讲座。1999年—2005年，共有来自法国八个大学，分别从事十五个医学专业的二十余位法国医学专家赴学院访问讲学，并给法语班学生讲授医学法语课，涉及专业有眼科、耳鼻喉科、乳腺癌和肺癌的手术治疗、白血病的治疗、基因疾病的分子诊断治疗、儿科重症复苏和肝癌的诊断治疗、寄生虫病学、生理学等。法国斯特拉斯堡医学院等法国医科院校和科研机构也分别来昆明医学院访问，签署合作交流协议，为学院医师提供赴法国学习交流的奖学金并派该校医科生到附属医院实习。昆明医学院副院长李玛琳博士与法国国家科学研究中心人类干细胞生物实验室签署了神经学合作协议，在此领域开展合作研究，共同撰写署名双方单位名称的学术论文。根据协议法方将帮助建立以药物研究和细胞治疗为目的的人类干细胞实验室，并接受昆明医学院人员享受法方奖学金赴法进修。世界使用法语国家大学联合会（l'Agence Universitaire de la Francophonie）亚洲分部主席来学院访问，商谈与昆明医学院建立合作交流关系，并于2003年3月正式签署协定，接纳昆明医学院为该国际组织会员，尔后又吸收为该组织所属"大学校长论坛"的成员，参加每年的例行年会并享受相应的权益。世界大学法语联合会这个拥有众多世界各地大学会员的国际组织给学院提供与世界各地医科院校进行合作交流、学生和师资培养，出国奖学金和教学、科技信息、科研合作等方面的诸多途径和机会。根据昆明医学院和法国外交部及世界大学法语联合会签署的协议，自 2001 年起，由法中双方组成评审组，对昆明医学院法语班毕业生进行选拔考试，择优录取优秀生，享受外方奖学金派往法国或法语国家深造。迄今为止，除每年法方资助赴法国进修的医生外，仅法语班毕业生享受外方奖学金出国学习深造的人数达十一名，其中学成归来八人，分别留在学院前期和两个附属医院工作。法语教学改革极大地推动和拓宽了对外合作交流的局面和渠道，为师资和医生的培养以及科研合作提供了更多的条件和机会，特别是为法语班学生创造了良好的学习条件和前途，提高了昆明医学院在国内及国外的知名度，翻开了有史以来对法交流与合作最辉煌的一页。

3. 教学质量提高。自实施教学改革以来，法语班学生的外语水平有了显著提高，尤其外语听说能力是历届学生无法相比的。以生源较好的 2000 级法语班为例，二十个学生全部通过国家外语四级考试（通过率 100%）。法语班学生参加国家外语四级考试的平均通过率为 45.3%，有十一人考取昆明医学院和外校以法语作为外语的硕士研究生（其中两人为上海第二医科大学录取）。由于增设了医学法语课，法语班学生除了掌握公共法语技能外，亦打下了一定的医学法语基础。高年级学生基本能听懂外籍专家的讲课，并能用外语回答专家的提问和提出问题。他们在教师指导下利用课余时间翻译医学文献，其中两人的译文为昆明医学院刊物《法国医学》录用发表。2001 年及 2002 年，法国驻华使馆举办"全国法语歌曲大赛"，昆明医学院应邀选派学生参赛（两年均通过初赛进入决赛），一人获优胜奖，应法国外交部长邀请赴法国参加国际交流活动。来访问的法国专家及官方人士对昆明医学院法语办学规模及学生水平予以了充分肯定。学院选送赴国外大学学习的学生在学习精神和外语水平方面均受到好评，其中三人毕业后又获得在国外继续深造的奖学金。自法语教学改革以来，法语班的教学优势及教学质量吸引了来自北京、河北、湖南、福建、浙江等全国各地的法语学习者来昆明医学院学习法语，六年间不曾中断，扩大了学院的对外影响，并产生了经济效益。

4. 调动学习积极性。由于实行法语教学改革，法语班的学生有了明确的学习目的，学习热情明显提高。改革前，指定学法语的学生大多不安心，许多人试图转到其他班学英语。改革后，每年新生入校，法语班的学生大

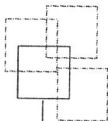

多数都很安心，还有许多没能进入法语班的新生要求转入法语班。有不少高考考生就是为了法语特色教学而投报。法语班的学生除了学习繁重的专业课外，许多人废寝忘食地攻读法语，在班级内和年级之间形成竞争态势。

5. 解决了法语班学生的出路。法语教学改革后，法语班学生的外语水平大幅度提高，毕业后的出路前景光明：其一，他们中的优秀者有选派出国深造的机会；其二，报考本校留法回国硕士导师研究生（学院有十三位招收法语作为外语的硕导）以及其他学校以法语作为外语的研究生；其三，被选送出国深造的法语班优秀生学成回国后均被学院前期教学部门以及附属医院吸收作为教师或医生；其四，法国政府自 2000 年起每年公开向全世界招考 200 名住院医师，逐步增至 1 000 名（中国已设考点），为使用法语国家培养专业医师。法语和专业俱佳者有望录取。另外，中国加入 WTO，有专业又有良好外语水平者前程看好。

6. 教改促进科研。基于法语特色教学的探索和经验，法语教研室围绕外语教学改革的课题进行了大量科研工作，撰写多篇专题论文，得以在世界大学法语联合会学报以及国家核心期刊和其他学术刊物上发表，其中一篇论文获云南省教育厅组织编写、云南民族出版社出版的《21 世纪云南教育论坛》丛书"当代云南教育论文大系"（2003 版）一等奖。2005 年，法语教研室申报的教改课题在学院中青年研究基金项目中得以立项。

7. 保持和加强法语教师队伍建设。实行五年制法语教学，特别是增设医学法语课，首先对教师提出了更高的要求，促使他们自觉提高自身业务素质和授课的质量及水平。对于留法回国的医生而言，用法语备课和双语教学可保持和提高他们的外语水平，解决了以往留学回国后不用外语很快生疏的问题。由于法语教学改革带动了对外交流与合作的形势，使用法语的机会大大增多。法国大使馆每年举行的全国法语教学研讨会均邀请昆明医学院医师参加；世界大学法语联合会亚洲分部举办的亚太地区法语教学研讨会也邀请法语教师参会。世界大学法语联合会下属的老挝热带病学院近年举行的硕士生论文答辩均聘请懂法语的专家作为评委。学院每次与法国的交流工作均有法语教研室的教医师参加，屡次受到法国专家好评，形成了昆明医学院对法交流合作的中坚力量。

综上所述，法语教学改革起到了杠杆作用，大大推动了法语教学和对外交流合作工作，为学院的建设与发展作出了贡献，同时亦为公共外语教学及专业双语教学改革提供了经验和参考模式。面对新的教育形势和对法国合作交流的需要，法语班特色教育正在酝酿新的改革举措，以求更大的发展空间。

三、教学改革启示

昆明医学院法语特色教学改革迈出了难得的第一步，并初见成效。但目前仍处于探索阶段，尚有诸多不足需要改进。难能可贵的是，教学改革给我们带来了宝贵的经验，亦启发了我们对外语教学改革的思路。

1. 外语教学改革是必然趋势。随着我国对外开放和世界全球化进程的加速，外语教学被置于愈加重要的位置。然而，我国的外语教学，特别是公共外语教学，在培养目标、教学体系、教学方法、教学手段及教材等方面多有不足，无法适应形势的发展和需要，外语教学改革呈必然趋势。锐意改革则发展，因循守旧则落后。法语教学改革的实例充分说明了这一点。

2. 结合实情，突出特色。外语教学改革是一项复杂的系统工程。国家固然可以进行宏观调控，然而各地区、各学校的条件和情况不同，这难免就存在教学改革的个体性。结合本单位的实际情况，扬长避短，以点带面，突出特色地进行改革，这无疑是可取的路子。昆明医学院利用法语教学和对法交流的历史优势以及医学法语的师资力量（留法回国的教医师）和对外交流等条件，创建五年制法语班特色教育，率先实行专业外语双语教学，培养专业和外语能力俱佳的医科生；实行开放式办学，教学与国际合作项目接轨，实现请进来（邀请国外医学专家来校给学生授课和举办学术讲座），走出去（选拔法语班优秀学生享受法国奖学金出国学习深造，选派医生享受法国奖学金出国进修和合作科研）的办学模式；以法语教学改革为杠杆，推动教学水平和质量的提高，促进国际交流与合作，争取国外的援助和支持，拓宽人才培养渠道，形成办学特色，取得成效，积累了经验，为进一步实施英语教学改革和双语教学提供了经验和参考模式。值得一提的是，昆明医学院实行法语教学改革和对外交流两手抓，二者相得益彰，彼此促进，卓有成效。外语教学为对外交流奠定了基础，同时对外交流又为外语教学创造了条件和拓展前途，形成良性循环态势。

3. 专业外语教学大有可为。从发展的眼光看，外语教学的目的应该侧重于培养既精通专业知识又有较高专业外语水平的优质人才。这符合国家的需要和社会及劳动市场的需求。单一的外语人才用途受限，从此意义上讲，公共外语教学，特别是专业外语教学大有可为。外语教学改革必然要涉及这一领域。昆明医学院利用留学回国人员开展医学法语教学，旨在培养医科学生的专业外语素质，符合外语教学改革的必然趋势。

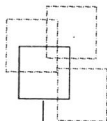

4. 逆水行舟，不进则退。如上所述，外语教学改革是一项复杂的系统工程，牵一发而动全身。对整个国家范围如此，就一个单位而言也亦然。它涉及外语教学体系的重新设计、计划、调整、安排、实施等环节。一个单位率先实行改革，需要领导的胆识和决策，需要人力物力的投入，需要各个部门统一认识、通力协作，需要一批甘于奉献的教师知难而进、身体力行，需要不断总结经验、深化改革。这些环节密切相关，缺一不可。否则，外语教学改革将是空谈，即便迈出了改革的步子，也将半途而废，无功而返。

参考文献：

［1］马晓红主编. 法语［M］. 北京：外语教学与研究出版社，1993.

［2］Philippe Dominique, Jacky Girardet, Michele Verdelhan, Michel verdelhan. 1997: Le Nouveau Sans Frontières［M］. CLE International, Paris, France（原版法语视听说教材）.

［3］李志清. 新大学法语［M］. 北京：高等教育出版社，2003.

［4］向达治主编. 昆明医学院校史［M］. 昆明：云南人民出版社，2001.

＊＊＊＊＊＊＊＊＊＊＊＊＊＊＊＊＊＊＊＊＊＊＊＊＊＊＊＊＊＊＊＊
＊　　所谓学习"使用书中材料的方法"就是提出种种问题，启发学生＊
＊兴趣，使他们无论在校内的时候或离开学校以后，能够自己在历史、＊
＊科学、传记、文学中间发现种种有价值的材料，不把时间枉费在那些＊
＊"多而无用"的废纸上。　　　　　　　　　　　　　　　　　　＊
＊　　　　　　　　　　　　　　　　　　　　　　　　　　　　＊
＊　　　　　　　　　　　　　　　　　　　　　　　——杜　威　＊
＊＊＊＊＊＊＊＊＊＊＊＊＊＊＊＊＊＊＊＊＊＊＊＊＊＊＊＊＊＊＊＊

开设中华体育养生学素质教育课的探索

万朝顺①

摘　要：传统体育养生学是先民们经实践总结出来的经验，在当今仍然具有应用潜力，是社会体育的一种需求。把它作为高校学生的素质类课程，是一项有意义的工作。文章对课程建设、教学方法、存在问题提出基本思路。

关键词：体育养生学　素质教育

中华体育养生学是指利用中国传统的健身思想与方法，结合自身的特点进行健身活动，从而达到增进健康预防疾病，保养身体的目的。主要内容有：起源与发展；养生学说；养生原则；养生理法；养生流派；著名养生家的学术思想；养生学的基本特点。

中华体育养生学是一门新型学科，是近 10 年以来教育部对体育院系学生规定的专业必修课程。作者在云南大学 2001 级、2002 级、2003 级、2004 级社会体育专业中主讲了本课程。从 2004 年春季学期开始，本课又作为云南大学校级选修课程，为非体育专业学生开出，已连续开设 7 个学期，14 个班。本课作为普通高校的一门体育素质教育课程，学生通过系统的养生文化的学习，对于提高他们的体育素质，拓展体育的知识面，丰富体育知识有积极意义。有必要进行认真总结并作进一步的探索，以适应高校体育教育的改革工作。

一、高校开设传统体育养生学的意义

体育养生学具有悠久历史，它作为一种对生命的保健活动，一直伴随着中国文明的产生与发展，是几千年来劳动人民养生实践经验的总结，它

---

　① 作者简介：万朝顺（1950—　），男，云南大学体育教学研究部教授，主要研究方向为高校体育教学与体育科学研究。

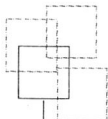

有系统的理论体系，基本的指导思想，丰富的哲理与科学的方法，它汇集了历代劳动人民防治疾病，养生保健的众多方法，融合了道、儒、武、释等诸多流派的思想精华，是经过反复实践而成就的一门学科，是中国灿烂文化的组成部分。中国文化的多元性与统一性，又使养生学与其他文化互为交融，兼收并蓄，浑然天成。它既是一门独立学科，又涉及众多领域，是一门融医学、体育、天文、地理、社会伦理等多学科为一体的综合科学，因此，探索体育养生学不只是局限于人体生物模式与基本的练养手段，应结合政治、经济、社会、哲学、艺术等不同的方面进行多方位的研究考察。

千百年来，多姿多彩的民族体育与练功家高深莫测的练养绝技给华夏民族的养生文化与健身观念带来了深刻影响，民族养生文化世代传承，经久不衰。先民们为后人留下了宝贵的精神财富。关注人生，珍视生命，以人为本是养生学得以发展的基本前提与最大动力，它以古代的哲学思想与中医基础理论为基础，与现代体育相比有其独特的一面，这就是人与自然的协调，人体内外的统一，练养结合，防病胜于治病的养生思想，经过几千年的发展，在当今仍具有较大的应用潜力。对养生学的学习与研究，是一项有深远意义的工作，利用传统的养生思想与方法为当今的健身事业服务，使古老的传统体育开放出更加灿烂的养生之花，为社会体育增添新的活力。另一方面，使我们在透析博大精深的养生文化的同时，开辟民族文化的更广阔前景。

毛泽东同志在《体育之研究》中说："体者，载知识之车而寓道德之舍也"。高校体育教育的基本指导思想是使学生树立起"健康第一"的观念。健康的身体是学习科学文化知识与为社会服务的载体与本钱。

养生学是中国悠久历史发展的必然产物，是民族文化的一种象征，是中华民族几千年来在对自然的认识过程中形成的一门科学，主要为养生的多元性，科学的健身意识和系统的保健方法。研究和学习养生学会给我们带来很多启示，从而提升健康意识与文化修养。

在高校开设本课有利于对养生学的研究工作。养生学的应用与发展离不开科学研究。新中国成立以来，我国对养生学进行过大范围的发掘整理与研究工作，经初步整理出的养生方法有四百余种，可供借鉴推广的有二十余种，还有许多方法需作进一步的整理研究。养生学的系统性与规范化，养生机理研究，养生与现代体育的有机结合与大众养生法的普及工作是科学研究的重点。

养生学作为一门课程进入高校讲坛是一项有意义的工作。它深刻的哲学理念与丰富的练养方法很适合青年学生的身心特点。系统的养生学教育会促使同学们去认识养生的本源，提高养生意识，探寻适合自己的练养方法。养生学对人体的广泛适应性，可以为同学们造就养生体育的一技之长，拓展新的健身空间，练就强壮的身体，培养良好的心理素质，为终身锻炼身体打基础，做社会主义事业的优秀接班人。

另一方面，高校的体育教学也应多元化。高校体育仍存在应试教育的弊端，运动项目以现代体育项目为主，对学生的体育成绩评定是以素质测定作为主要依据。有一部分学生在中学就是"秀才形"的体质，身体素质差，体育运动能力低，也就达不到学生体育素质的基本标准，但他们其他学科成绩优秀，仍然可以上大学。体育本身就具有竞争性，学校的体育教学也不例外，不同项目的成绩评定标准既量化又明细，如同竞技体育的名次评定，这本身就是引导学生去竞争。竞争不力者就得低分，甚至补考或重修体育，影响到整个学业成绩的评定。

目前，多数高校已实行学分制管理，体育课作为公共必修课必须四个学期及格方能毕业，有的学生由于反映力量、速度、耐力的必测项目引体向上、100米和中跑成绩低下甚至与分数不沾边，体育成绩不及格，最后只能利用大学三、四年级重修体育课，但有的学生仍然不及格，只好为体育课成绩延期毕业。另有部分带病或身体有缺陷的学生只能免修体育。学校也倡导他们自己去做一些力所能及的体育运动，实际上是处于自流状态，很少有人参加体育活动。此类学生虽为少数，仍是一个不容忽视的群体。养生体育可以为这些学生"补缺"，提供体育教育的平台，加强与其他学生的交流活动。在传统养生学这一广阔的天地里，他们很容易寻找到适合自己的练养方法，并培养起自己的运动特长。20岁左右的大学生是身体成长的高峰期，身体素质的起点水平并不重要，良好的养生意识与科学的养生方法会改变自己的体质状况，改变自己的能力与性格，甚至出现运动奇迹。

大学生是国家的希望和未来，是建设社会主义事业的栋梁之材，他们接受知识的能力强，思想活跃，对新生事物敏感，对养生学有浓厚的兴趣。学习养生学要着眼于提升养生境界，汲取健身知识，学以致用，与大学生活紧密结合起来，同时要认识到发扬民族文化的意义，以实际行动去实践和发展养生学，这是大学生责无旁贷，义不容辞的责任。

二、课程基本情况

1. 本课的内容与特点。第一，系统介绍传统体育养生学的基本内容：

源流与发展、养生思想、养生学说、养生流派、养生学的科学基础、养生方法、养生家等。对上述理论作系统阐述，是了解传统养生文化的一个途径。第二，带领学生步入神秘的养生殿堂，领略异彩纷呈的练养方法。通过现代科技与教育手段，透析不同流派的练养特点与方法，揭示传统养生之机理。第三，古代养生方法由于受到历史的局限与传播方式的影响，有不少养生方法，对当今人来讲如雾里看花，难究其理，有的甚至带有迷信色彩。本课结合当今人们的养生特点，以现代科学理论为基础，深入浅出，以实际例子进行分析，帮助理解，用通俗的语言把玄妙又晦涩难懂的养生理论通俗化，使古老的养生方法走向大众。第四，重在实际应用。站在现代人的高度对养生理论与方法进行分析，古代养生方法是如何操作的，今天有无现实意义，是借鉴还是摒弃，这是学生最为关注的，也是在教学实践中学生十分感兴趣的问题。本课就学生比较关心的问题，将古今养生方法作比照，重点理论方法讲述其实质，作深入分析，提出符合现代人的养生观点与方法。为了考虑到学生体育知识的多元化需求，系统介绍太极拳、五禽戏、六字诀、八段锦、易筋经等流传比较广泛的养生方法。教学内容主要有十一个类别：绪论；健康的概念；体育养生学的流派；养生之道与抗衰老理论；体育养生学的科学基础；体育养生学的传播特点；体育养生学的起源；体育养生学的发展概况；体育养生学说；体育养生与自然环境；体育养生方法。

教学时段为一个学期，时数为 36 学时。考试为理论笔试。

2. 学习本课的目的。（1）学习、继承、弘扬中华民族体育文化，树立崇高的爱国主义思想和共产主义品德。（2）应用马克思主义的哲学思想、现代科学理论，学习研究传统养生学。对养生学进行研究整理，取其精华，去其糟粕，进行新的发展与应用，是当今社会对体育的需求。（3）掌握传统养生学的基本思想体系，源流与发展，养生原则，内容特征，养生学在终身体育教育中的意义。结合大学生的特点，在体育教育中发展新的知识领域，利用养生学的思想与方法进行保健养生，使传统养生学适应现代人的养生特点。（4）学会养生方法，把它作为我们生活中的保健原则，树立起健康第一的观念。

3. 教学方法。以课堂理论讲授为主，攻克教学难点。传统养生学的教学，主要难点是怎样把浩瀚的养生内容进行规范，使之系统化，使古老的养生理论这一传统的保健养料变得松软可口，又令人向往。这也是吸引学生积极学习，努力探索的着眼点。主要方法如下：

(1) 提取精华部分，提升健身意识。整个教学以"健康第一"的思想为主线，紧扣大学生对健身的需求，用丰富的教学内容与新颖的教学理念进行教学。由于历史的原因，当今的青年学生因为受到现代体育文化潮流的影响，对古代养生知识了解甚少，开始，同学们对养生学并不理解，认为这是一门养老课程，是"40 岁以后的事"，养生之道更是老年人的专利，大学生应该多学学怎样健美，怎样发达肌肉，学习一些塑身的方法。通过本课学习以后，同学们认识到，本课不是在指导大学生去养老，而是在学习"终身体育"，锻炼强健的身体，它是为社会服务的本钱。"人命至重，贵如千金"（孙思邈《千金方》）；"不知长生（养生）之道，身皆尸行耳，归志于道，惟愿长生"（老子《老子·想而注》）。不知养生的人，生活没有目标，糊里糊涂过日子，如同"行尸"，养生是古代的一种社会时尚，亦为当今人们生活之必需。对健康必须始终有一种忧患意识，生活处处是养生，养生从现在开始。这是本课提升学生健身意识，吸引他们选课的根本所在。实践表明，作者在这方面所作的探索，方法可行，有实际意义，收到了良好效果。学生选课踊跃，未出现选课不足的情况。

(2) 尝试新的教学方法，突出知识点，紧密结合大学生特点。古代的不少养生方法，由于受到历史的局限，在养生科学方面并没有多大的发展，有的还带有迷信色彩。因此，要用现代科学方法去揭示它们，对其有一个清晰的认识。现代教育技术手段为讲授本课提供了理想的翅膀。本课利用多媒体进行辅助教学，多媒体丰富的表现手法使教学容量增大，教学质量提高，文本、动画、视频、声音等方法的有机结合，使一些养生理法"可悟不可言"的现象大为改观，养生理论变得新颖直观，令人耳目一新，妙趣横生，提高了学生的学习兴趣。

(3) 与现代体育有机地结合起来。现代体育保健科学的发展很快，主要是体育产业为人们带来了更多的运动选项空间，运动新理论也在不断出现。只有古今结合，立足现代方能使养生学的教学内容变得充实。

(4) 积累了一定的教学经验。本课从 2001 级的社会体育专业课程教学期间就已着手建设，已经有了连续 7 个学期的教学实践。目前，已有系统的教学讲义与相对稳定的教学大纲，已开发出本课的多媒体教育软件（2006年度获云南省教育厅云南省优秀多媒体教育软件三等奖）。在教学方面，积累了一定的教学经验，为本课的进一步发展与改革奠定了基础。本课也受到外来学者的关注，2005 年秋季学期，美国的一个大学代表团在云大洋浦校区与本课的师生就课程教学进行了学术交流。

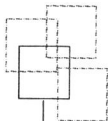

三、对今后工作的建议

1. 把本课作为普通高校体育素质教育的课程之一。作为全国普通高校学生的体育素质类课程，本课目前开设的高校较少。据了解，就云南高校的情况，除云南大学以外，还没有开设本课程的高校。学生对传统养生学普遍有浓厚的兴趣，他们希望了解中国几千年的养生文化，同时也希望学习传统养生的基本原则与方法。高校体育教学向娱乐化、普及化、多元化发展已进入实质性阶段，把本课作为学生素质类教育课程具有实际意义。

2. 教学方法的研究工作。养生学教学不能只局限于一法一势的单一教法，它必须包括系统的养生体系、思想方法、练养原则与方法，同时要适应高校教学的特点。

在高校，现代教育手段的广泛应用是一个必然的趋势。但必须看到，高校使用这一教学方法的教师比较少。就云南高校体育教学的调查，多数高校在体育教学中并未进行这一教学手段的开发。建议高教研究部门与现代教育科学的研究人员关注本课的教学与研究工作，开发出可供养生学教学的示范性软件，以促进本课的建设工作，提高教学质量。

3. 加强人才建设。养生学教学在教学的方法表现上多种多样，但有一点是要明确的，这就是较强的专业性与多学科知识的交融。因此，对教师的要求较高，必须有丰富的专业知识与相关学科知识的积累，此外，最好能具备一定的养生专项实践技能。教学中，有评有述，概念明确，层次清晰，讲求语言艺术。养生学历史久远，当今社会也在流传，教学中，学生会提出许多问题，有的问题甚至很尖锐，解答难度较大，教师要积极面对，尽量做到让学生满意。

作者在教学中注意到一个问题，学生既希望了解传统的养生方法，更希望听老师对这种方法的看法，"老师的话是否有道理，要对我们有所启发"。

教师要努力提高自己的业务知识才能适应教学的需求。高校这方面的专业教师还比较少。要注意培养这方面的人才。

4. 教材建设。据了解，目前可供选择的课程教材较少，与养生学相关的出版物，只是一些技术类的内容，如太极拳、八段锦、保健按摩、导引术等。讲授本门课的教师以使用自编讲义为主，教材建设是开设本课的一项主要工作。由于教材不统一，教师之间的交流少，教学难度大，有的教师不愿开设这一课程，一个主要原因就是不容易找到适用的教材。建议有关部门能加强这方面的工作。

"21 世纪是人体保健的世纪"，这一口号的立足点不是讲人们只去学几种健身方法，而是强调提高健身意识，树立"健康第一"的理念。2000 年，我国国民身体素质监测表明，大学生力量、速度、耐力等主要素质呈下降趋势。因此，加强体育素质教育是社会赋予我们的一项新的历史使命。

古老的养生体育，只有发现它，才能认识到它的作用，希望有更多的同道来探索这门学科，愿它在高校讲坛上飞得更高、更远。

孔子说："学而不厌，诲人不倦"。我看这两句话有因果的关系，唯其学而不厌才能诲人不倦。如果天天卖旧货，索然无味，要想教师生活不感觉到疲倦是很困难了。所以我们做教师的人，必须天天学习，天天进行再教育，才能有教学之乐而无教学之苦。

——陶行知

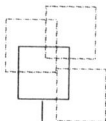

云南新建本科师范院校大学英语
新生综合课教学初探①

黄　炜②

摘　要： 大学英语教学是高等教育的一个有机组成部分，大学英语综合课程是大学生的一门必修课程。云南新建本科院校大学新生对大学英语综合课的学习和大学生活存在着诸多不适应。本文在分析大学新生诸多不适应的表现及原因的基础上，对加强大学英语综合课教学和探索解决大学新生英语学习及心理问题提出了具体措施。

关键词： 新建本科师范学院　大学英语综合课　学习对策

在知识经济时代，教育尤其是高等教育的发展水平深刻影响着一个国家或地区经济和社会的发展。高等教育资源在空间的分布状态对高等教育自身的发展，对特定区域社会经济的发展及对特定区域教育文化水平的提升和人才的培养等，均具有重大影响。结合云南省普通高校分布与云南省各地区人口分布的分析，可以看出云南省高校分布的不平衡性，即高等学校大部分集中在昆明，各地州高校数量较少，层次低。云南省新建本科师范院校正是在这样的背景下建立起来的。这些院校大多由原各地州、市的全日制师范专科学校、广播电视大学、成人教育学院、师范学校合并为一体，省地共建共管，以省管为主的本科师范类院校。主要有曲靖师范学院、玉溪师范学院、楚雄师范学院、红河学院等。这些新建本科师范院校的建立，目的是要满足当地（州）人们享受优质教育的需要，发挥学科门类较齐全以及师范教育的优势，成为培养基础教育及社会经济建设人才的高校，向社会输送各类人才。这些新建院校发展规模迅速扩大，学科体系逐步完善，已成为云南省高等教育发展和基础教育发展的重要力量。

①　此论文是云南省教育厅科学研究基金项目"云南新建本科师范院校大学英语教学现状调查（6Y0083E）"的阶段性成果。
②　作者简介：黄炜，曲靖师范学院外语学院讲师，教育学硕士，主要从事大学英语教学研究。

但是应该看到，这些新建师范本科院校在转型过程中，存在着起点要求高，而师资力量较弱，办学条件差，教育教学的各个方面都存在着这样或那样的问题。其中反映在大学英语教学方面的问题也日渐突出。因此，对刚刚踏入大学校门的学子，通过大学英语一年级综合课教学，帮助他们尽快适应大学英语学习和大学生活，顺利度过这一困难时期，成为大学英语教师课堂教学的一大问题。

本研究选择了上述四所新建本科师范院校的大一新生（非英语专业）各 100 名，采用《云南新建本科师范院校大学英语新生综合课教学情况调查表》（学生卷）进行问卷调查，学生有效问卷 386 份，回收率 96.5%。

一、具体表现及其原因

1. 对大学英语课堂不适应。毋庸置疑，高中英语教学和大学英语教学在课堂教学方面有着巨大的差异，特别是表现在课堂教学方面。

表1　高中英语课堂教学与大学英语课堂教学学生问卷调查高频答案统计

	高中英语课堂教学	%	大学英语课堂教学	%
教学目的	以追求升学率为主	94.6	培养学生英语综合应用能力	93.7
教学侧重	题海战术	90.1	培养听说能力，提高综合文化素养	91.3
教学内容	课文相对较短	85.2	课文较长，原文较多，难度较大	95.6
教学语言	母语为主	79.5	英语为主	90.2
教学进度	较慢	69.4	较快	96.5
教学模式	课堂教学为主	95.3	计算机/网络＋课堂教学	91.8

最高/最低频答案统计，非全部问题的答案，表2、表3、表4同样。

高中阶段的英语教学由于受到社会和升学压力的影响，对学生英语能力的培养有所忽视。在大学阶段，学生的英语学习不再以升学为目的，而

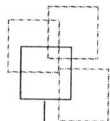

是侧重于英语综合应用能力的培养，特别是听说能力的培养①。刚刚踏入大学校门的学生很难适应，尤其是大学英语课程的开始阶段，学生出现了听不懂英语、跟不上英语、说不出英语的问题，学习兴趣低，无所适从，缺乏生机，使许多学生感到前所未有的学习困难。

2. 对大学英语学习方法不适应。

表2　高中英语学习方法与大学英语学习方法学生问卷调查高频答案

高中英语学习方法	%	大学英语学习方法	%
课堂讲练为主，课后题海战术	75	课堂讲练结合，课后自觉学习	96.7
配对/小组练习/情景交际	37.5	注重读、写、听、说、译的综合能力	90.2
作业、练习量大（教师监督）	93.6	课后自我完成作业、提高（教师不监督）	89.5
自主学习（多媒体和网络学习）	2.3	自主学习（多媒体和网络学习）	90.1

学生们从初中到高中，学习英语的方法大体上是一致的，学习目的也是很明确的，即上初中为了升高中，上高中为了升大学。带着这种目的，学生们大搞题海战术、背句型、背课文、抠语法成了他们的一贯学习方法。进入大学校园之后，教师对学生的要求完全不同于高中阶段，不再要求学生搞题海战术，教材也不只是一本英语书，而分为综合教程、泛读、语法、听力、口语等不同科目，要求学生广泛地浏览和涉猎广博的知识领域；教学模式以教师讲授为主的单一教学模式，改为利用多媒体和网络技术等现代教育技术，使得大学英语教学多样化、个性化，这就要求学生有很强的自学能力。但由于学生刚刚进入大学校园，学习环境变了，对一切都不知所措，摸不着头脑，不知从何学起，怎样去学，故而每天忙忙碌碌，但收获甚微。不少学生在困惑和不安中产生极大的失落感。

3. 对大学英语学习内容的不适应。

① 李荫华，王德明等．大学英语综合教程［C］．上海：上海外语教育出版社，2002.

表3 高中英语学习内容与大学英语学习内容学生问卷调查答案的对比

高中英语学习内容	%	大学英语学习内容	%
内容广泛有趣	74.7	当代英语常见语体、文体,选题广泛	93.4
由口头而笔头,好学	24.2	注重读、写、听、说、译的综合能力	97.1
练习多样	14.1	采用交互方式练习和针对学生薄弱环节和实际需要	89.6
在新课中复习旧教材	30.3	把语言学习贯穿在了解、思考、探讨现实生活中的各种问题的过程中	90.5

　　大学英语教材选用当代英语常见语体或文体的典型样本为素材,知识覆盖面宽,内容深,涉及学科面广,在这种情况下,高中所掌握的词汇量及语法知识显然不够,从而影响学生对课文的理解和进一步的学习。其次是文化背景知识的欠缺。大学英语教材中涉及的内容通常是外国作家的作品精选,要想很好地理解一篇文章,必须对文章的写作背景以及相关的风土人情等有所了解。对于一年级学生来说,这确实是一大空白。词汇量的不足和对文化背景知识的缺乏造成了学生们对教学内容的理解能力的欠缺,从而影响了他们对英语学习的信心。

　　4. 对大学生活的不适应。

表4 高中学习生活与大学学习生活学生问卷调查答案的对比

高中学习生活	%	大学学习生活	%
单调乏味,上学压力较大	97.6	校园文化丰富多彩,学习靠自觉	92.3
地域特色浓厚	80.5	不同区域文化的交融	93.3
学习目的为升学	94.2	学习目的多元化,自我意识较强	89.5
学习基础相对相同	96.6	学习基础、经济、文化背景差异较大	92.7

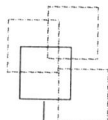

随着我国高等教育事业的发展和大学的扩招，来自祖国各地的学生也涌入新建本科院校。不同的地理环境、不同的家庭背景、不同的大学梦想及不同的个人素质等一些主客观原因造成了学生之间在各方面存在着较大的差异。这些高中校园里的佼佼者或失落者走到一起，必然要经过一段适应期和磨合期，才能很好地度过大学生活。这期间，摩擦、冲突会此起彼伏，每个人都为自己竖起一面心墙。在这种自我成长的空间里，学生们很容易产生低沉的情绪，带着这种情绪走入课堂，教学效果可想而知。

大学新生对大学英语学习和大学生活的不适应，对学生大学英语学习造成了一定的阻力和障碍，使大学生活从一开始便蒙上一层阴影。在大学英语教学中，大学英语综合课的授课量与其他课程相比，比重较大，而且综合课是进行听、说、读、写等综合技能训练的一门重要课程。综合课教师与学生接触的时间相对来说也较多，所以综合课教师在帮助学生尽快适应大学英语学习和大学生活方面起着举足轻重的作用。

二、解决方法

1. 调整教学方法，帮助学生适应。综合课教学旨在指导学生在深入学习课文的基础上，从词、句、语篇等角度进行听、说、读、写、译等多方面的语言操练，着重培养学生的英语语言能力和综合应用能力。在综合课教学中，教师不仅是听、说、读、写、译等几项基本技能训练的指导者，还是课堂教学的设计者，同时也是学习方法的传授者①，因此教师在帮助学生适应教材、适应教师的同时，也应考虑主动地去适应全体学生，兼顾不同英语水平的学生。只有这样才能使学生尽快适应并顺利度过这一阶段的学习。第一，教师要认真研究《普通高中英语课程标准》和《大学英语课程教学要求》在教学性质、目标、教学要求、课程设置、教学模式、教学评估和教学管理方面的异同，找到高中英语教学和大学英语教学的切入点，探索新形势下适合新建本科院校大学英语教学的新路子。第二，在教学上，对学生英语水平要有全方位的了解，对初中和高中的知识进行有的放矢的查缺补漏，帮助他们树立进一步学习英语的信心。第三，要适当地放慢教学速度，即教师的语速及课堂进程的速度都应适当放慢，使学生有渐进的过程，即边适应，边反应和边接受的过程。这样不至于使学生因听不懂而产生心理上的紧张，由紧张而形成心理障碍，从而影响学习效果。第四，

① 肖惜. 英语教师职业技能训练简明教程［M］. 北京：高等教育出版社，1999：135.

不论是课堂用语还是课文讲解，尽量采用浅显易懂的英语语言，或利用板书书写某些单词或句子，或利用多媒体和网络技术把听的语言和直观的文字结合起来。第五，通过课堂提问多了解每位学生的实际水平和状况，同时注意对学生加以正确的引导，避免挫伤学生的自尊心和积极性，采取分类指导、共同进步的原则①。

2. 言传身教，营造良好的学习氛围。面对大一学生的羞涩、畏惧的心理，教师要用自己的品格和知识去感染和教育学生②；要献身教育，热爱学生，严于律己，严谨勤奋，勇于创新，团结协作；要亲切开朗，自信大方，思想活跃，挖掘、利用和发挥新生所特有的热情和新鲜感，鼓励他们解放思想，不怕犯错误，轻松、自信地投入到大学英语学习中去。同时，课堂教学中注意使用机智、幽默的语言，自然坦诚的微笑，灵活机动的教学手段，营造一个良好的学习氛围，消除学生的紧张心理，克服消极情绪，提高学习的兴趣和树立积极主动的学习态度③。

3. 加强目的语的文化教学因素渗透。在大学英语基础阶段，综合课更是显示出其不可替代、举足轻重的地位与作用。综合课所涉猎的视野十分广阔，大到国家的法令（律）、历史、哲学、政治、文学、社会生活，小到个人的些微感受的品评与描写、天文地理、人间百态尽收书底。综合课每篇精选的课文都会从语言知识角度（语音、语法、词汇）、文学角度（篇章结构、作品体裁、特点、作家风格、修辞等）、文化角度（尤指文化对比的角度）、现实意义等几个方面去探究学习。正是综合课既博文精这一独具的特点，为教师利用其广阔的舞台培养学生的语言应用能力提供了可能性。目的语的文化因素教学渐渐凸显出其重要的作用与地位，作为教师，除了积极主动地培养学生语言能力外，更应当重视文化因素，自觉进行社会文化教学及交际能力的培养，经常不断地提高学生对文化的敏感性，学生对教学内容的理解力也会大大加强，达到有效地进行交际活动的目的，增加他们学习英语的自信心，以适应大学英语课程的要求。

4. 引导学生找到恰当的学习方法。大学英语的起始阶段，针对中学生语音、语法水平不一，实践能力差，尚未养成良好的学习外语的习惯等普遍存在的现象，要对初中和高中的知识进行有的放矢的查缺补漏，重点在

① 阎文军. 提问艺术研究［A］. 中国英语研究. 2002 年 3 月，第 25 卷，2002（1）：24.
② 束定方，庄智象. 现代外语教学［M］. 上海：上海外语教育出版社，1996：169.
③ 朱纯. 外语教学心理学［M］. 上海：上海外语教育出版社，2004：327～335.

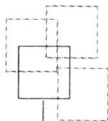

于对语法的梳理及语音和简单的口头练习，使学生一进入大学就十分重视语法的正确性，语音和口语的准确性，培养良好的学习习惯。从第一册起，每个单元由读前准备活动（prereading task），正课文（Text A），副课文（Text B），与主题相关的语言操练（themerelated language learning tasks）等部分组成。教师在授课过程中，要通过多种途径给学生提供学习策略的指导，针对不同的练习便可以训练学生不同的能力，学生在潜移默化中自然便知道大学英语学习的侧重点，有针对性地在课外根据自己的薄弱环节进行提高，而不再仅仅机械地背课文，大量地做语法题。随着大学英语教学改革的不断深入，教学模式的改革也使大一新生面临着巨大的挑战。以教师为中心的教学方式已经不能适应大学英语的教学的发展。要充分发挥教师和学生双方的积极性，注重教与学的互动，这样才能调动学生的学习兴趣，才能让学生在不断地"问"中自觉学习、发现、探究、创新，才能有效地培养学生实际运用语言的能力①。特别是新的教学模式改为以现代信息技术为支撑，使英语教学朝着个性化学习、不受时间和地点限制的学习、主动式学习方向发展②，这就对教师教学方法的改革和学生学习方法的指导带来更高的要求。

5. 开展丰富多彩的英语课外活动。学生每周的英语课时是有限的，仅仅靠几节大学英语综合课来提高学生的英语水平是远远不够的，因此必须利用更广泛的第二课堂。教师和学校要积极优化校园英语学习环境，通过英语报刊、英语广播、英语角、英语演讲、英语竞赛等形式多样的课外活动，使学生有更多的接触英语的机会，使学生在新生生活和学习中体会到大学生活的乐趣。

大学阶段是学生人生观、世界观形成的重要时期，在此期间，教师的正确引导和耐心帮助对学生们的身心成长起着至关重要的作用。"师者，传道，授业，解惑也。"作为教师，尤其是高校教师的职责不仅是授业，更重要的是传道，解惑。帮助学生尽快地适应，顺利地度过大学阶段的学习和生活，高校教师责无旁贷。一年级英语教师通过综合课堂教学使学生对高校英语学习和生活由陌生、困惑尽快地过渡到适应，更是迫在眉睫。

---

① 文秋芳. 英语学习的成功之路 [M]. 上海：上海外语教育出版社，2003：222～226.

② 教育部高等教育司. 大学英语课程教学要求 [M]. 上海：上海外语教育出版社，2004：6.

高校英语课堂中学生阅读策略运用情况调查

王晓青　何　磊　曹　琳①

摘　要： 阅读策略的研究意义在于它能揭示读者与阅读材料的相互作用关系，显示读者元认知策略与阅读能力的必然联系。研究结果显示中国高校学生不具有对阅读策略的清晰的元认知意识，而教师在策略的培训方面也缺乏系统性和科学性。

关键词： 阅读策略　元认知意识　阅读能力

一、引　言

阅读教学在英语语言教学中一直以来都占有着极其重要的位置。第二语言学习中的阅读往往与语法翻译法、习惯性学习、认知学习以及交际能力有着紧密的联系②。在听说教学法时代，阅读只是被看做是强化口语教学的手段。在语法翻译法时代，阅读策略对第二外语的教学起着举足轻重的作用。现今，阅读已被看做是"一种交流，一种心理过程，读者对意义创造的积极参与，对阅读策略的掌握，是一种主动的接受而非被动的承受"③。20 世纪 70 年代，Goodman 和 Smith④引入了"阅读的心理语言学模式"。他们认为阅读并不是逐字逐句地从文章中提取信息的过程，而是一个选择的过程，读者是根据自己的背景知识作出预测和推断的。因此，读者提供的

① 作者简介：王晓青（1972—　），女，云南大学外语教学部讲师，主要从事英语语言文学与教学研究；何磊（1982—　），男，云南大学教务处研究实习员，主要从事教学管理与研究工作；曹琳（1969—　），女，云南大学教务处助理研究员，主要从事课程建设与研究工作。

② Swaffar, J. K. (1985). Reading authentic texts in a foreign language: A cognitive model. *The Modern Language Journal*, 69, I, 15~33.

③ Goodman, K. S. (1975). The reading process. In S. Smiley & J. Towner (Eds), *Language and reading: sixth western symposium on learning.* Bellingham, WA: Western Washington State college.

④ Barnett, M. A. (1989). *More than meets the eye – Foreign language reading: Theory and practice.* Prentice Hall Regents Englewood Cliffs, New Jersey.

信息要多于阅读材料所记录的。基于阅读的心理语言学模式（psycholinguistic model of reading）Clarke 和 Silberstein[1] 将阅读描述为一种主动的理解过程，学生应该学习策略以便进行更为有效的阅读。对于教师来说教学的目的应该围绕着给学生提供有效的方法去了解课文，包括帮助学生识别目标和运用合适的阅读策略。

中国的阅读教学也经历了漫长而艰难的发展过程。从 20 世纪 70 年代的语法翻译法到 80 年代的预习—讲授—练习法，再到交际法，教师的角色也逐渐由主讲者变成了指导者。中国的学生为了应对 CET（全国大学英语考试）和 TEM（全国专业英语考试），通常要接受不同的阅读策略培训，以提高阅读能力。然而研究表明，阅读能力和策略的缺乏依然是制约中国学生英语能力的一大因素。影响学生进行有效阅读的因素包括以下几点：（1）学生对阅读策略的认知意识；（2）教师的语言能力；（3）学生的背景知识以及学生与课文之间的相互作用。如果能充分利用以上几点因素，阅读教学的结果将会是完美的。然而，中国现实的情形是尽管部分教师意识到了阅读策略的重要性，却并未在中国的课堂中被广泛有效地运用，学生与教师在对策略的认知和理解上存在着不同看法。

基于以上原因，本文作者作了一个研究调查，试图了解英语课堂中阅读策略的运用情况以及学生与教师间存在的认知上的差别。

二、理论依据

根据图式理论（the schema theory），阅读理解是一个积极的、创造性的过程，这一过程受到阅读者与阅读材料之间复杂的相互作用的影响。Anderson 和 Pearson[2] 把对第一语言的理解看做是新旧知识的相互作用。图式理论的观点便基于这一推断。由于阅读涉及知识的两大变量：读者认知体系中已存的知识和阅读材料所包含的知识，阅读过程需要被激发以达到有效的阅读结果。图式理论有两个重要观点：（1）同一情形下产生的图式在细节上可能有差异；（2）读者需要运用不止一种图式来解释一个场景，因此很难定义在阅读的行为过程中，图式是如何发挥作用的。

[1] Clarke, M. A. & Silberstein, S. (1977). Towards realization of psycholinguistic principles in the ESL reading class. Language Learning, 27 (1), 135～154.

[2] Anderson, R. C. P. D. Pearson, (1984). A Schema – theoretic view of basic processes in reading comprehension. In P. D. Pearson, R. Barr, M. L. Kamil, & P. Mosenthal (Eds.), *Handbook of reading research* (Vol. 1, 255～291). White Plains, NY: Longman.

　　研究表明，当读者运用熟悉的图式时，无论所读的文章是用他们的母语还是第二语言写成的，他们的阅读效果都会显著提高。图式可以通过两种方式被激活：自上而下式（概念驱动）过程和自下而上式（信息驱动）过程。概念驱动过程也称为期望驱动过程①，它是一个推断过程，来自于读者对新信息的一种高层次的期望或假设，这些信息是由作者对篇章细节性地分析而获得的。自下而上式（信息驱动）过程是一个归纳过程，它是指从字到句到整篇文章的归纳过程。图式引导的重要性在于为了理解文章，两种驱动过程应该同时发生。然而，有时读者会因为以下原因无法正确地理解一篇文章：（1）读者不具备合适的图式；（2）读者虽具备合适的图式，可文章作者提供的线索却不够，在这种情形下，如果能提供额外的线索，读者或许可以理解文章；（3）读者也许可以找到文章的信息，可是却无法找到作者暗示的信息。在这种情形下读者也许可以理解文章的内容，却会误会作者的意图。

　　心理示范模式（mental modelling）是 Duffy、Roehler 和 Herrmann② 引入的另一种有效的技能。它指的是一种教学技能，教师通过该技能向学生展示策略性阅读中蕴涵的推理过程。在阅读过程中教师把自己的阅读思路向学生讲述，学生可以因此而了解高级阅读者的思维，从而模仿。Susmita③ 在她的研究中指出心理示范模式是一个很成功的教学技能，学生对此反映很好，认为通过这一技能，他们可以学习好的阅读策略，进而提高阅读能力，但学生能在多大程度上从教师那儿学会阅读策略却依然是个问题。

三、研究方法与研究目的

　　本文采用的研究方法是定性分析法。根据一些研究者陈述，定性分析法特别适用于教育类问题的研究。尽管不用数学分析，但定性分析法只要运用恰当也可以如定量分析法一样具有系统性和科学性。Borg④ 认为定性分

---

① Rumelhart, D. E. （1980）. Schemata: The building blocks of cognition. In R. J. Spiro, B. C. Bruce, & W. F. Brewer（Eds.）. *Theoretical issues in reading comprehension* （33 – 38）. Hillsdale, NY: Lawrence Erlbaum Associates.

② Duffy, G. G. Roehler, L. R. & Herrmann, B. A. （1988）. Modeling mental processes helps poor readers become strategic readers. *The Reading Teacher*, 41, 762~767.

③ Susmita, P. （2004）. Reading strategy instruction through mental modeling. *ELT Journal* （Vol. 58, 355~362）.

④ Borg, W. & Gall, M. （1989）. *Educational research: An introduction. Longman.*

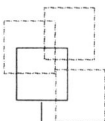

析法有利于帮助解释一种新的现象和建立更好的理解。因此，为了使研究更具说服力和理论依据，我们使用了定性分析法来研究阅读教学中的特定问题。具体数据的采集是通过面对面访问和问卷调查获得的。

访问是一种面对面的交流过程，采访者试图通过主导对话的方式探出被访者的观点和态度，具体可以分为三种形式：结构性的，半结构性的，非结构性的①。结构性访问指的是问题经过仔细地准备，并按照预定的顺序来提问。半结构性访问指的是问题预先被准备好，但提问者可以根据需要改变提问的顺序和形式，采访者可以作出解释以提高被访者的答案质量。非结构性访问指的是采访者不进行任何引导，只是就关心的问题进行大概的提问，以获得相关信息。本项研究采用的是半结构性访问，所有采访内容经过被访者同意均做了录音，研究者现场获得的观察和反映也做了记录。被访对象是八位来自云南某大学外语系的英语教师，他们均在外语系从事了多年的英语教学，年龄为 25 ~ 65 岁，其中三位是女性，五位是男性。这样的取样确保了研究对象的多样性。

本次研究采用的另一种数据采集方法是问卷调查。作为一种定性分析法，问卷调查在对大面积的研究范围进行数据收集时具有系统性和有效性，但研究者必须认真设置问题，以保证所有研究重点均包含其中。问卷设置是遵循国际惯用的 5 级选项制，即所有选项均按完全同意、同意、不确定、不同意、完全不同意设定。问卷包含 37 道选择题和三道开放式问题，答卷者可以匿名回答。数据的分析涉及了某些定量统计方法，作为对定性分析法的一种补充。在本次研究中，83 位来自外语系各年级的学生在课堂上完成了问卷调查。为避免因语言障碍而引起反馈信息的不准确，所有问题均使用中文。研究的目的主要是了解中国第二语言课堂中学习者与讲授者对于阅读策略的认知以及对该领域相关问题的调查，如学习者的元认知意识，元认知能力与有效阅读的关系，教师是否有效培训学习者的元认知策略。

四、研究结论

根据问卷与采访问题的设置内容，研究数据的分析将从以下三个方面逐一进行：（1）学习者对阅读策略的元认知意识；（2）学习者常用的阅读策略；（3）教师对元认知与阅读关系的理解和对学习者元认知策略的培训

---

① Minicheillo, V. Aroni, R. Timewell, E. & Alexander, L. （1990）. *In - depth interviewing*：*Researching people. Australia*：*Langman Cheshire.*

情况。

1. 学习者对阅读策略的元认知意识。问卷调查显示96%的被访学生认为阅读策略很重要，可以帮助他们提高阅读能力。93%的学生同意教师的任务应该是帮助他们提高阅读策略而不是简单翻译课文。另有12%的学生在开放式问题中回答：阅读策略不比背单词、反复阅读更重要。值得注意的是：尽管大部分学生认为阅读策略很重要，他们却承认在阅读过程中是凭"感觉"去读的，并未意识到自己在运用某种阅读策略，他们也未想过用特定的策略去完成某种阅读任务。23%的学生指出他们"有时"会运用某些策略来完成任务，例如：运用背景知识进行推断，或是根据上下文猜测词语的意思。57%的学生表示他们的教师并未对他们进行过系统的阅读策略训练。因而可以得知这些学生对于阅读策略的元认知意识并不清晰，因此无法有效控制阅读策略的运用，对于阅读策略的运用还处于"无意识状态"。此外，学生对阅读策略的意识因学术程度不同而有差异，高年级学生对策略的关注度明显高于低年级（见下表）。

阅读策略对阅读能力的影响（学生观点）

	学生人数	学生人数（很重要）	学生人数（不确定）	学生人数（不重要）	百分比%（很重要）
一年级	25	14	8	3	56
二年级	20	10	7	3	50
三年级	20	15	2	3	75
四年级	18	14	3	1	77

2. 学习者常用的阅读策略。在这一项研究中我们根据Block的区分法将阅读策略分为通用型（理解汇集和理解监测）（comprehension—gathering & comprehension—monitoring）和特定型（对特定语言单位的理解）（understand specific linguistic units）。在通用型策略中，学生常用的有：预测课文内容、总结课文和利用背景知识帮助理解。部分教师强调：预测对于学生掌握文章大意相当有效，而学生中只有65%同意预测对于理解全文有用，另有10%的学生提到虽经常使用这一策略却不知道是否有用。相比较而言，总结课文更为广大师生认可。78%的学生指出总结课文可以加深他们对文章结构的理解，而所有的被访教师均提到在他们的教授过程中这一策略经常

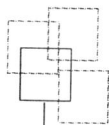

被使用。所有被访者都承认背景知识的利用很有用，72%的学生经常使用这一策略，学生们把背景知识的利用和词汇量的大小放在了同一重要位置，认为它们是影响阅读的最重要的因素。学生们使用得更多的是特定型策略，如词义理解、反复阅读、同义替换和提出疑问。值得注意的是有10%的学生指出他们必须掌握了所有的词语意思后才能理解课文，而教师也深知学生的这一坏习惯，他们说课堂上他们都在试图告诉学生理解主要意思才是最重要的。教师们常教授的阅读策略还有同义替换，学生们对这个策略相当熟悉，也对其有效性表示赞同。5%的学生表示他们在阅读时会就难点部分作出注释，并试图在稍后的阅读中找出答案。归纳起来，学生对特定型策略的使用要远多于通用型策略的使用，这或许是因为他们习惯了语法—翻译教学法，还有一点是第二语言的学习者由于缺乏语言能力，他们需要更多地依赖语言技巧来帮助阅读。

3. 教师对元认知与阅读关系的理解及对学习者元认知策略的培训。八位被访教师均表示阅读策略对于提高阅读能力起到决定性的作用，但没有一人提到他们曾经对学生的元认知过程进行过监测。六位教师认为元认知能力与阅读能力成正相关关系，但在具体的阅读训练过程中，元认知过程并没有被师生们给予多少关注，策略的运用更多体现为一种强化训练后的本能反应，目的性不强。所有教师和97%的学生指出在学习过程中教师们都在训练学生的阅读策略，但多数为与语言能力相关的策略，如猜词、同义替换、跳读等，某些策略如图式策略却从未被使用过。此外，所有教师均未对学生进行过系统的阅读策略训练。

五、研究总结

由于大学校园人群在英语语言能力和学习经验上都要高于其他群体，因此选择他们作为研究对象能获得更有价值的数据。为了使研究控制在一定范围内，所有被研究人员均来自外语系，他们的教书或学习经历、年龄、社会背景和语言能力各不相同。本次研究获得了两个重要发现：（1）学生们不具有对阅读策略的元认知意识；（2）教师们很清楚掌握了元认知策略可以极大地提高学生的阅读能力，但却没有进行有效培训，因而学生的英语阅读能力普遍偏低。

综上所述，我们对中国高校英语教师提出了两点建议：（1）英语教师应该对第二语言阅读教学理论有充分的了解。除了加深理论研究外，教师们还应该对学生的学习过程进行系统性和科学性的监控，这样才能有效帮

113

助学生找出问题，提高能力。（2）教师本身应提高自己的语言能力。有一点很明确：如果教师的语言能力不够，他是无法组织有效的学习的。语言能力包括两个方面：语言学能力和综合能力。

由于历史和社会的原因，我们在调查中发现相当一部分教师无法达到上述目标，因此，中国高校教师迫切需要从理论和综合语言能力方面充实自己，以便为更深层次的外语教学改革做好准备。由于研究时间和研究对象所限，我们的结论还有待在更大的人群范围内验证，数据的收集也需结合信度更高、科学性更强的方法，如纵向法和定量分析法。为了对这一课题展开更深入研究，我们建议下一步的研究方法可以采用线型研究和测试—讲授—再测试的跟踪法。我们也衷心期待有更多的研究者加入对第二语言阅读策略的探索。

```
**********************************
*   求知欲，好奇心——这是人的永恒的、不可改变的特性。哪里没 *
*  有求知欲，哪里便没有学校。                              *
*                                                        *
*                                     ——苏霍姆林斯基       *
**********************************
```

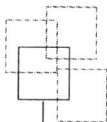

论法律职业道德培养与多媒体
教学中的不当行为

于定明①

摘　要：法律职业道德在法学教育中的地位非常重要，教师不仅应从正面努力培养学生的法律职业道德，更应该防止自己在教学中的不当行为可能对职业道德培养产生的负面影响。部分教师在法学多媒体教学过程中出现的侵犯他人著作权、隐私权、名誉权的行为对学生职业道德的培养具有非常大的负面影响，应当通过控制多媒体教学资料制作和教学运用这两个环节予以预防。

关键词：多媒体教学　法律职业道德培养　名誉权　隐私权

一、法律职业道德培养概述

德国教育家赫尔巴特有一句名言："教学是教育的最重要最基本的手段。"教学当然是泛指一切学科的教学。在美国的大学里，十分注重德育对专业教学的渗透。他们要求学生对每一门专业课都要从历史、社会和伦理的角度加以学习和研究，对任何一门专业课的教师都要求思考这样三个问题：一是这个领域的历史和传统是什么？二是该学科所涉及的社会及经济问题是什么？三是该学科要面对哪些伦理和道德问题②？早在 20 世纪 30 年代，我国著名法学家孙晓楼先生就谈及法律职业人的标准问题。"讲到法律人才，我认为至少有三个要件：（1）要有法律学问；（2）要有社会常识；（3）要有法律道德。只有了法律学问而缺少了社会常识，那是不合时宜，不能适应时代的需要，即不能算是法律人才；有了法律学问、社会常识，而缺少了法律道德，那就不免为腐化恶化的官僚政客，并不能算做法律人

---

①　作者简介：于定明（1975—　），男，苗族，云南财经大学法学院讲师、中国政法大学经济法学博士生，主要从事经济法学和法学教育研究。
②　刘爱英，敖松．关于"教书育人"问卷调查的研究［J］．中国农业大学学报，2001（3）．

才；一定要有法律学问、法律道德和社会常识，三者具备，然后可称为法律人才。"① 法律职业道德的好坏无疑会影响整个中国法治的进程。如果我们国家没有职业道德素养高的法律从业人员，很难想象我们能建设好法治国家。因此，在教授法学专业知识的过程中，不能满足于将法学知识传授给受教育者，而应同时进行社会主义法律职业道德教育。法律职业道德的培养既包括对学生个人品性的培养，也包括法律职业道德规范的培养，综合来看主要是对学生是否诚信、是否能够模范守法、是否能够严守法律职业规范等方面的培养。

二、法学多媒体教学中的常见不当行为

多媒体本身对学生法律职业道德的培养影响并无绝对的好坏，关键是部分教师运用不当，可能对学生法律职业道德的培养产生负面影响。法学多媒体教学中的不当行为主要表现为以下几个方面：

1. 侵犯著作权的行为。多媒体教学涉及课件等教学材料的制作，而部分教师因为自身制作多媒体课件能力不足或不愿意花费时间和精力去制作多媒体课件等原因，而通过网络下载或其他途径获取其他教师制作的多媒体课件在教学中运用。未经他人同意，将他人制作的多媒体课件用于课堂教学这一行为并不违法，但有部分教师在使用他人制作的多媒体课件时经常侵犯制作人的著作权，具体表现为，侵犯他人的署名权，即将原多媒体课件的作者姓名或名称更改为本人姓名；或断章取义，将他人制作的多媒体课件任意修改。我国《著作权法》规定为学校课堂教学或者科学研究，使用已经发表的作品，供教学使用，可以不经著作权人许可，不向其支付报酬，但应当指明作者姓名、作品名称，并且不得侵犯著作权人依照本法享有的其他权利②。根据我国《著作权法》的规定，前述行为无疑侵犯了作者的署名权、保护作品完整权和修改权。

2. 侵犯名誉权的行为。名誉权，是指公民和法人就其自身属性和价值所获得的社会评价享有的保有和维护的人格权。名誉权的具体内容包括：（1）名誉保有权，即名誉权人对于自己的名誉享有保有的权利；（2）名誉维护权，即名誉权人对于自己的名誉有权维护；（3）名誉利益支配权，即名誉权人虽然就社会对自己的评价不能够进行支配，但对于名誉权所体现

① 孙晓楼. 法律教育［M］. 北京：中国政法大学出版社，1997：83.
② 参见我国《著作权法》第22条。

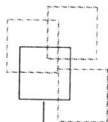

的利益却能够进行支配①。教师为了使教学更为生动，在多媒体教学过程中运用影像资料阐述所讲授的知识点，这无疑对学生理解所讲述的知识是有帮助的，但部分教师在选择多媒体资料和讲解方面存在不足。例如：某教师在讲解产品质量责任法律制度时，在课堂上播放了其所翻录的某地方电视台的一段节目。该节目反映的是消费者认为甲超市的乳制品变质要求赔偿的内容，当时的内容主要报道消费者向甲超市反映情况没有得到满意答复后向消费者协会投诉的情形，甲超市的乳制品是否有质量问题尚未得出结论。该教师在教学时播放了该段录像资料，在讲解时即认为甲超市的乳制品存在严重的质量问题，据此分析了甲超市应承担的法律责任。同时，因该教师本人在购物时曾经与甲超市发生纠纷，该教师还宣称甲超市的商品大多存在质量问题，告诫学生不要购买甲超市的商品。但事后证明，甲超市的乳制品并无质量问题，实际上是消费者受乙超市的指使而恶意投诉。乙超市和消费者的行为无疑侵害了甲超市的名誉权，而该教师在案件尚未有结果的情况下就随意作出甲超市产品有质量问题的结论，同时还诋毁甲超市的声誉，这同样侵害了甲超市的名誉权中的名誉保有权和名誉维护权。

3. 侵犯隐私权的行为。多媒体教学使法律知识的传授变得更为生动，更为直观，但如果教师在取材时不注意也会侵犯他人的隐私权。隐私权，是指自然人享有的对其个人的、与公共利益无关的信息、私人活动和私有领域进行支配的一种活动②。隐私权的基本内容包括以下四项基本权利：（1）隐私隐瞒权，是指隐私权人对于自己的隐私进行隐瞒，不为人所知的权利。（2）隐私利用权，是指隐私权人对于自己的个人资讯进行积极利用，以满足自己精神、物质等方面需要的权利。（3）隐私维护权，是指隐私权人对于自己的隐私享有的维护其不可侵犯性，在受到非法侵害时可以寻求司法保护的权利。（4）隐私支配权，是指隐私权人对于自己的隐私有权按照自己的意愿进行支配。隐私支配权的主要内容是：公开部分隐私；准许他人对个人活动和个人领域进行察知；准许他人利用自己的隐私③。例如：某教师为了讲解离婚制度，该教师在教学过程中播放了一段录音，该录音资料是该教师利用其担任兼职律师工作过程中所获得的一段关于被告"出轨"行为的证据，同时还通过投影仪展示了部分证明被告"出轨"的照片。

① 杨立新. 人身权法论［M］北京：人民法院出版社，2002：592～599.
② 王利明. 人身权法新论［M］. 长春：吉林人民出版社，1994：487.
③ 杨立新. 人身权法论［M］北京：人民法院出版社，2002：674－678.

该教师在随后的讲解过程中为了使案件更为真实以吸引学生，还对原被告双方的相关情况作了介绍，而该案在当地又具有一定的影响力，学生能够很容易地判断出原被告双方的身份。该教师所运用的多媒体资料尽管对于离婚制度本身的讲解是非常有用的，但其行为无疑侵犯了原被告双方的隐私权。无论原被告双方的行为是否违法，作为律师都不应将相关证据在课堂上展示，律师有为当事人保密的义务①。为了保护当事人的隐私权，我国《民事诉讼法》也规定，离婚案件的当事人可以向人民法院申请不公开审理。人民法院通常对当事人申请不公开审理的离婚案件决定不公开审理②。

三、不当行为对法律职业道德培养的负面影响和对策

（一）负面影响

1. 不利于学生健全人格的培养。教师在教学过程中，不仅应向学生传授专业知识，而且还应该有意识地对学生进行道德教育。在这一过程中，尤其要避免教师的言行对学生道德教育的负面影响。教师使用他人课件，只要符合教学实际本无可厚非，但不应故意侵犯他人著作权，将他人的成果据为己有。目前，学生对网络信息获取非常方便，如果某一天，当学生看到其老师所宣称的自己制作的精美课件竟然是彻头彻尾的剽窃所得，不知会对学生的法律信念产生何种影响？不知会对学生法律职业道德的培养将产生何种结果？前述侵犯他人著作权的违法行为不仅没有对学生职业道德的培养起到正面促进作用，相反，还会对学生职业道德教育的培养产生非常不好的负面影响。教师这一行为同时也是违反道德的行为，无疑不利于学生健全人格的形成。教师已经不再是学生学习的楷模，教师的榜样功能已经消失，相反，还可能引起学生遵纪守法信念的动摇。

2. 不利于学生客观公正素养的培养。作为未来的法律人，学生在学习过程中应当逐步形成客观地看待周围事物的能力；在做价值判断时，应当有一颗公平、正义的心，尽可能地排除主观情绪对自己的不利影响，客观公正的素养是法律职业生涯中不可或缺的。前述案例中，教师在教学工作中使用多媒体影像资料时不进行认真甄别，在讲解时掺杂了过多的个人的主观判断，在事实尚未证实的情况下随意作出结论，而事后证明完全是错误的，这无疑对学生法律素养的形成是不利的。教师在运用多媒体教学过

① 参见我国《律师法》第三十三条。
② 参见我国《民事诉讼法》一百二十条。

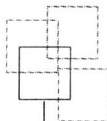

程中的这种不认真行为，甚至是违法行为，对学生严谨的法律品质的形成将产生负面影响。当然，仅仅是教师的一次不当行为尚不足以造成如此大的危害，但如果长期不注意，这难免会造成前述不利后果。特别是教师因为个人与超市之间的纠纷而恣意诋毁超市的商业信誉，学生难以在教师身上找到客观公正的品性，同样，学生可能本已形成客观公正的信念还会受到负面的冲击。

3. 不利于学生法律职业道德规范的遵守。法律职业道德规范是指在法律工作过程中行为人必须遵守的行为规范。不论是法官、检察官，还是律师、公证员，作为一个法律职业人都应严格遵守本行业的行为规范。遵守行为规范的理念需要不断地在实践中得到强化，同时，也需要教师在授课过程中予以详细的讲解和指导。但遗憾的是，在前述侵犯隐私权的案例中，该教师不仅侵犯了当事人的隐私权，同时，他作为一名律师，还违背了律师行为规范。该教师的这一无意识行为，不仅丧失了向学生进行律师职业行为规范的良好机会，相反，因为这名教师的不当行为，还不利于学生在以后职业生涯中严格遵守法律职业行为规范。

（二）对策——重在预防

在多媒体课件制作和运用过程中，因为教师需要追求多个目标，例如：希望内容更为生动、案例更为真实等等，教师可能会有意或无意地忽视多媒体教学材料的合法性，过于追求学生的对所讲授知识本身的领会，致使在不同程度上忽视了对学生职业道德的培养，甚至对学生职业道德培养产生了负面影响。上述不当行为虽然不是多媒体教学中才存在的，在传统教学过程中也同样可能存在这些不当行为，但多媒体运用不当使这些行为的危害性变得更大。我们不能因为在多媒体教学中存在上述问题而限制多媒体的运用，关键是如何防范和减少危害。

首先，如果教师使用他人的课件，应当尊重他人的知识产权，标明作者的身份。如果教师自己制作课件，教师应全面综合考虑，不能仅仅考察材料的知识性，还应仔细考察材料可能对学生职业道德的培养产生的效果，尽可能避免使用这类材料所产生的负面影响。

其次，在课件制作完后，教研室应当对各任课教师的课件进行必要的审查。个人的能力毕竟是有限的，仅仅依靠任课教师在制作时自行控制是不够的。教研室应当组织相关教师对任课教师所提交的多媒体课件进行审查，从多个角度探讨课件的正反面影响，尤其不能忽视课件对学生职业道德培养方面的正反两方面的作用。对于有损学生职业道德培养的课件，不论该课件与教学内容联系如何紧密，都应予以否决。

最后，应当加强对教学环节运用多媒体课件的监控。在正常情况下，教师在课堂上所使用的材料应当经过反复考虑才能使用，但也存在部分教师由于各种原因没有备好课，临时决定将一些影像资料在课堂上播放，教师在上课前没有很好地对内容进行审查，或者根本没有在上课前观看影像资料，仅仅依据影像资料的内容介绍或标题来判断多媒体影像资料的运用与否；甚至因为没有备好课，没有其他可替代的资料使用，明知该影像资料不适合在课堂上播放。这些情况的出现，显然会影响教学质量，在一定程度上也会影响对学生职业道德的培养。因此，在上课前，教研室应该对教师的多媒体课件进行必要的审查，同时，在课堂进行中，学校相关领导和院系的相关领导还需要不定期地对教师的上课环节进行监控。当然，监控的内容是多方面的，如任课教师是否按时上下课，是否按照教学计划授课等。但在监控时不应忽视该教师所运用多媒体教学资料是否有利于对学生法律职业道德的培养。

法律职业道德在法学教育中的地位非常重要，教师不仅应从正面努力培养学生的法律职业道德，更应该防止自己在教学中的不当行为可能对职业道德培养产生的负面影响。在法学多媒体教学过程中，不论是课堂内，还是课堂外，法学教师都应该是遵守法律和法律职业道德规范的榜样。仅仅是教师的一次不当行为尚不足以造成特别大的危害，但如果经常不注意，难免会对学生法律职业道德的培养产生负面影响。在传统的教学过程中也可能同样存在这些不当行为，但多媒体的运用不当使这些行为的危害性变得更大。我们不能因此而不再使用多媒体课件，因噎废食显然是荒唐的，关键是我们应严加控制多媒体教学资料制作和教学运用两个环节，最大限度地克服法学多媒体教学中的不当行为对法律职业道德培养的负面影响。

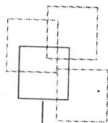

浅谈多媒体课件在教学中的应用

李艳花①

摘　要：本文结合笔者的教学实践，指出了教师对多媒体课件普遍存在的认识误区，并探讨了教师应该如何正确认识多媒体课件。同时，结合多媒体课件的作用，对教师应该怎样使用多媒体课件提出了自己的看法。

关键词：多媒体课件　教学应用

随着现代教育技术的发展，计算机辅助教学（CAI：Computed Assisted Instruction）系统在教育教学中的应用日趋广泛。在课堂上使用的计算机辅助教学系统被称为课件或多媒体②课件。多媒体课件作为信息化的教学手段，与传统教学手段相比，有其独特的优势，促进了教育教学的变革与进步。正是因为多媒体课件具有如此大的作用，使它在教学过程中产生了巨大的"光环效应"，一些教师在认识上逐渐产生了一些误区，使多媒体课件的应用有些偏离了它的本质。

一、教师对多媒体课件存在的认识误区

在教学实践中，我发现教师对多媒体课件的应用存在以下认识误区：

误区一：极度抬高教学手段的现代化，独尊多媒体。有的教师把多媒体课件看得过于神秘甚至有一些"崇拜"，将多媒体手段完全代替传统教学手段，就连提问、练习都一律按程序执行，整个过程学生一直处于被动的接受中。而课堂中学生的思维是千变万化的，对现象和过程的反映不尽相同，让固定的模式去接受千变万化的反馈，是无法达到理想效果的。

---

①　作者简介：李艳花（1981—　），女，云南爱因森软件职业学院助教，计算机科学与技术专业，研究方向为教育软件开发。

②　多媒体：两个或者多于两个的信息的载体（文本、声音、图形、图像和动画）组合构成了多媒体课件。

误区二：重模拟体验、轻真实体验。教学的重要手段之一是体验，从过程中得到情感、价值、道德以及获取知识的经验。明明是可以让学生动手操作、亲自试验完成的，结果却被课件的模拟演示所代替；明明是需要学生通过文本描述来实现自我想象、联想、体验与感悟的，却要被教师精心制作的多媒体画面同化到统一的认知与体验上去。这样的课堂又谈何彰显个性呢？

误区三：不顾教学需要，追求时髦。有的教师把界面搞得五彩缤纷，加入各式各样的动画、声音等，以吸引学生的学习兴趣，结果适得其反，学生全神贯注欣赏多媒体，忘记了听课，忽略了课堂中应掌握的知识。从而，课件成为一种点缀，甚至成为教师"心有余悸"、学生"乐此不疲"的累赘。

二、教师应正确认识多媒体课件

所谓多媒体课件是根据教学大纲的要求和教学的需要，经过严格的教学设计，并以多种媒体的表现方式和超文本结构制作而成的课程软件。那么，在实际教学工作中，教师应该如何正确认识多媒体课件呢？

首先，教师应该及时更新教育思想和教学观念。在新的教育技术环境中，在设计和使用多媒体课件时，应考虑和考查课件被引进原有教学系统后，是否使系统各要素的功能及相互关系发生了变化，使其相互作用后，产生了更好的效果，从而真正优化了教学过程。

其次，教师应该明确教学目标，注重课件与实践的统一性。一些教师对教学目标说起来清楚，做起来模糊，理论与实践两层皮。面对课件的具体设计与制作往往偷换概念，淡忘了我们的初衷和归宿。多媒体课件是为我们优化教学过程服务的，而教学质量的好坏，不仅有赖于媒体功能的选择，更有赖于媒体功能的如何使用。每一种媒体信息的采用及其方式、时机、数量都要有很强的目的性，实用性，不能游离于目标之外而滥用，做到目标明确，思路清晰，措施得当，效果明显。

因此，我们应在利用媒体特性优化教学效用上下工夫，在利用媒体特性强化学习效能上动脑筋，科学地运用学生有意注意和无意注意及其两者相互转换的心理规律，适时、适度地使用外部刺激。

三、多媒体课件的作用

多媒体课件作为一种先进的教学手段，以其直观性、灵活性、实时性、

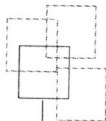

立体化的优势，越来越受到广大教师和学生的青睐。那么，多媒体课件的作用究竟有多大呢？

首先，多媒体课件通过语言的描绘，文字的表述，图像的演示，动画的模拟，音乐的渲染，提供了多重感官刺激。利用集成性①的功能，可以使学习资源以特别令人信服的方式呈现，把事物放大或缩小；把过程加快或减慢，实现了微观物质宏观形态的直观化；现象事物抽象概念的形象化，有效地解决了其他教学媒体解决不了或解决不好的教学问题，较好地实现了行为主义与认知主义两种学习理论的结合，即通过外部刺激促进学习者内部心理过程达到好的学习效果。

其次，多媒体课件是为学生知识的认知服务的。并非每节课都要用到多媒体课件，并非人人要用多媒体课件。只有让多媒体技术真正用到点子上，用到传统教育所不能、无力达到的地方，才能真正为教学所用，发挥体现它的价值，体现出优越性。再好的多媒体课件也不可能完全代替教师讲课，将两者配合好，教学过程才能流畅，才能达到事半功倍的目的。

但是，事物都具有两面性，多媒体课件的作用也是如此。在我们对其优势趋之若鹜委以泛用的同时，在其千姿百态、丰富多彩的功能的诱惑下，滋长了我们对其的滥用。原本用来集中学生注意的色与画成了分散注意的兴奋点；原本用来激发学生探究的光和声成了视听感觉的干扰源。

四、多媒体课件的使用

多媒体课件是一种先进的教学手段，应该用，但是要巧用。多媒体课件是手段，提高教学质量是目的，手段要为目的服务。那么，多媒体课件究竟应该怎样使用呢？

1. 找准时机。多媒体课件图文声像并茂，但只有找准时机使用，恰到好处，才能获得最佳效果；若不当使用，死搬硬套，则会画蛇添足，效果往往适得其反。比如在教授"色彩的冷暖对比"时，有的老师一开始就直接运用多媒体在屏幕上显示冷色和暖色，并告诉学生这就是冷色和暖色，展示出颜色的意义和特征。很显然，在这样的教学过程中多媒体的介入太早，直接让学生通过具体色彩认识冷暖对比，跳过了学生的具体感知阶段，不仅违反了学生的认知规律，还抑制了学生的思维扩展。因此，教师要结合教学内容，遵循学生认知规律，设计出周密的多媒体介入方案，找准时

---

① 集成性：把不同的媒体信息有机地同步，组合成一个完整的多媒体信息。

机，使多媒体技术用在刀刃上，才能取得理想的教学效果。

2. 适可而止。采用多媒体课件教学，通过声音、色彩、光线、形状的共同作用，能激发学生的学习兴趣，启迪学生思维，但应用时一定要适可而止，把握好"度"，防止供大于求，产生副作用。运用多媒体的声、形、色，虽然可以刺激学生的感官，使他们的思维处于兴奋状态，但如果刺激时间过长，也会分散学生的注意力。例如：有老师在教学"摄影的认识"时，从开始到结束，连新课的导入，都采用多媒体课件展示照片和音乐，使学生长时间处于想象摄影的悠闲外景和被刺激状态，造成学习松懈，降低了学习效果，失去了多媒体课件应有的价值。

3. 甄别选择。不同学科必须关注自己学科的性质和实现目标。如美术欣赏课是艺术设计专业教学内容的重要组成部分，美术欣赏的目的在美术专业教学中主要有两种：一是通过对美术作品的欣赏，了解美术发展的历史，掌握美术发展的规律；二是通过欣赏，启发学生的创造性思维，从而创作出优秀的作品。传统的欣赏课主要是通过教材上的图片或者幻灯片进行，由于模糊或操作的复杂性，往往效率并不高。采用多媒体课件，美术欣赏课的效果则大为改观。只要教师在课件中鼠标一点，某个画家的代表作及其生平介绍就会出现，不但可以窥见作品的全貌，还可以放大局部进行观察；不但可以全面地对作品进行浏览，还可以有选择地欣赏或将作品打印出来。学生在课堂中就能打破时间、空间、地域的限制，驰骋中外，跨越古今，漫步艺术长廊。

总之，多媒体课件在教学中的应用，不仅能加快教学进度，改善学习效果，更重要的还在于它能给学生以更新颖的刺激，从而激发其创造性思维的不断发展，有利于学生运用知识创新。但是，强调多媒体课件的作用并非否定传统教学，而恰恰要求在教学实践中注意两者结合，灵活运用，以不断提高教学的质量和效率。可以说，多媒体课件是把双刃剑，有它积极的一面，但也有消极的一面，关键是看如何运用。多媒体课件不是"万金油"，十全十美的，忽视了真正的教学需要，一门心思去搞多媒体，那是本末倒置，舍本求末，或者用多媒体课件来装饰门面，搞形式主义，这就违背了我们推广计算机辅助教学的初衷。

参考文献：

[1] 何克抗，李文光. 教育技术学 [M] . 北京：北京师范大学出版社，2002 (10) .

[2] 林福宗. 多媒体技术基础 [J]. 北京：清华大学出版社，2002 (9).

[3] 周朋红. 多媒体技术与应用 [J]. 北京：中国水利水电出版社，2005 (7).

禅道中的大积极——董云川教授做客东陆讲坛

2007 年 5 月 13 日晚 7:30，高等教育研究院博士生导师董云川教授在云南大学文津楼 B 报告厅以《进取策略——兼谈禅道中的生存智慧》为题，为全校师生做了一场讲座。

讲座在轻松的气氛下开始，董老师说："今天下雨了，以为不会有那么多人，可是看到那么多同学，真有些感动。其实，一个大学的学术氛围是需要大家共同来营造的。"接着他对讲座的论题进行了界定，即所谓"所言进取"并非俗谛所指——努力拼搏，奋发图强，而是一种心境之下的大积极，是道家和佛家所言的进取。接着董老师对佛家和道家中潜藏的进取策略进行了分析，并将之与儒家的进取策略进行了比较。董老师认为进取的前提是自在，也就是弄清楚你是谁；进取的路径是自然，他认为目前人们对于技巧太过于注重了，而往往忘记本质的真；而进取的关键是对过程的重视，因为过程是人生所有意义所在。进取的目的是为了获得自由，也就是庄子所说逍遥的境界，只有这样人生进取才是一个快乐的过程。在解读完禅道的进取策略之后，董老师又提出了自己的三点看法：第一，进取就是珍惜当下。"现在很多人把机会错过了，都会说还有下一次。其实，今天不积极的人是没有美好明天的。进取的最佳时刻就是现在，而非以后。活着的每一天都是特别的一天，对于成功永远没有下一次。"第二，进取要懂得享受过程。也就是说只有在过程中投入，而非只看重结果的人，才会对进取保持持续的兴趣。第三，进取时最好的智慧是碰到什么样的人都喜欢他，碰到什么事都珍惜他。"如莱特所说和我们在一起的人，比我们要抵达的目的地更重要。因为和你交往的人决定你人生的质量。"

讲座在轻松的氛围中进行，其间有幽默却又引人深思的小笑话，有充满人文关怀的情感故事，也有道家、佛家耐人寻味的哲学思辨。虽然所言是关于人生的大道理，可是却没有故作深沉的哀思，而是在不经意间给人以启迪。

（王　颖）

125

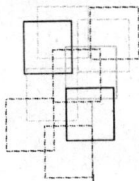

谈高职电子商务专业的课程设置

邓　平①

摘　要： 面对企业对电子商务人员的巨大需求，高等职业院校在近几年相继开设了电子商务专业。本文从高等职业院校电子商务专业就业岗位及培养目标和电子商务专业特点出发构建课程结构，设置课程时应注重知识的先进性、实用性和专业性，细化专业应用方向，充分考虑社会条件和学生特点。

关键词： 电子商务　课程设置

　　电子商务是运用计算机网络从事商品交换的经济活动的总称，是在整个贸易过程中实现各阶段贸易活动电子化。随着计算机网络技术的飞速发展，电子商务活动正在全球各行各业广泛开展并在未来几年内将改变传统商务的面貌，引发商务领域的革命，促进全球经济一体化进程。电子商务在我国迅速发展并成为引人注目的新型的行业，因此需要培养不同层次的大批电子商务人才。目前，许多本科层次的高等院校都设立了电子商务学系，发展电子商务高等教育，并取得了可喜成绩，电子商务教育在高等职业院校才刚刚起步，其电子商务教学体系正处于摸索与研究之中，本文就高职电子商务专业课程设置做一些探讨。高等职业院校电子商务课程设置是一个系统工程，课程设置要符合高职生素质的实际，体现电子商务专业特点，实现高等职业院校电子商务培养目标。

一、电子商务专业的特点

　　电子商务专业是 21 世纪进入电子时代的新学科。它是利用现代计算机技术和通信技术进行商务活动的综合性专业，它是计算机科学、市场营销

　　① 作者简介：邓平（1977—　　），男，云南爱因森软件职业学院网络工程师，研究领域为网络安全及电子商务。

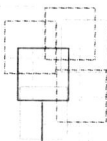

学、消费者行为学和心理学、金融学、管理信息系统、经济学、会计学、管理学和商业法律及道德规范的综合。

二、目前电子商务专业的就业岗位

据调查，目前电子商务人才分为技术型人才、商务型人才和综合管理型人才。

1. 技术类人才岗位方向：（1）电子商务平台设计（代表性岗位：网站策划/编辑人员）：主要从事电子商务平台规划、网络编程、电子商务平台安全设计等工作。（2）电子商务网站设计（代表性岗位：网站设计/开发人员）：主要从事电子商务网页设计、数据库建设、程序设计、站点管理与技术维护等工作。（3）电子商务平台美术设计（代表性岗位：网站美工人员）：主要从事平台颜色处理、文字处理、图像处理、视频处理等工作。

2. 商务类人才岗位方向：（1）企业网络营销业务（代表性岗位：网络营销人员）：主要是利用网站为企业开拓网上业务、网络品牌管理、客户服务等工作。（2）网上国际贸易（代表性岗位：外贸电子商务人员）：利用网络平台开发国际市场，进行国际贸易。（3）新型网络服务商的内容服务（代表性岗位：网站运营人员/主管）：频道规划、信息管理、频道推广、客户管理等。（4）电子商务支持系统的推广（代表性岗位：网站推广人员）：负责销售电子商务系统和提供电子商务支持服务、客户管理等。（5）电子商务创业：借助电子商务这个平台，利用虚拟市场提供产品和服务，又可以直接为虚拟市场提供服务。

3. 综合管理人才岗位方向：（1）电子商务平台综合管理（代表性岗位：电子商务项目经理）：这类人才要求既对计算机、网络和社会经济都有深刻的认识，而且又具备项目管理能力。（2）企业电子商务综合管理（代表性岗位：电子商务部门经理）：主要从事企业电子商务整体规划、建设、运营和管理等工作。

三、高职电子商务专业培养目标

据调查，目前一些电子商务的高职毕业生与用人单位的要求存在一定的差距，究其原因，与我们目前的电子商务专业课程设置有很大的关系。有的甚至是将我们的计算机专业课程与商务类专业的课程的堆砌。然而，电子商务专业人才知识的复合型，决不意味着是一堆现有技术和商务知识的随意组合。电子商务人才的复合型知识应该是一个有机的整体，应该具有一定的前瞻性，要在电子商务这种现代商务模式的基础上将其整合起来，充分认识到他们掌握的绝不只是用于应用或修补的工具，而是一种新的现代商务活动方式。因此，高职电子商务专业的培养目标应该是：培养德、智、体、美、劳全面发展，具备一定文化基础、电子商务专业基础知识和技能，适应互联网经济的快速发展，能满足电子商务相关行业实际工作要求的高等专业人员，为社会输送电子商务实用型高级技工。

四、电子商务课程设置要适应专业发展和社会需求

高职院校电子商务课程设置要分析当地经济发展状况，分析当地行业结构，依据院校电子商务软硬件，因地制宜开设课程，制定相应的课程结构。另一方面社会在前进，计算机软硬件技术日新月异，网络技术在发展，电子商务技术与应用在发展，社会对电子商务专业人才的需求不断提升，因此电子商务人才培养要适应专业前进的步伐，课程设置也要不断地更新，专业教师要不断学习新的专业技术，及时了解专业发展状况。决定课程的关键因素有四个：专业知识特点、社会要求、院校条件和学生特点。高等职业院校电子商务专业的课程设置要做到科学有效，同时也应该考虑电子商务专业特点、社会需求、院校条件以及学生的特点等几方面因素。设置课程应该注重知识的先进性和完整性，应及时取消一些陈旧的、没有实际应用价值的专业课程，同时增加一些新的、应用价值高的知识技术作为教学内容。在电子商务应用领域中，新知识、新技术出现的速度远远快于一般学科，因此对于电子商务专业的专业课程来说，这种更新的速度也要快于其他专业，更新速度慢就是一种落后。电子商务应用技术是一个结构体系，其中也包括基础理论、基本技能，应用技术也是以这些基本理论为基础的。因此，我们在选择新知识，开设专业课程时应该注意到知识的结构体系，保持课程体系的先进性和完整性。同样，电子商务专业教材也要不断更新。

明确高等职业院校电子商务培养目标，有目的地开展电子商务教学。高等职业院校电子商务教学是为社会输送电子商务实用型高级技工，因此课程设置要有针对性。对就业学生要了解当地社会电子商务行业需求，有针对性地加强技能训练，培养动手能力，课程设置中应有社会实践环节，院校与社会紧密结合，开展学生实地"商务"电子化活动。

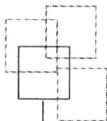

五、高职电子商务专业课程结构

鉴于目前电子商务专业学生的就业岗位和课程设置存在的一些问题，我们提出了一些改进性的课程设置。

1. 课程结构的总体框架。高职院校电子商务课程设置课时分布如下：（1）文化课与专业课课时比约为2:3。电子商务专业对文化素质要求较高，不可强调专业知识而忽视文化基础知识教学，高职生文化素养本来就不高，需继续文化基础教育，文化课要贯穿三年中的前三个学期，包括语文、英语、政治。另外还应当开设应用文写作、法律等课程。电子商务专业学生要求具有一定的写作能力和法律常识，如案例分析、商务文件撰写、电子支付等。（2）专业基础课、专业技术课、专业实习课课时比约为1.5:1.5:2.5。专业课程分为基础课和技术课，基础课是为技术课作铺垫的，而专业实习课则贯穿于前两者，课时的分布是根据高职生的能力设置的。高职生素质和接受能力不高，往往对理论学习缺乏兴趣，职业教育的任务是培养学生动手能力，如何把理论与实践有机地结合是职业教育成功的关键。加大认识性实习的比重，在首先获得感性认识的基础上进行理论讲授，以增强学生的学习兴趣，提高学习效率；加强教学实习环节，使阶段性实习形成的某种技能作为理论再学习的必要基础；在实习中注重理论指导，对学习中遇到的问题及时给予理论上的解释，以深化学生的知识和技能。只有摆脱理论课程与实习课程的单向铺垫式结构，促进二者全方位渗透，才能使理论课程与实习课程形成有益于提高教学质量的良好结构，在教学实践中充分发挥二者的协同性效应。突破传统教学模式，"基本理论——指导实践——理论总结"，变为"实践活动——理论升华——应用实践"。（3）课程设置分年级突出重点，1~3年级的教学重点依次为：文化与专业基础教学，专业技术理论教学，专业技能形成与熟练。电子商务岗位可以分为七大类，即计算机类、营销类、财务类、电子商务技术类、物流配送类、电子支付类和电子政务类。高职院校可根据自身的条件在专业技能方面加强培养。（4）教学中要突出"商务"活动，电子商务教学专业涉及两大基础专业，一是计算机应用及网络，二是财会经济，电子商务绝不是两者的简单相加，而是在两大专业基础上突出"商务"活动教学，因此，商务教学要突出加强。如网络营销、电子商务案例分析、商务模拟实习等，其课时安排应充足。

2. 专业课程结构设置层次。专业教学分为两个方面，一是理论教学，二是实践教学。在理论教学方面，职业中学电子商务专业课程涉及文化基础、电子商务专业的理论知识和专业技术教学。电子商务课程设置要注意层次，文化基础课一般安排在前一年，而电子商务基础课应在专业技术课之前。电子商务基础课包括计算机应用基础、计算机工具软件、基础会计、经济学、计算机数据库基础等。专业课程可分为两类，即技术类课程和商务类课程。技术类课程包括网络技术应用、网页制作技术、数据库及应用、电子商务网站建设等，这一类课程设置可按此顺序。而商务类课程包括电子商务概论、电子商务案例分析、网络营销、物流与配送等。另一方面在实践教学环节上也要注意层次，对于计算机知识而言，计算机操作基础、计算机网络、网页制作、网络营销、物流配送等课程要逐级深入，同样对财会而言，先财会基础、再商务交流到电子支付也是如此。在课程设置中不能只注重专业技术而忽视基础知识，学生没有基础知识就不可能有发展空间，一些计算机、财会的基础理论课程是学生进一步学习专业课的基础，它在培养学生的专业学习能力方面有着十分重要的作用，试图开设一些时髦好听的课程去吸引学生是一种不负责任的做法。

国际竞争的日趋激烈，要求职业教育在层次上及其人才素质标准和培养目标上作出相应的调整，以适应经济社会发展的需要。我们应坚持以就业为导向，以全面素质为基础，以能力为本位，加强专业建设优化课程结构，为社会提供具备良好的职业道德、较强的职业能力、高素质的劳动者。

参考文献：

　　[1] 教育部职业教育与成人教育司．职业教育学与课程改革研究分卷 [M]．北京：高等教育出版社，2002．

　　[2] 教育部职业教育与成人教育司．教育综合改革研究分卷 [M]．北京：高等教育出版社，2002．

　　[3] 赵洁．电子商务课程体系及教材建设初探 [J]．中国职业技术教育，2000 (12)．

边疆民族地区高校大学生自信心状况调查研究

——以思茅师专为例

李国华①

摘 要：本文采用自编问卷，对思茅师专的 300 名大学生进行问卷调查，以考察边疆民族地区大学生的自信状况。研究表明：（1）随着年级升高，大学生自信心水平呈上升趋势；（2）男女大学生自信心状况无显著差异，但在不同专业间表现显著；（3）是否独生子女学生、不同家庭来源对大学生自信心状况有显著影响；（4）母亲的受教育程度与子女的学业自信心呈高度相关关系。

关键词：边疆民族地区高校 大学生 自信心

（一）引 言

自信是一个具有复杂层次结构的心理构成物，是个体对自己的积极肯定和确认程度，是对自身能力、价值等作出客观、正向认知与评价的一种稳定的性格特征，它与其他人格系统是密切联系、相互作用的②。自信作为一种重要的人格特质，对心理健康与人格的健全有着极大的影响。大学生是接受高等教育的群体，是我国社会主义现代化建设的新生中坚力量，是我国社会文明发展的推动者，自信的个体差异不同程度地影响着大学生在生活、学习、就业等多种领域内个体的心理和行为，决定了学生的整个精神面貌，所以对大学生的自信研究显得尤为必要。

国外关于自信的研究至今尚未形成专门领域，关于自信的以往研究较为零散；国内关于自信的研究非常欠缺，无论是理论还是实证研究均较少③。有研究表明，不同类型高校的学生自信总体上没有显著差异，成绩不

---

① 作者简介：李国华（1978— ），男，云南大学高等教育研究院 2005 级研究生。

② 车丽萍. 自信的概念、心理机制与功能研究［J］. 西南师范大学学报（人文社会科学版），2002（2）.

③ 车丽萍. 大学生自信发展特点的研究［J］. 心理科学，2003（4）.

好、所在学校社会声誉不高并不影响学生的总体自信心①。另外还有研究发现，城市学生与农村学生自信程度总体差异无显著性，不同专业的大学生自信程度差异存在非常显著性②。与此相关的研究还指出，有46.8%的学生认为自己缺乏自信③。当笔者就高职高专在校大学生的自信心状况咨询有关学校领导和专家时，大多数人都认为此类学校学生的自信心程度是很低的。

基于对上述问题的疑问，笔者拟对边疆民族地区高校的大学生自信心状况进行调查研究，研究基于以下考虑：（1）通过问卷调查与访谈，了解边疆民族地区高校大学生在性别、年级、是否独生子女、不同家庭来源等维度上是否存在差异，以便有针对性地对学生进行教育，帮助学生调整心态，适应大学生活；（2）了解不同专业大学生的自信心状况以及优势专业与非优势专业大学生自信心状况的差别，从学生角度探讨学校特色办学的可行性与必要性；（3）以实证调查为基础，探讨家长受教育程度的高低与大学生自信心状况之间的关系，为寻求学生成长的多种途径提供实际佐证。总之，本研究可以达到两个目的：理论上，补充、完善目前国内还不是很成熟的自信心研究；实践上，可以对边疆民族地区高校大学生适应能力的提高和人才培养提供相关依据。

本文选取地处云南边陲的思茅师专为个案。思茅师专位于普洱市思茅区，普洱市地处云南省西南部，是拥有9个民族自治县的少数民族地区，聚居着汉、哈尼、彝、拉祜、佤、傣等14个世居民族，少数民族人口占总人口的60%。思茅师专创办于1978年，截止到2005—2006学年初，全校共有全日制在校生3 119人，教师180人。从教育生态学角度看，在全国两千多所高校中，思茅师专处于教育生态锥体的底部，在激烈的竞争中面临着种种困难，于夹缝中求生存、谋发展。探讨生活在拥有资源不够丰富的边疆民族地区高校的大学生们自信心状况，是本文特色与创新之所在。

（二）对象与方法

1. 被试。问卷调查：选取地处云南边疆民族地区的思茅师专为对象，采用配额抽样方法，按照年级、专业、性别等特征抽取三个年级的学生为被试，发放问卷300份，回收有效问卷282份，其中男生144人，女生138

① 何源. 普通高校与独立学院大学生自信现状比较研究 [J]. 南京邮电学院学报（社会科学版），2005（12）.
② 何源，徐济达等. 南京市部分大学生自信现状研究 [J]. 中国学校卫生，2004（10）.
③ 梁筱梅. 高职大学生自信状态的调查分析 [J]. 教书育人，2005（9）.

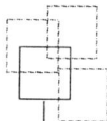

人；城镇学生 52 人，农村学生 230 人；文科学生 118 人，理科学生 131 人，艺术专业学生 33 人。

质性访谈：选取思茅师专三个年级的大学生共 13 名学生为对象，其中男生 6 人，女生 7 人。

2. 问卷的编制。《边疆民族地区高校大学生自信心状况调查问卷》由本研究根据《个人评价问卷》（Personal Evaluation Inventory，PEI）、《大学生心理健康调查问卷》（University Personality Inventory，UPI）与何源编制的《大学生自信现状调查问卷》① 自行编制，正式量表分为"对自我的认识"和"个人信息"两部分。第一部分是由"整体自信"、"学业自信"、"社交自信"、"身体自信"四个维度构成；"整体自信"包含"综合确认"、"整体肯定"、"自我否定"三个子维度；"学业自信"包含"动手能力"和"专业学习"两个子维度；"社交自信"包含"同学、他人"和"家人、老师"两个子维度；"身体自信"包含"体育运动"、"健康素质"、"动作身体"和"长相身高"四个子维度。问卷采用五级计分制，分别表示该项目与自身的符合情况，即非常同意、同意、无法确定、不同意、非常不同意。第二部分的个人信息由性别、家庭来源、是否独生子女、年级、专业、父亲文化程度、母亲文化程度构成。经检验，问卷信效度较好，问卷系数为 0.8407。

3. 问卷回收后，对问卷调查所获数据采用 SPSS11.5 进行数据统计分析。

（三）结果分析

1. 不同性别大学生自信心状况比较。以性别为自变量对数据进行两个独立样本 t 检验，分析结果如表 1 所示，可以看出男女大学生在"动手能力"方面存在非常显著差异（$P < 0.001$），男生得分明显高于女生（男生得分为 7.61 ± 1.380，女生得分为 7 ± 1.256）；在"体育运动"方面存在显著差异（$P < 0.05$），男生得分也高于女生（男生得分为 7.60 ± 1.711，女生得分为 7.17 ± 1.962）；在"整体自信"上，男女生自信心状况无显著性差异（$P = 0.536$），在其余 9 个因素上也不存在显著性差异。

———————————————————

① 何源，徐济达等．南京市部分大学生自信现状研究［J］．中国学校卫生，2004（10）．

表1　边疆民族地区高校不同性别大学生自信心状况 t 检验

	综合确认	整体肯定	自我否定	动手能力	专业学习	同学他人	家人老师	体育运动	健康素质	动作身体	长相身高
t 值	0.935	1.368	-0.607	3.885	1.049	0.465	-1.513	1.998	0.044	-0.665	1.118
P 值	0.322	0.172	0.545	0.000	0.295	0.643	0.131	0.047	0.965	0.507	0.265

　　由此可以看出，除了因为男女体质方面的差别导致的动手能力和体育运动方面的自信有差别外，思茅师专不同性别大学生的自信心状况在其他方面没有显著性差异。"思茅地区各世居少数民族……在家庭生活中，男女平等，反对重男轻女，极少有男尊女卑的大男子主义思想。"① 在整个社会还处于传统的"男强女弱"思想主导的今天，导致边疆民族地区高校男女大学生自信心无根本差异的原因，可能是因为民族地区民族习惯和文化传统的多样性之使然。

　　2. 不同专业大学生自信心状况比较。从表2中可以看出，不同专业的大学生在专业学习、对自己的综合确认方面自信心状况存在显著性差异（P＜0.05），特别是在对自己学业的自信方面存在非常显著性差异（P＜0.01）。同时可以看出，艺术专业的大学生在动手能力、专业学习、与同学及社会上人员交往、对自己的综合确认以及学业自信方面的自信心得分明显高于文科生和理科生；理科学生在体育运动方面的自信心得分明显高于文科生，文科生的得分高于艺术专业的学生。

表2　边疆民族地区高校不同专业大学生自信心状况 F 检验

专业		综合确认	动手能力	专业学习	同学他人	体育运动	学业自信
$\pm$S	文科	8.04±1.619	7.32±1.307	6.64±1.381	7.47±1.495	7.23±1.937	13.97±2.364
	理科	8.43±1.170	7.18±1.389	6.51±1.432	7.50±1.501	7.66±1.727	13.69±2.383
	艺术	8.61±1.248	7.82±1.286	7.33±1.362	8.15±1.302	6.91±1.877	15.15±2.123
F 值		3.393	3.021	4.542	2.980	2.971	5.135
P 值		0.035	0.050	0.011	0.052	0.053	0.006

① 杜巍主编．思茅民族文化研究［C］．昆明：云南大学出版社，2006：173.

考察学校的办学实际情况，思茅师专的文科与理科都是传统专业，教学方式、所用教材都与其他大学无异，而办学的条件却明显不如其他本科院校，更无法和高水平大学相比。而艺术专业属于新办专业，虽然办学的历史不长，却依托当地的地理和资源优势，走出了一条特色办学的路子，特别是在绝版木刻和民族音乐的发掘方面，在国内乃至国际上都产生了一定的影响，这些专业的学生就能从学校和社会等渠道体验到自己价值的存在。专业办学的效果与学生对专业前途的展望是艺术专业的学生自信心状况好于文理科学生的重要原因。这说明，走特色办学之路不仅是边疆民族地区高校的生存和发展之路，也是提高学生自信心、增强学生认可的必由之路。

研究表明，艺术专业的学生要花大量的时间去锻炼自己在专业方面的基本功，因而花在体育运动上的时间相对较少，从而导致了在运动与身体方面的不自信。学校在创造条件让学生学好专业的同时，也应积极鼓励他们参加体育运动，精湛的专业技能只有配备上健康的身体才能持久地发挥出作用。

3. 是否独生子女以及不同家庭来源对学生自信心状况的影响。对独生子女与非独生子女的自信心状况进行 t 检验，得到如表 3 所示的结果，独生子女与非独生子女在"专业学习"方面存在显著性差异（P < 0.05），在"动作身体"方面存在显著性差异（P < 0.01），同时，独生子女在"综合确认"、"专业学习"、"动作身体"三个维度的自信心明显高于非独生子女（独生子女得分分别是 8.73 ± 1.120、7.23 ± 1.232、8.50 ± 1.596；非独生子女的得分分别是 8.25 ± 1.413、6.62 ± 1.427、7.54 ± 1.659）。独生子女与非独生子女在"整体自信"上无显著性差异（P = 0.310），其余 8 个因素都不存在显著性差异。

表3　边疆民族地区高校独生子女与非独生子女学生自信心状况 t 检验

	综合确认	整体肯定	自我否定	动手能力	专业学习	同学他人	家人老师	体育运动	健康素质	动作身体	长相身高
t 值	1.867	0.619	0.415	1.007	2.208	0.238	-0.268	-0.310	0.299	2.618	0.988
P 值	0.072	0.536	0.678	0.315	0.036	0.812	0.789	0.757	0.765	0.009	0.324

对不同家庭来源的学生自信心状况进行分析可以看出，城镇与农村的学生在对自己自信心的"综合确定"上存在显著性差异（P < 0.05），且城

135

镇学生在这方面的自信心得分明显高于农村学生（前者得分为 8.62 ±
1.157，后者得分为 8.21 ±1.437）。而在学业、社交以及身体的自信心方面
无显著性差异。

表4 边疆民族地区高校不同家庭来源大学生自信心状况 t 检验

	综合确认	整体肯定	自我否定	动手能力	专业学习	同学他人	家人老师	体育运动	健康素质	动作身体	长相身高
t 值	2.195	0.925	-0.413	0.541	1.029	-0.136	-0.390	-0.474	0.593	1.482	0.351
P 值	0.034	0.356	0.680	0.589	0.304	0.892	0.697	0.636	0.554	0.139	0.726

独生子女大多来源于城镇家庭，因为只有一个孩子，独生子女家庭把
全部的关爱都放在孩子身上。同时，中国社会目前依然是城乡二元结构，
城镇学生的家庭条件和受教育环境一般要好于来自农村的学生，更要好于
边疆民族地区大山里面走出来的学生。结合表3和表4的结果，我们可以得
知，学生从家长那里获得更多的关注和成长的环境对大学生自信心的形成
很重要，要培养学生的自信，须把家庭教育和学校教育结合起来，同时，
学校对那些从偏远山区里走出来的大学生应该给予更多的关注。

4. 父母亲的受教育程度对子女自信心状况的影响。将父母亲受教育程
度与大学生整体自信、学业自信、社交自信、身体自信进行相关分析，结
果如表5所示。由表5可以看出，父亲受教育程度与子女自信心状况不存在
相关关系，母亲的受教育程度与大学生学业自信心状况呈现出相关关系
［显著度水平 Sig. (2 - tailed) 小于0.05］。这说明，母亲的受教育程度越
高，子女在学业方面的自信也越高，反之亦然。

表5 父母亲受教育程度与大学生自信心状况相关分析

		整体自信	学业自信	社交自信	身体自信
父亲文化	Pearson 系数	0.034	0.089	-0.036	-0.005
	Sig. (2 - tailed)	0.571	0.138	0.547	0.932
母亲文化	Pearson 系数	0.004	0.128 (*)	0.020	-0.004
	Sig. (2 - tailed)	0.945	0.032	0.739	0.943

* Correlation is significant at the 0.05 level (2 - tailed) .

这与多项研究结果一样，早在二百多年前，德国教育家福禄倍尔说过：

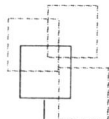

"国民的命运，与其说是操在掌权者手中，倒不如说是握在母亲的手中"，"推动摇篮之手，正是推动世界之手"。在重男轻女持续存在、女童辍学率偏高的今天，我们所强调的教育都是"显教育"，对于母亲给予的潜移默化的"潜教育"却关注甚少。母爱是人类社会教育的第一动力，是孩子的第一任教师，今天的女童就是未来的母亲，她们受教育程度的高低直接影响到她们下一代的孩子，而那些孩子正是国家未来发展的希望所在。建议政府从为国家未来培养人才的高度，关注女童成长，在女性教育方面加大资金投入。

5. 不同年级大学生自信心状况分析。在前期问卷调查的基础上，本研究设计好访谈提纲，在思茅师专在校大学生中进行了质性访谈，访谈对象分别来源于文科、理科、艺术三个大专业的 13 名学生，其中大一学生 5 名，大二学生 3 名，大三学生 5 名。

整体上看来，13 名学生在进校之初都感觉有失落感，首先是因为没有考上自己理想中的学校，把考入思茅师专看做是高考的失败；其次是因为进入师专的初期，感觉校园面积不大，"甚至比不上高中时的校园大"，住宿条件较差，"一间宿舍最多要住 10 个人"，加上刚从紧张的高中生活中走出来，对个人支配时间多一些的大学生活还不是很适应，有 8 个同学在描述大一生活时用到了"烦"、"无聊"、"不知道做什么好"等词语。当问到"你认为目前的你是一个自信的人还是不自信的人"时，大一学生中有 3 人回答"不自信"。大二的学生整体而言已经适应了学校的环境，认为"既来之，则安之"，"到哪里都是学习"，认为"近两年学习改变了自己"，但"很担心自己毕业时找不到工作"。大三的学生处于毕业离校只有十多天的特殊时期，访谈的 5 位学生中，除了一位同学考取专升本外，其余四人均未找到工作，但 5 位学生都认为三年来"学到了做人处事的本领"，"各方面的能力有所提高"，都相信自己会有美好的将来，并且都看好学校的发展形势。问到"三年来使自己发生改变的因素有哪些"时，他们基本上都提到了"有一些优秀的、认真负责的教师"、"丰富多彩的校园文化活动使自己得到了锻炼"、"社会实践提高了我的能力"等。特别是美术系的学生，他们为自己能接触到绝版木刻、师从名师学习绝版木刻而感到骄傲和自豪。

从访谈的结果可以看出，大一学生因为高考的失利、校园环境和设施不如意而有失落感；大二学生基本上走出了大一时消极的阴影，逐渐适应了大学的生活，调整了学习生活态度；大三的学生心态良好、态度积极，即使在毕业时遇到就业不顺利的情况，也相信自己凭借学到的知识可以找

137

到满意的工作。整体看来，大三的毕业生自信心状况高于大二学生，大二学生又高于大一学生。究其原因，可以归纳为以下几点：首先，入学教育效果显著，不仅打消了学生的消极想法，也赢得了学生对学校的认同；其次，校园面积虽小，但环境建设很好，校园文化活动丰富，使学生在活动中得到锻炼，提高了能力；再次，"为学生服务"的理念深入人心，教师能以身为范，师生关系融洽，专业学习使学生习得了知识，建构起了对专业的感情。

（四）结 论

1. 边疆民族地区高校男女大学生自信心状况无根本差异，可能是因为民族地区民族习惯和文化传统的多样性之使然。

2. 在有些维度上，不同专业的大学生存在显著差异，艺术专业的大学生得分明显高于文科和理科大学生。说明依托当地的地理和资源优势，走特色办学的路子，不仅是边疆民族地区高校的生存和发展之路，也是提高学生自信心、增强学生认可的必由之路。

3. 独生子女学生整体自信心状况高于非独生子女学生，来源于城镇家庭的学生整体自信心状况高于来自农村的学生。这说明，学生的成长环境对大学生自信心的形成很重要，要培养学生的自信，须把家庭教育和学校教育结合起来，同时，学校对那些从偏远山区里走出来的大学生应该给予更多的关注。

4. 母亲的受教育程度与子女的学业自信心存在高度相关，说明人们应该从长远的角度来考虑问题，关注女童成长，政府应为女性教育投入更多的资金。

5. 本研究虽然部分达到研究目的，但还存在一些不足，如对单所学校的实证调查不足以代表边疆民族地区的整体状况；调查研究仅得出了一所学校的学生自信心状况，没有数据参照，很难断定学生整体自信心状况的高低；对影响边疆民族地区高校大学生自信心状况的深层次原因有待深入探讨。因此，本研究还可从以下方面进行探讨：第一，在不同的学校进行问卷调查，扩大样本容量，比较分析同类学校、不同类型学校、不同层次学校大学生自信心状况；第二，对影响边疆民族地区大学生自信心状况的民族文化、民族习惯进行深入了解，从民族学、人类学、社会学的角度探讨影响学生自信心状况的因素。

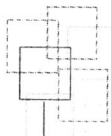

参考文献：

［1］何源，徐济达等．南京市部分大学生自信现状研究［J］．中国学校卫生，2004．

［2］何源．普通高校与独立学院大学生自信现状比较研究［J］．南京邮电学院学报（社会科学版），2005．

［3］杜魏主编．思茅民族文化研究［C］．昆明：云南大学出版社，2006．

［4］Lirgg CD, Feltz DL. Female self – confidence in sport: Myths, realities and enhancement strategies. J of Physic Edu, Recr, and Danc, 1989, 3: 4~54.

＊＊＊＊＊＊＊＊＊＊＊＊＊＊＊＊＊＊＊＊＊＊＊＊＊＊＊＊＊＊＊＊
＊　　学生对教师的态度发生重大影响的，不仅是教师的深刻的知识及＊
＊　其教书的能力，还有他的意志及性格的质量，他的全部行为的质量。＊
＊　　　　　　　　　　　　　　　　　　　　　　　　　　　　　　＊
＊　　　　　　　　　　　　　　　　　　　　　——彼得洛夫　　　　＊
＊＊＊＊＊＊＊＊＊＊＊＊＊＊＊＊＊＊＊＊＊＊＊＊＊＊＊＊＊＊＊＊

贫困大学生界定与高校助贫工作新探

——以西南林学院为例

刘沧山　赵　昊①

摘　要：以西南林学院为例，从贫困大学生资助工作存在的问题出发，采用学生民主互评为主界定贫困大学生的方法，并实施针对性的措施帮助贫困大学生，使助贫工作机制具有科学性、准确性、高效性和可行性的特点，有一定的借鉴意义。

关键词：大学贫困生界定　贫困生资助　配套措施

学生资助制度有利于贫困学生获得同等的入学机会，降低贫困学生的辍学率，有利于贫困学生形成健康的心理和积极的人生态度和公平竞争。解决好贫困大学生的经济困难是我国政府的责任，而资助贫困生的工作的具体开展在于高校，它直接关系着我国高等教育事业的持续、健康发展和学校乃至社会的稳定，关系到高等教育收费制度改革的发展，直接关系到广大公民机会均等地接受高等教育的权利。目前，贫困大学生助学金来源主要有国家助学金、省政府助学金、社会组织和个人捐助的资金以及学校上年实际学费收入的 10%。

一、高校贫困生资助工作存在的问题

为解决贫困大学生入学困难问题、帮助贫困生顺利完成学业，国家实施高校贫困家庭学生资助政策。积极贯彻执行国家政策，从解决贫困生的实际问题出发，以国家助学贷款为主的包括"奖、贷、助、补、减"在内的贫困生资助体系和"绿色通道"在各地高校逐步建立起来，也取得了显著成效。但是，高校贫困生资助工作还面临着以下一些困难。

---

①　作者简介：刘沧山（1960—　），男，西南林学院党委副书记、副研究员，主要研究方向为教育学、教育政策与管理；赵昊（1983—　），男，云南师范大学高等教育科学研究所 2005 级硕士研究生，主要研究方向为高等教育经济与管理。

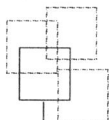

（一）"贫困大学生"难以准确界定

贫困生判定的计量标准难以确定。在贫困大学生资助工作中，如何界定贫困生在全国不可能有统一的标准，各校，甚至是各专业之间也难以做到统一。只有弄清单位时间内学生家庭的收入及平均生活费用，再比照学校所在地的居民平均消费水平，才能确认学生贫困与否和贫困的程度①。由于资助是无偿性的，学生争夺激烈。贫困生判定的计量标准不清导致或多或少存在一些不太合理的情况，要么是失之公平，要么绝对平均化。

贫困生依据真实性越来越值得怀疑，越是家庭背景优越的学生越容易得到贫困证明，贫困大学生里甚至出现了冒牌货，真正的贫困生没有得到资助，而冒牌贫困生却凭着证明领到"补助"。李慧勤的调查研究指出，对于经济困难学生资格认定的公平、公开和公正程度，问卷中学生有以下三种回答：认为"是"者占27.2%，"否"者占32.5%，"不知道"者占40.3%。2004年新学期开学注册时已经出现较往年多的"经济困难学生"的不实现象，甚至有学生戏称"绿色通道"为"逃费通道"②。另外，有的贫困大学生出于强烈的自尊，不愿让人知道自己贫困的事实，忍耐和煎熬地继续学业，如果事实被公开，即便受到资助的他们也会拒绝，从而使一些该资助的贫困生没有得到资助。有的学生则认为"不要白不要"，夸大贫困程度，使不该资助的学生得到资助。不贫困的学生"装贫困"、"要贫困"、"争贫困"的现象与贫困生"装富裕"、"摆阔气"、"拒绝资助"的现象形成鲜明对比。有人曾这样说："从表面上看，那些假贫困生比真贫困生还要贫困"，并呼吁"贫困生资助也要打假"！这种种情况，严重地破坏了教育公平，产生了极其恶劣的影响。所以贫困大学生的准确界定关系着高等教育入学机会的均等，高等教育过程的公平。

（二）贫困大学生资助工作缺乏配套机制

贫困大学生思想状况复杂，对贫困大学生的教育和关注缺乏。首先，由于父母之间的职业、地位、身份、收入方面的差异以及学杂费、生活费、不良舆论和自身意志力的影响，在高等教育的每一个阶段都有可能因难以承受而成为失败者。同时，父母和家人为了供其上学、节衣缩食、生活窘迫等情况极容易给大学生造成巨大的心理负担，进而影响大学生的心理和

---

① 贾克水，马景伟. 资助贫困大学生工作的问题与对策［J］. 山西财经大学学报（高等教育版），2004（7）：55.

② 李慧勤. 高校经济困难学生资助政策实证研究［J］. 经济参考研究，2005（58）：37.

人格，出现自卑、孤独、离群等现象。其次，贫困大学生与一般同学相比，在英语、计算机等文化基础方面存在不足，在社会交往方面缺少锻炼，在知识面和视野方面也有局限，学校没有能够在这些方面给予贫困大学生有针对性、时效性的帮助和关心。最后，困难补助和减免学费，社会资助有强化依赖心理的负面影响①，导致有些贫困大学生等、靠、要，不努力学习，放纵自己，没有把他救和自救很好地结合起来。贫困生在得到资助以后，缺乏政策合力，没有建立相关的监督措施、管理制度来保障贫困生健康成长和积极学习，没有达到让贫困生完成学业的初衷；很多贫困大学生难以还清贷款，给学校正常运行造成巨大压力，造成恶劣的社会影响，出现大学生社会诚信危机。

二、西南林学院助贫工作机制

（一）界定贫困大学生：学生自评，民主投票

西南林学院按照教育部的规定，实行"绿色通道"制度，即让经济困难的新生一律先办理入学手续，然后再根据核实后的情况，分别采取不同办法予以资助。学院采取学生自评，民主投票的方法界定贫困生。在新生入学两个月后先由学生"毛遂自荐"，由本人提出书面申请，提供相关证明，然后学生自己互评（学生根据申请者平时的生活水平、消费状况进行评议，而且在入学两个月后评议，半年再复评）、民主投票，最后经院系领导审核确定贫困生及其贫困程度。在入学两个月后评审可以让同学有一个相互了解的过程，朝夕相处以后学生心里知道班上哪位同学最贫困，贫困程度是多少，这样更容易选出最应该得到补助的贫困生。再加上民主投票，可以震慑想弄虚作假的学生，使其顾忌同学的评价而不敢"作弊"；如果真正的贫困生获得了助学金，他们将对同学、班级、学校有一种感激之情，整个过程对所有同学都是一种积极向上的教育。名单确定以后，进行公示，半年复评一次，保证贫困生界定无误，并对其贫困程度作出相应的界定，给予全校5%的特困生每月300元的补助，给予10%的贫困生每月180元的补助，给予20%的一般贫困生每月100元的补助。学生互评使学生有知情权、参与权，操作透明、公平、公正，同时还可以扼制作假现象，保证和鼓励真正的贫困大学生努力学习。

① 吴庆. 中国城市贫困大学生救助政策研究 [J]. 中国青年政治学院学报，2004（3）：32.

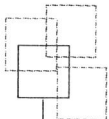

（二）制度保障：高校助贫工作的配套措施

1. 从心理上和精神上重视，加强贫困生教育管理。西南林学院十分关注贫困生的发展，定期开展贫困大学生思想政治教育，再结合个别辅导。工作开展的出发点都要考虑到是否符合贫困大学生发展的特点，在救助方式上是否能够促进贫困大学生健康成长；大学生处在生理、心理的全面发展期，有着很强的受尊重的个性，追求平等、追求知识的需要。救助政策应该能够满足而不是阻碍这些发展。针对贫困生产生的原因及其特点，深入细致地做好贫困生的思想和心理教育工作，把握他们的思想和心理变化情况，帮助他们正视贫困，克服自卑心理，杜绝经费依赖，并把贫困转化成学习动力，培养自立自强精神。学校进一步重视和关心贫困生的学习和生活，为基础相对薄弱的贫困生创造更为有利的学习环境。学校还采取多种方式，加强对学生的诚信教育，加强相关信息系统化建设，逐步建立学生信用档案管理制度，积极、主动配合经办银行加强贷后管理，努力降低本校毕业借款学生的贷款违约率，降低国家助学贷款风险。

2. 奖学金、助学金分开评审，并可同时得到奖学金和助学金。有调查显示贫困大学生不容易获得奖学金。由于学习基础的问题，他们在最后获得资助时呈现出弱势，特别是对于那些来自教育基础落后地区的同学尤为明显。同时，有些高校的国家奖学金常常只能是困难大学生得，优秀学生心理不平衡[1]，而且很多高校为了缓解矛盾，便采用"先来后到、轮流享受"，"去高留低、平均享受"的方式评奖学金，所以得到贫困补助的优秀大学生很难再得到奖学金。而西南林学院完全把奖学金和助学金分开，并可同时得到。学业成绩优异的贫困生不仅能得到助学金，还可以得到奖学金；成绩优秀的非贫困生也能顺理成章地拿到奖学金。不管是对贫困生还是对全校学生，这项配套措施极大地提高了他们学习和课外活动的积极性，为良性竞争创造了条件，学校学习风气大有改观。同时，理顺了学生关系、缓解了学生矛盾，为建设和谐校园打下了坚实基础。

3. 被资助贫困生义务工作。根据实际情况，西南林学院出台了"西南林学院勤工助学志愿服务岗位管理办法"。不同于勤工助学岗位的是，西南林学院的被资助贫困生要为学校做一些简单的义务工作，利用每周课余时间，参加半天到一天的勤工助学志愿服务，如校园绿化美化，校园保洁、治安执勤、图书资料协管等。原则上，特困生和较为贫困生由学校统一安

① 吴庆. 中国城市贫困大学生救助政策研究［J］，中国青年政治学院学报，2004（3）：36.

排，一般贫困生由各院系部安排。对被资助的义务工作学生奖勤罚懒：虽是义务劳动，但是每月全勤出席、服从安排的奖励30元～20元；对不服从管理，无故缺席的一次警告、二次批评教育、三次扣发当月贫困补助、再次无故不参加者直接取消被资助资格。这样再结合对贫困大学生的教育，使贫困大学生在学习之余能够锻炼沟通能力和社会实践能力，培养了他们的社会责任感，又为学校作出了贡献，节省了一定的人力和财力。

4. 特殊困难学生减免学费。根据出台的"西南林学院特殊困难学生学费减免实施办法"，对烈士子女、父母双亡的孤儿免除100%的学费；对优抚家庭（革命伤残军人）子女，老、少、边、穷地区家庭经济特别困难学生，特少民族减免50%的学费；对家庭经济困难的残疾人及残疾学生，减免30%～50%的学费；其他特殊情况学生，根据国家相关政策，视具体情况处理。对被资助的特困学生进行监督抽查，严惩弄虚作假者，并须全额补交被减免费用。在校园内创造一种团结互助，关心、关爱的环境，发起学生助贫活动，让特困学生感受到师生和学校的温暖，这本身就是对学生的一种教育。

5. 所欠学费转为校内贷款，不影响贫困毕业生找工作。很多高校在毕业生交清所有学费后，才发予学位证。而西南林学院以学生为本，充分相信学生，将所欠学费直接转为校内贷款，让贫困毕业生拿到学位证顺利毕业，从而不影响学生就业。其具体做法是：给当年毕业生总数的1%的学生发放校内无息贷款，贷款额度限制在毕业生个人四年总学费的30%以内，贷款直接缴纳所欠学费，最长期限5年。学生经济困难、学业表现良好者提出申请，由院系领导审批，最后与学校签订贷款合同。贫困毕业生校内贷款不是每个毕业生都能申请的，只有交了大部分学费的学生才能申请成功。不仅保证了毕业生按时毕业，顺利拿到毕业证和学位证，不影响他们找工作，又能在一定期限内偿还学校贷款，提高了还贷率，还督促学生尽力在毕业前交清大部分学费，使学校资金周转更灵活。

三、西南林学院助贫工作机制的意义和价值

西南林学院助贫工作机制效果显著，而且还在继续摸索之中，它有着科学性、准确性、高效性和可行性的特点，具有一定的推广价值和借鉴意义。

对贫困学生个体而言，西南林学院助贫工作机制使真正应该得到资助的学生获得了补助，让他们享有了更充分的均等的入学机会，是学校、社

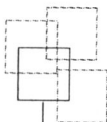

会、国家给予学生的一种希望，保证他们更加努力地完成学业；义务工作不仅培养了学生社会服务观念和社会责任心，还锻炼了学生的社会适应能力，培育了学生的公民良心，更让学生学会感谢，学会回报，是大学生素质教育方式的一种拓展。

对高等学校而言，西南林学院助贫工作机制形成了完整、科学、有效的救助体系，对不同贫困程度学生的不同救助政策，有利于整个贫困大学生群体的成长、成才和全面发展，是对学生的一种诚信教育，杜绝了不良风气，创造了良好的校园环境，增强了学生还贷意愿和效率，提高了学校经费的运转能力，是学校正常运行的保障机制之一，提高了学生学习积极性，在校内创造了一种民主、公平、公正、公开的气氛，是贫困生界定的一种有益探索，为其他高校的助贫工作提供了可借鉴的范本。

对整个社会而言，西南林学院助贫工作机制对贫困生的准确界定使不同阶层家庭的子女有了相互了解的机会，为学校提供了多元文化交流的平台，它还是贫困生参与高等教育的重要保证，使普通劳动人民子女有一个向上流动的机会，是教育公平的理念延伸和实践探索。西南林学院助贫工作机制很好地体现了社会主义制度的优越性，对构建和谐社会，确保高等教育高效、快速、持续发展有重要的意义。

四、有待继续完善的实践和研究

有调查表明，对国家助学贷款制度了解的学生比例最高（知道者约占55%），对该政策的了解渠道83.56%是靠教师的宣传。低收入家庭的学生对国家助学贷款的了解程度比高收入家庭学生高。而关于国家助学贷款的申请程序，有7.54%的学生表示很了解，有14.37%的学生表示比较了解，有近50%（49.48%）的学生不太了解，有28.61%的学生表示不了解。其次是对高校优秀学生奖学金、勤工助学、困难学生补助、国家奖学金（知道比例略高于40%）的了解；再次是对专业奖学金、减免学费（知道比例约占25%）的了解；最后是绿色通道政策（知道比例仅为10%）。学生对资助政策的了解程度，高年级高于低年级；男生高于女生；重点院校高于普通院校[①]。

首先，加强贫困大学生资助的宣传工作，降低贫困学生失学率。在录取通知书上应附有贫困大学生资助的相关措施、条件等，注重多渠道介绍

① 李慧勒. 高校经济困难学生资助政策实证研究 [J]. 经济参考研究，2005（58）：34.

高校的资助政策，比如班级会议、讲座，与老生座谈或者借助新闻媒体等。其次，"老生—新生帮扶"。新生入学到大学一年级是困难学生最困难的时期，因为在这个时期学生对相关政策不了解，对环境陌生，缺乏相应的渠道和勤工俭学的技能。因此学校可以建立"老生—新生帮扶"重点救助政策，让受助的高年级学生帮助新生，从经历共享的政策宣传到学校生活的方方面面。再次，勤工助学和义务工作的继续探索：主要指工作岗位的开发，使贫困生能够获得更多的工作机会，同时能够减少学校的成本，提高管理的效率和办学水平，建立与社会的联系，整合资源开发新岗位。比如西南林学院与云南某地方政府合作，派遣学生参加山体面积测量，使学生在专业上得到实践锻炼，又能得到一定报酬。

参考文献：

[1] 周文良.浅谈高校学生资助制度 [J] .教育与经济，1996（1）.

[2] [日] 小林雅之著，王杰译.贫困生资助和高等教育机会均等——对中日美三国的比较分析 [J] .教育与经济，2005（3）.

[3] 李慧勤.高等教育收费与学生资助的实证研究 [D] .华中科大博士学位论文，2004.

[4] 胡银环.试论学生资助制度在实现教育公平中的作用 [J] .教育与经济，2000.

＊＊＊＊＊＊＊＊＊＊＊＊＊＊＊＊＊＊＊＊＊＊＊＊＊＊＊＊＊＊＊＊
＊　　教育上的水是什么？就是情，就是爱。教师没有了情爱，就成了 ＊
＊无水的池，任你四方形也罢，圆形也罢，总逃不了一个空虚。　　　＊
＊　　　　　　　　　　　　　　　　　　　　　　　　　　　　　　＊
＊　　　　　　　　　　　　　　　　　　　　　　　——夏丏尊　　＊
＊＊＊＊＊＊＊＊＊＊＊＊＊＊＊＊＊＊＊＊＊＊＊＊＊＊＊＊＊＊＊＊

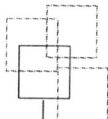

云南省高校本科生就业预期调查研究

杨　洁①

　　摘　要： 高校大学生的就业问题一直是全社会普遍关注的话题，尤其是随着高校的逐年扩招，就业压力日益突出。大学生就业预期现状的研究是有效解决大学生就业问题的重要的前置依据，本论文针对云南省昆明市的 11 所本科院校本科生的就业、收入等预期进行抽样调查。研究表明本科学生对高等教育的回报普遍持较为乐观的态度，对收入预期、单位类型、性质预期等方面出现面对现实调整的趋势，同时也反映出就业指导及信息交流机制的滞后和不足。

　　关键词： 高等院校　就业预期

　　大学生就业预期现状的研究主要是从单方面反映大学生的主观就业心理和一种对就业市场、教育回报等的定位和心理评价。是大学生对毕业后自身就业前景的一种预测和估计，在一定程度上影响到人才资源的数量和质量的配置。

　　在我国，一方面存在"工荒之痛"，另一方面大学生"就业难"。在云南省，一方面急需大量人才输入，另一方面很大一部分学生不愿意回到西部农村长期工作。通过收集和分析这些信息，可以反映出高校学生的就业预期的合理性及对自身前景的判断。能为云南省高等教育决策，尤其是制定有效的本科生就业政策，学校及各级政府掌握大学生心理动态，开展大学生思想政治工作和就业观念教育，为用人单位招聘人才提供信息以及制定和及时调整相应的政策提供参考和依据。

---

　　① 作者简介：杨洁（1975— ），女，云南财经大学经济系讲师、教育学硕士，主要从事教育经济学研究。

一、研究工具的设计、实施及调查对象情况

1. 问卷的设计。本调查问卷是在参照国内外相关研究编制的有关问卷基础上结合本次调查的目的，并进行了预测试，经过反复修正，最终编制出正式测查问卷"云南省高校本科生就业预期调查问卷"。问卷的内容由本科生个人特征自变量、预期调查内容因变量等 16 个项目组成，包括就业区域预期、就业单位类型、性质预期、收入预期和毕业后打算与选择四大部分。

2. 调查对象及调查的实施。对 11 所在昆本科院校于 2006 年 1 月至 2006 年 12 月发放书面调查问卷 2 500 份，收回书面调查问卷 2 352 份，其中有效调查问卷 2 213 份，有效回收率为 88.5%（见表 1）。测试数据运用 Excel 软件和 SPSS 软件进行统计处理。

表 1　抽样调查人数的生源构成比率表

省份地区			样本原籍地		
地　区	人数（人）	比例（%）	原籍地	人数（人）	比例（%）
东部	360	16.3	城镇	1 014	45.8
中部	351	15.9	农村	1 199	54.2
西部	1 502	67.8	合计	2 213	100.0
合计	2 213	100.0			

二、调查的相关数据分析

（一）关于本科生对就业地区预期的分析

表 2　抽样调查人数对就业区域的预期情况

地域名称		选择数（人）	比例（%）
大范围	东南部沿海地区	1 226	55.4
	中部地区	267	20.6
	西部地区	720	32.5
合计		2 213	100.0

续 表

	地域名称	选择数（人）	比例（%）
小范围	大城市	1 534	69.3
	中小城镇	638	28.8
	农村	41	1.9
	合 计	2 213	100.0

从表2可看出，11所在昆高校本科生在就业地域的选择上，一半以上的本科生（55.4%）选择了东南部沿海开放地区，东部生源的本科生中有82.5%的选择在东南部沿海地区就业，西部生源的本科生中选择该地区的达46.0%。数据表明，沿海开放地区的确是一个对本科生颇具吸引力的就业区域。69.3%的本科生选择了在大城市就业，与之形成鲜明对比的是不到2%的本科生选择了农村。本次调查有54.2%的本科生来自于农村，但他们毕业后愿意回到农村工作的只有2.9%，而高达63.3%的农村本科生选择到大城市工作。可以看出云南本科生对在大城市就业有较高的预期。本次调查显示，本科生对于志愿服务西部还是有较高的热情和关注（有41.4%的本科学生愿意志愿服务西部）。从全国范围的有关数据统计表明，本科生书面或网上报名到西部服务的人数，按2004年、2005年应届大学毕业生280万和338万计算，比率分别为1.8%和1.5%。

在实际中，西部志愿的真正填写报名计划表的数目（即报名人数）较有意愿的人数低得多。因而，可得出如下的两点结论：（1）西部志愿活动得到了本科生们的热情关注，但实际参与度并不高；（2）西部计划招募的项目人数远远满足不了本科生的需求。

在西部大开发，西部农村急需人才的时候，本科生们不愿意回到基层农村工作，这虽然给大城市增加了丰富的人才资源，但无疑也增加了大学毕业生就业的负担。因此，这是否更进一步加剧了本科生就业"难"的形势呢？

2004年由冯江平等人对云南省2004届高校毕业生就业区域预期调查的统计数据显示[①]：只有13.0%的毕业生选择了中小城镇。比较可看出从

① 冯江平，李劲松等. 云南省2004届高校毕业生就业预期调查. 云南师范大学学报，2005年增刊.

13.0%到28.8%，云南本科生就业流向有明显向中小城镇过渡的趋势。

（二）关于本科生对就业单位类型、性质的预期分析

数据反映出云南高校本科生在对就业单位类型选择时，有以下几个特征：（1）选择企业单位就业的本科生占61.9%，明显高于事业单位和其他单位；（2）选择进入三大类稳定性单位（包括国有大企业、党政部门和事业部门）的比率基本持平，占19.0%左右；（3）上市股份制企业超过其他各类企业、党政部门和事业单位，成为最受本科生欢迎的单位类型，所占比率为21.6%。

本次调查所得数据与2004年云南师范大学冯江平等人所做的调查相比较，可反映出对就业单位类型预期的变化和走向，比较情况如表3所示。

表3　本调查与2004年冯江平等人所做调查结果的比较

受本科生欢迎单位类型排序	2004年冯江平等人统计	本次调查统计
第一位	党政部门	上市股份制企业
第二位	事业	党政部门
第三位	国企	国企、事业
第四位	合资	三资
第五位	私企	中资私营

上述变化显示了收入的考虑在本科生选择就业单位时影响较大，但工作的稳定性也是他们所关注的重要因素之一。中资私有企业选择人数最少，可能与私营企业稳定性和收入两方面都不大有优势，户籍、人事档案管理、职称、工龄计算等方面不太完善而让本科生们谨慎选择。然而，很多资料表明，私营企业已越来越成为吸纳劳动力的主要力量。因此，只有私营企业本身不断发展完善，同时本科生们不断转换就业观念，与时俱进，才能实现私营企业吸收高级人才和本科生成功就业和发展的"双赢"。

为了进一步说明问题，将本次调查本科生对就业单位类型的预期数据与云南省实际分布情况作如下比较（见表4）。

表4　云南本科生就业单位的实际分布与本次预期调查比较

	2003 年云南省教委统计数（%）①	2004 年云南省教委统计数（%）②	2005 年云南省教委统计数（%）③	本次调查数据统计（%）
党政部门	6.9	6.0	6.1	19.2
科、教、卫等事业单位	19.1	23.7	24.6	19.0
国企	11.9	24.1	14.0	19.0
非国有企业和公司	4.6	7.3	9.3	42.8
部队	1.7	1.5	1.1	—
其他	44.2	37.5	44.9	—
合计	100.0	100.0	100.0	

　　通过比较可以看出：（1）本科生对非国有企业（包括三资企业、私营企业和上市股份制企业）的选择预期（占 42.8%）大大高于现实的需求。这类企业（尤其是上市股份制企业）在人才市场上拥有丰富的可选择的人力资源，其在人才市场上的优势地位十分明显。（2）党政机关的需求正在下降，但为数不低的本科生（占 19.2%）却对其较为钟情。（3）对于国有企业和事业单位这类稳定型的就业单位，本科生的预期与实际需求相比有偏低倾向。这表明市场经济的发展潜移默化地调整和改变着本科生的就业观念和就业取向。云南本科生对单位稳定性的考虑趋于理性。

　　综合上述表3、表4的数据比较和分析可以得到这样的结论：从对非国有企业和公司、党政部门的过高期望反映出云南本科生对就业单位的高预期与这些单位的现实需求有较大的距离，说明本科生就业理念还存在着不切实际的盲目性和非理性，反映出政策的宣传、信息的交流和就业的引导相对滞后和不足。

①　春城晚报.2003 年云南省省内普通高校毕业生追踪大全.2004－06－08.
②　春城晚报.2004 年云南省省内普通高校毕业生年终就业率独家发布.2005－03－07.
③　云南省教育厅关于 2005 年省内高校毕业生年终就业情况的通报.云教学〔2006〕1 号.2006－01－08.

（三）关于本科生对就业收入预期的分析

1. 抽样调查关于本科生毕业后 5 年内的月工资收入预期。

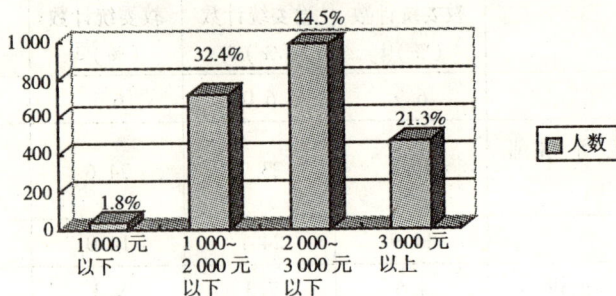

图1

图1表明，有接近 60% 的本科生对于毕业后 5 年内的月工资预期为 3 000 元以下，32.4% 的本科生预期为 2 000 元以下。中央电视台《东方时空》栏目组与智联招聘对 1 500 名本科生和 120 家企业做的调查数据显示①，有近七成的企业给大学毕业生提供 2 000~4 000 元的月薪档次。这表明该预期与现实之间存在着一定错位，说明企业对真才实学的高级人才的价值评定相对较高，同时也反映出人才市场的激烈竞争在不断调整着本科生们的收入预期，本科生有降低收入预期来进行求职竞争的现象。

2. 关于本科生毕业 5 年内月收入预期与专科、硕士、博士的比较。

表5　本科生毕业五年内月工资收入预期与专科、硕士、博士的比较

本科比专科高			本科比硕士低			本科比博士低		
金额（元）	人数	百分比%	金额（元）	人数	百分比%	金额（元）	人数	百分比%
200 以下	155	7.0	200 左右	202	9.1	300 以下	120	5.4
300 左右	307	13.9	300 左右	297	13.4	400 左右	132	6.0
400 左右	367	16.6	400 左右	430	19.4	500 左右	251	11.3
500 左右	758	34.3	500 左右	644	29.1	600 左右	412	18.6
600 左右	626	28.3	600 左右	733	33.1	700 左右	1 279	57.8
合计	2 213	100.0	合计	2 213	100.0	合计	2 213	100.0

① 本科生就业需求调查（企业版）（本科生版），来自于网站 http://learning.sohu.com/2006 05 12/n243195499.shtml，2006.

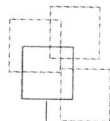

比较反映出：至少 60% 以上的本科生选择了收入差距较大的选项 500 元及以上，博士与本科有将近 60% 选择了 700 元。看来，普遍本科生认为：学历或学位与收入应该成正比，专科、本科、硕士的收入差距应该拉开。这种对学历或学位与收入关系的思想反映出大部分本科生对教育投入的应有回报持乐观态度，但现实中能否有这样的预期回报呢？市场和企业是否完全遵循这样的法则呢？这种"学历论"的思想在一定程度上束缚了广大本科生在就业过程中对自身非学历因素的挖掘和提升。

（四）关于本科生就业预期有关问题的价值取向分析

表6　收入与专业、失业的关系选择

		首　选	次　选	加权得分	重要性（%）
与专业	3 000 元以上与专业低度相关	739	569	705.0	31.9
	1 500～2 000 元与专业高度相关	858	686	823.6	37.3
	1 000～1 500 元但有发展前途	616	948	682.4	30.8
	合　计	2 213	2 213	2 211	100.0
与失业	工资高、失业风险高	1 039	816	994.4	45.9
	工资适中、有一定失业风险	1 011	982	1 005.2	46.5
	工资低、但无失业风险	103	415	165.4	7.6
	合　计	2 213	2 213	2 165	100.0

在收入与专业的关系选择上，工资适中与专业高度相关是首选，其次为高工资与专业低相关和低工资但有发展前途。表明本科生们希望能够经济利益和专业发展两手抓，但当两者不能兼顾时，优先考虑经济收入。在收入与失业风险的关系选择上，可以看出本科生们对收入的考虑比重很大，宁愿选择工资高事业风险高的工作，也很少有人会选择工资低但无失业风险的工作。本科生对失业的恐惧和担心并不十分明显，相反更注重收入的高低，这一方面反映出目前大学教育成本高昂影响学生注重收入预期，以

图弥补昂贵的学习成本以保持近期收入不变的思想，另一方面也反映出市场经济的激烈竞争从意识上改变了年轻的本科生对失业问题的看法，同时社会信息交流的扩大不断从思想乃至实践上提升了他们对失业的认同感、适应能力和应对能力。对经济收入优先考虑，可能出于本科生毕业后便面临着经济独立的现实问题。除此之外，作为有文化知识和科学技术的社会的一员，本科生还应有追求更高层次需要的目标和抱负，还应该放宽眼界，促进自我的完善和发展，只是这可能还需要一个过程。

调查数据还得到这样的结果：中等城市大学教师作为第一选择，县级干部第二选择，最后是大城市的中、小学教师。这样的排序反映出大学教师这一职业愈来愈受到社会的重视和求职者的认可，而传统的"求学—做官"的思想逐步发生着转变；对于影响就业竞争的非市场因素，调查认为找到满意工作的首要条件是能力强。

（五）关于本科生对一次性就业所持态度的预期分析

表7　关于本科生对一次性就业所持态度的预期

一次性就业几率	选择数（人）	百分比（%）
50%以下	457	20.7
50%~70%	707	31.9
70%~90%	661	29.9
90%以上	361	16.3
合　计	2 213	100.0

全国2004年普通高校本科生一次性就业率为84.0%，2005年为81.7%。2005年6月底，北京地区高校本科生一次性就业率为88.4%。2004年9月1日，广东省高校本科生一次性就业率91.2%[①]。本次调查所得数据反映出还不到一半（42.6%）的本科生认为自己一次性就业的把握为70%以上。看来云南的大部分本科生对自己一次性就业并不很乐观，与发布的实际统计数据有较大的差距。这种差异的原因其一可能是通过学校、家长的教育引导，部分本科生转换就业观念，先就业后择业，提高了一次性

---

① 参见广东省副省长李小鲁在"广东省2005年高校毕业生就业工作会议上的讲话"，2005.3.23.

就业的比率；其二，考虑到在统计初次就业率之前签约可以在户籍、档案管理、人事工作上得到组织上和政策上的一些有力的帮助和支持，从而促使本科学生签约；其三，本科生为了自己的面子或为了学校的荣誉，尤其在高校专业设置和招生条件与就业率直接挂钩的政策下，有关部门和学校有意或无意地在本科生就业率问题上有不同程度的行政暗示和行政干预等，削弱了统计数据的客观性和可信度。

（六）关于本科生对毕业去向所持态度的预期分析

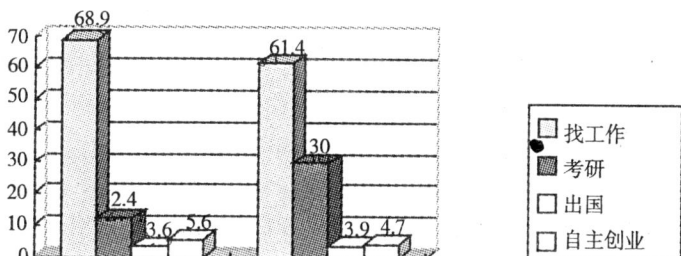

图2　2004年冯江平调查

调查数据（图2）比较表明：考研人数从2004年的12.4%上升到30.0%。第一，近年来高校扩招带来严峻的就业竞争，本科生的优势已不再明显，因而考研被看做是自我提升，增加就业竞争力的手段。第二，研究生的不断扩招加上相关的鼓励政策，形成一种良好的外界氛围。第三，经济的持续发展，广大老百姓的生活质量和收入不断上升，很多家庭不是迫切希望子女找工作来解决家庭经济收入的问题，而是把眼光放得更长远。因此，考研、考博成为年轻人的一种消费性的智力投资。

自主创业选择上与2004年相比没有太大变化，还有所下降。但是云南省与省外同类数字相比，大学生创业的人数比率的确小了很多，这反映出云南省大学本科生开拓和创新精神不足，另一方面，大学生创业机制的促进作用和效果还有待更进一步提高。

三、对策及建议

第一，当前云南省本科生对教育回报普遍较为乐观，但是，随着经济、文化的发展，高等教育中也出现了很多亟待解决的严重问题，改革教育机制和体制呼声不断。我们应该意识到一旦本科生较为乐观的教育回报实现

155

困难，可能会引发对政策不满情绪的上升。因此，当前在对大学生进行思想政治教育的过程中，既要教育他们对就业前景充满信心、又要教育他们充分认识到前进道路上的困难。建议在大学生中广泛开展以"前途光明、道路曲折"为主题的各类形式的教育活动，树立大学生的忧患意识和责任意识，使其充分认识到前进道路上存在的困难。尤其云南省地处边疆，经济、教育、文化的发展相对落后且发展不均衡，因而必须使大学生们充分意识到身上的责任，降低大学生过高预期所产生的负面影响。

第二，加强对大学生，尤其是占主导人数的本科生的就业政策的研究，加大就业政策宣传的力度，制定、完善并有效落实有利于鼓励大学生到农村就业的优惠政策，监督大学生就业政策的执行，健全和完善大学生就业信息系统。

第三，推进大学生就业市场化进程，加强大学生就业服务工作的力度，丰富就业指导内容，加强大学生社会经验教育、职业生涯规划教育和职业道德教育，把就业指导贯穿到教育的全过程。建议在学校就业指导中心、政府就业指导中心和人才市场建立可在电脑终端查询的就业案例数据库，提供就业相关政策、就业技巧、求职经验、招聘信息和用人单位信息等服务项目。

第四，倡导和推行公正、合理的人才评价体系，健全和完善公平竞争、互利双赢的市场环境，落实并体现国家战略意图的就业导向的相关政策和激励措施。

参考文献：

[1] 丁元竹. 正确认识当前"本科生就业难"问题 [J] . 宏观经济研究，2003 (3) .

[2] 2003 年泉州市大中专毕业生择业与就业状况 [N] . 东南早报，2003 – 10 – 17.

[3] 毕业生求职心态有变 [N] . 北京人才市场报，2004 – 3 – 12.

[4] 曾湘泉等. 变革中的就业环境与中国本科生就业 [M] . 北京：中国人民大学出版社，2004.

[5] 本科生就业需求调查（企业版）（本科生版）[DB/OL] . http: //learning sohu. com/2006 05 12/n243195499. shtml.

[6] 云南省教育厅关于 2005 年省内高校毕业生年终就业情况的通报 [Z] . 云教学 [2006] 1 号，2006 – 01 – 08.

[7] Smith, Herbert L. and Brian Powell. Great Expectatins: Variations in Income Expectations among College Seniors, Sociology of Education 63: 194 ~ 207.

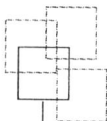

系统论在大学新生班级管理中的应用

郑晓翔　李　涛①

摘　要： 本文针对大学新生心理特点的复杂性和有的大学兼职班主任缺乏上岗培训，运用管理系统理论来解释和描述了大学新生班级的管理模式和工作方法，希望从系统分析的角度来解决当前大学新生班级管理面临的问题。

关键词： 系统论　大学新生

通过对西南某财经类高校大学新生与兼职班主任的观察和访谈，发现了有的学生生活很懒散，课堂缺勤率高和课程测试补考多；有的学生入校后很迷茫，不知道上大学的明确目的。而有的班主任每周仅以执行一次晚点名传达通知来完成其主要任务。笔者在担任大学新生班主任期间，感觉工作任务烦琐，且不知道如何做好工作，采取了"家长式"的管理。近年来大学的扩招导致班级人数增多，相对素质下降，万艳春认为大学新生的特点有思想单纯、学习被动、经济依赖和目标模糊，容易在思想、学习和生活等方面出现问题。[1]封孝莉提出模糊管理理论在班级管理中的应用，它有利于启发班级学生的自我管理和班主任的指导示范作用，但是其不确定性和不规范性的模糊管理原则容易导致具体操作时的困难。[2]蔡晓平将领导生命周期理论应用在高校学生管理中，提出了依据大学生成熟度的不同来采取不同学年的管理方式。[3]以上的研究从大学新生心理和模糊管理的角度来揭示了大学班级管理的艺术，本文试图从系统论的角度探讨大学新生班级的管理模式，特别是对于心理特征复杂的新生班级和缺乏上岗培训的年轻班主任，仅有热情是不够的，还要注意工作方法。

———————————————

①　作者简介：郑晓翔（1979—　），男，云南财经大学工商管理学院教师，主要研究方向为人力资源管理和职业管理；李涛（1970—　），男，云南财经大学工商管理学院党委书记、助理研究员，主要研究方向为人力资源管理和大学生教育。

一、班级管理系统

(一) 一般系统论

系是关系联系，统是有机统一，系统是由相互作用和相互依赖的若干组成部分结合而成具有特定功能的有机整体。1937 年奥地利的贝塔朗菲提出了一般系统论的观点，他认为系统具有协调性、动态稳定性和结构功能等级的特点，其思想来源于马克思和恩格斯的辩证法，即用全面、发展和联系的观点看待和分析事物，为解决复杂问题提供新的方法。[4] 系统论应用于组织管理中有三个特点，一是整体优化性，对所要解决的问题全面地考虑分析，寻找满意的方案而非最优的答案来解决问题；二是协调有序性，系统内各部分要素之间存在相互作用和转换效率高低不一；三是动态平衡性，系统是开放变化，与外界环境有物质、能量和信息的交换。其思想应用于班级管理（见表 1）。

表 1　一般系统论的思想在班级管理中的应用

思想观点	整体优化	协调有序	动态平衡
思想特征	全局、全面的观念满意决策而非最优的	系统内部分要素的相互作用和效率大小	开放变化发展的系统与外界环境进行交换
思想的应用	国家、地区、学校的环境对班级学风的影响	学校班级的投入产出效率、反馈和控制	多方面的交流合作注重沟通
实践应用	学校班级学生成熟度的平均水平	权变的班级管理模式	开展有益的班级集体活动

(二) 班级管理系统的内涵与意义

大学新生的班级管理系统，其构成有外部环境 W、系统内部（M）、系统的输入 I（C）、输出 O（C）、反馈 F（C）和处理 P（C）等环节（其模型见图 1）。[5] W 代表学校班级面临的宏观和微观环境，比如所处地区的政治、经济、文化、教育就业水平和学校校风、院系的学习风气等，M 表示班级的成员、班主任和任课教师等。I（C）是学校师生的教学投入以及后勤部门提供的生活学习服务等，其指标有教师的讲授水平和学生的课堂出勤率；O（C）为班级的教学效果，其指标有在校的学习成绩和毕业时的市场竞争力。班级系统与外界环境发生信息、物质和能量的交换，系统转换功能的高低取决于系统内部的班级成员和班主任的 P（C）工作，他们通过获得一定的反馈信息 F（C）——班级管理系统的指标来引导班级积极向上的学习生活。

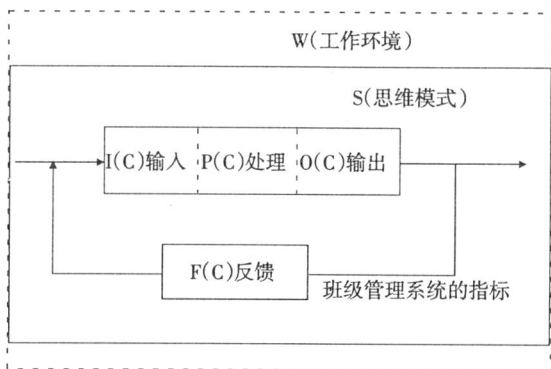

图1 班级管理系统（引用李怀祖《管理研究方法论》）

班级管理系统的意义在于提高班级管理的效果和效率。管理效果要看是否实现了班级的目标——好学上进、严格、活泼、团结和优秀的班集体，而非一个消极的、松散的和沉闷的组织。管理效率高低的判断指标有三个：一是学生课堂的出勤率和参与度（课堂学习动机与行为）；二是课程的测试成绩（课堂学习效果）；三是有意义的班集体课外活动内容和频次（课外学习）。总之，班级管理系统的目的是形成班级积极向上的学习风气，取得较好的学习效果和营造班级的丰富文化氛围。为了实现班级管理的目标，需要采取下面权变的管理模式。

（三）班级系统的管理模式

班级管理的模式是班级管理者的思维模式（S）与工作环境（W）的结合，从而形成班主任的领导方式。根据领导寿命周期理论，最早由科曼提出，后经赫西和布兰查德发展而来，以关系、工作和下属的成熟程度为三个变量要素（下属的成熟程度即下属的工作知识技能和心理成熟程度），四种不同类型的领导模式分别是命令式、说服式、参与式和授权式。在此基础上，笔者编制了一份班级管理模式（见表2），引用了学习动机与学习效果关系图，[6]其中正负号分别代表项目高低、强弱和优劣等相反的状态，并采用班级管理系统的输入指标——课程出勤、参与度和测试成绩，从而形成了五种不同类型的班级管理模式，分别是授权、引导、说服、命令和参与型。

表2　班级管理模式

项目/关系	正向一致	正向不一致	正向不一致	负向一致	负向不一致
课程出勤率	+	+	+		
课堂参与度	+	+	-		
测试成绩	+	-		-	+
管理模式	授权型	引导型	说服型	命令型	参与型
班级管理的特征	学生自主学习与管理	引导学习方法和技巧	引导学习方向和内容	家长式管理规范化与灵活性的结合	开展班级丰富有意义的课余活动

二、新生班主任的工作方法

以上提出了五种不同的班级管理模式，由于大学新生班级的生源差异大，需要根据他们的个性来因材施教，尽可能照顾到更多的学生，以克服目前有的大学班级人数多、管理难的现状。下面重点针对负向不一致和负向一致特征明显的新生班级，有一半的学生出勤率、参与度低和测试成绩差，在采用命令式和参与式的管理模式下，提出新生班主任的工作方法，第一是规范化的管理，建立班级制度来约束其学习、生活；第二是灵活性的管理，开展班级有意义的课余活动，来营造班级的文化氛围；第三是加强与学生以及家长、任课教师和院系主管的沟通，来及时获得班级的反馈信息。

（一）班级制度的逐步建设

1. 班委成员的选举制。班委成员是班级的核心，班长、团支书和学习委员、生活委员等由民主选举产生，并明确他们的职责及其权限，充分发挥他们的作用，同时形成约束班委成员的制度，可以有平时轮流打考勤和期末总评，发现无故逃课、补考和违纪的班委成员，建议其不再担任。值得注意的是，因为负向关系的班级成员的成熟度不高，需要班主任参与影响班委主要成员的任职，而不能全部授权。如果班委成员能够去带头执行，那么就有利于形成班级积极向上的学风。否则，班委成员的违纪和补考容

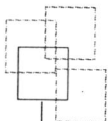

易导致其他学生的效尤。

2. 班级经费的筹集和管理。广开渠道，筹集资金，为班级活动提供支持。可以采用班主任个人捐助、学生缴纳和学校、社会赞助相结合的方式，有的学校成立外联部，其成员到外界企业寻求广告服务，签订相关协议合同，为赞助商提供活动期间的冠名权。班级活动经费的管理包括保管、决策和监督，设立两位同学担任会计和出纳的职责，大笔班费的开支要经过班委会的讨论通过，并在每学期末清查班费的收支情况。

3. 形成班级制度管理的心理契约。班级管理的心理契约是班级成员和班主任共同认可的观念，也对所有成员具有心理约束作用。契约的界定就是学校纪律和班级规定中所描述的内容，学校关于大学生的行为规范、奖惩守则和校风校训，班级的特色管理规定和班风学风，比如西南交通大学的校训"精勤求学，敦笃励志；果毅力行，忠恕任事"，于1930年唐山工学院时已确立，为该校众多理工类学子指点迷津。

总之，班级制度的推行需要耐心和时间，仓促的行动只会把事情搞砸，如果出现了对班级制度的抵制问题，那么需要班主任格外注意，特别需要在班会和课余活动中营造班级文化，让他们真正明白班级制度的意义，服从纪律才会有效率，共同遵守才会有公平，才能自发地形成班级制度管理的心理契约。

（二）开展有意义的班级活动

1. 倡导多读书和广实践。人类获得知识的途径总的有两种：一是认同别人的知识，二是直接观察体验。大学生求知最有效的方式是第一种，通过书籍来求知。对于大学新生，在学好专业知识的基础上通过广泛阅读来扩大知识范围，在高等教育的本科阶段提倡通识博雅。大学生需要掌握宽广的自然和社会科学基础知识，特别是非综合类的院校中理工科财经类的大学生，有必要去了解人文社会科学是什么，只有这样的学科才能使青年人真正明白什么是生活的意义、个人的使命和自我实现。同时，组织大学生参与有意义的社会实践活动，利用寒暑假期间开展"三下乡"活动、社团志愿者服务和兼职打工，耳闻目睹的感受既可以获得知识，又可以了解社会各阶层的生活工作。总之，大学新生要兼顾两种获得知识的途径，写读书心得和实践参与相结合，去掌握宽广的自然社会科学知识，构建个人的知识系统，才能够为日后的进一步研究与工作奠定基础。

2. 组织班级开展有意义的文娱体育活动。在每年的历史纪念日，举办联谊班级的文娱晚会，积极参与学校有意义的文化活动。丰富多彩的活动为同学提供了一个展示自我的舞台，也能够去了解他们的个性和偏好，形成班级集体的融洽气氛。比如参观本地的爱国主义纪念基地，瞻拜云南师范大学（原西南联合大学）内"12·1"烈士陵园，通过缅怀革命先烈，铭记历史事件，吸取经验教训。提倡"7+1≥8"的学习锻炼模式，每天学习7小时，运动1小时，劳逸结合可以提高学习效率，保持身体健康。[7]班级可以统一购买乒乓球、羽毛球、篮球等体育用品，通过集体活动增强班级的凝聚力和培养班级的团队精神。

（三）积极主动的沟通

管理就是沟通，班级的管理者，需要积极主动的沟通来获得反馈信息，并采取有效的控制措施，来实现班级管理系统的目标。沟通的对象主要有三类：

1. 赢得学生的信任。学生是班级的主体，他们的优劣决定其毕业后的社会竞争力，学生的社会竞争力又反映了学校的社会知名度，有社会知名度的大学应该是以学生为本的。班主任直接与学生沟通，目的是了解他们在学习、生活、心理等方面的问题并努力解决，用心、情和爱来赢得学生的信任，每周至少一次深入学生宿舍和两位学生谈心；关心贫困生的生活，和他们在学校食堂吃饭，真实地了解他们的生活困难。如果没有学生的信任、理解和配合，那么不可能实现班级管理的目标。

2. 获得院系主管的支持。在班主任所处的关系结构图中，其直接上级是院系主管，下级是班级学生，他们是班主任工作绩效考核的主体，从目前来说，很多学校院系书记不仅拥有班主任工作绩效的考核权，还拥有其决策否决权。如果没有上级的支持，那么任何班级管理系统的建设都不会成功。当遇到个人不清楚的问题，班主任要积极主动地向主管人汇报工作，讲解班级制度建设和班级课外活动的内容与意义，争取获得院系主管的支持。

3. 保持与任课教师的交流。任课教师的授课水平和教学效果直接影响着班级学生的课堂出勤和课程测试成绩，也影响着班级的管理模式。作为班主任，需要尊重任课教师们的劳动，要邀请他们参加班级的集体活动，比如班会、文娱体育和纪念活动等来交流情感，及时获得班级的课程教学信息，并配合任课教师们的教学环节，促使他们依据班级学生的具体特点因材施教，为班级管理的目标而共同努力。

本文采用班级管理系统来分析当前大学新生班级管理面临的问题，提出了五种不同类型的班级管理模式和特定模式下新生班主任具体的工作方法，意义在于指导新生班主任的工作，辅助高校相关部门开展新上岗班主任的培训。后续研究可以是实证性的研究集中式与分散式入学管理、专职辅导员与兼职班主任的管理效果，看是否有利于班级管理系统指标的显著提高。

参考文献：

[1] 万艳春．浅谈大学新生班主任工作 [J]．高教论坛，2003（5）．

[2] 封孝莉．模糊管理理论在班级管理中的应用 [J]．滁州师专学报，2004（1）．

[3] 蔡晓平．领导生命周期理论及其在高校学生管理中的应用 [J]．肇庆学院学报，2006（3）．

[4] 李宝山．管理系统工程（第一版）[M]．北京：中国人民大学出版社，2004：44～49．

[5] 李怀祖．管理研究方法论（第2版）[M]．西安：西安交通大学出版社，2003：3～27．

[6] 伍新春．高等教育心理学（修订版）[M]．北京：高等教育出版社，1999：119．

[7] 陈智勇．现代大学体育教程（第二版）[M]．北京：北京体育大学出版社，2002：12～14．

* *
*　　惟必有学识，方可担任教育。盖学生之学识，恒视教师以为进退，*
*　故教师之责任甚大。　　　　　　　　　　　　　　　　　　　　　 *
*　　　　　　　　　　　　　　　　　　　　　　　　　　　　　　　 *
*　　　　　　　　　　　　　　　　　　　　　　　　　　——孙中山　*
* *

团体辅导对大学生自我意识影响的干预研究

王　蕊　　陈咏梅　　杨玉宇①

摘　要: 自我意识作为个体内在的一种重要心理结构,影响和制约其心理健康水平和行为选择。笔者拟采用团体辅导的方法来提高大学生的自我认识、自信、自我满意、自我接纳及其对未来发展的信心程度。

关键词: 自我意识　团体辅导　干预研究

一、前　言

1. 自我意识的内涵。自我意识是指个体对自己的看法和态度,它包括对自身存在的认识以及对周围人或物关系的认识。它是人类特有的高级心理活动形式,对于引导个体适应社会生活具有重要作用,是影响心理健康的重要因素之一②。自我意识包括自我认知、自我体验和自我调控。自我认知是自我体验和自我控制的基础,自我体验能强化自我控制。自我控制的结果又会强化、矫正、丰富自我认知。自我意识的三种成分紧密联系,共同作用于个体的思想和行为。

2. 大学生自我意识的特点。与一般的青年相比,大学生有着丰厚的知识基础和良好的教育背景,他们更多地关注自己人格的成长,更加注重自我探索,在自我意识上呈现以下特点。第一,更多地关注自己。上大学意味着独立生活的开始,生活上的独立促进其心理上的独立,他们开始更多地关注自己,关心自己的现状和未来发展。他们不断地寻求自己未来的道路,并为之进行周密的计划和安排。第二,认识易有偏差。大学生由于一

---

① 作者简介:王蕊(1979—):女,昆明理工大学机电工程学院发展与教育心理学硕士,研究方向为学生心理健康教育;陈咏梅(1969—),女,昆明理工大学机电工程学院高级政工师,研究方向为学生教育管理;杨玉宇(1972—),女,昆明理工大学学生处讲师,研究方向为心理学。

② 张锋.大学生心理健康教程 [M].昆明:云南大学出版社,2004:19。

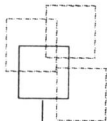

直在相对顺利的环境中成长，阅历浅，经验少，承挫能力较差，自我意识、自我评价很容易受情绪的影响。一旦在学习、生活中遇到困难和挫折，大学生就会产生一些非理性的认知，表现出内疚、不安、自卑等负性情绪，以致否认自己、拒绝自己，原有的心理平衡被打破，不能一分为二地看待自己，甚至背上沉重的心理包袱。有的学生以本校佼佼者的身份来到大学，本来满心欢喜，对自己充满了信心，可过了一段时间，发现别的同学有业余爱好和特长，能够活跃在各项活动中，自己只会看书学习，而学习好的优势在大学里又不像以前那么突出了，由此感到自尊心受挫，沮丧、自卑，自我的天平失衡。但总体来说，与中学生相比，大学生的自我意识是相对全面、深刻的，他们较多地对自己的个性、情感体验作出评价，而较少对行为进行评价，能够深入地挖掘自己的优缺点，喜欢听取别人对自己的评价，并能将别人的评价与自我的评价整合在一起，更全面地认识自己①。

3. 自我意识的重要作用。自我意识作为个体内在的一种重要心理结构，被看做是个性的一个重要组成部分。它不仅是一个人个性成熟的标志，同时也是整合、统一个性各个部分的核心力量，对人的认识及相关行为活动起着重要的调节和监控作用。自我意识水平的高低不仅是个体心理发展水平的重要标志，且影响和制约其心理健康和行为选择。人生最大的挑战就是战胜自己，形成健康的自我意识，正确认识和把握自我是战胜自己的前提。如果一个人能够全面、正确地认识自己，客观地、准确地评价自己，就能够量力而行，确立合适的奋斗目标，并为实现这一目标而不懈努力，最终取得成功，作出有利于社会和人类的贡献。

然而，当前大学生的自我意识状况不容乐观。新近来自云南26所高校的"高校学生心理健康调研报告"② 中指出，大学生的"自我意识"问题令人深感担忧。主要表现在大学生对自我意识的片面性、消极性及其对未来的定位不够明确，以致对四年的大学生活无所适从。为解决以上问题，也为提高在校大学生心理素质，我们拟采用团体辅导的方法来提高在校学生的自我意识水平。团体辅导就是通过团体内的人际交互作用，促使个体在交往中通过学习、观察、体验，学习新的态度和行为方式。有研究表明，

① 黄希庭. 当代中国大学生心理特点与教育〔M〕. 上海：上海教育出版社，1999：183.
② 云南大学学生自我意识成为心理健康障碍. 中国青年报网络版 http：//www. psycard. net/auto/data/11077/detail. php? thisid＝3522，2004. 9. 8.

用团体辅导的方法对大学生进行心理健康教育是一个高效、节省的方法①。在本文研究中，我们以提高大学生的"自我意识"水平为主题，设置团体辅导方案，通过一系列的针对性训练，使大学生实现自我接纳、自我完善以及清楚地认识自己以及未来发展的可能性，培养其健康的情绪和人格，改善影响其行为的不良心理因素，促进心理素质的全面提高。

二、对象和方法

被试：自愿参与本次团体活动的昆明理工大学机电工程学院的大一在校本科生30人。

研究材料：干预前后分别填写针对本次团体活动内容和目的自行编制的团体活动成员自评问卷。所有选择题均为5点记分。即选A记1分，选B记2分，选C记3分，选D记4分，选E记5分。

干预辅导方案：本次辅导针对大学生在自我意识方面存在的问题：（1）自我意识不深刻、不全面，要么不能悦纳自身的缺点，要么不能积极地评价自己；（2）不能清楚地认识自己未来发展的可能性。通过设置能协助成员实现自我发现、自我肯定、自我完成，最后到自我发展这一过程的四个单元的系列活动，帮助成员清楚地认识自己以及未来发展的可能性。单元一，自我发现。通过"20问我是谁"以及"自画像"两个活动，帮助成员发现自我。单元二，自我肯定。让成员在"气质量表"测试以及"收获赞美心"活动中，进一步深刻地认识自我，悦纳自我，肯定自我。单元三，自我探索。让成员在"价值大拍卖"、"洞口余生"活动中，深入了解自我的价值取向、自己的人生及自己将来对社会可能作出的贡献。单元四，自我发展。让成员在"人生曲线"、"展望未来"、"收获园"活动中，评估和设计自己的未来，促成自我的发展。

研究方法及过程采用单组前后测实验设计方法。前测：以集体施测的方式，在同一时间、地点，由同一指导教师进行上述问卷的填写。实施辅导方案：对实验组进行为期1个月的团体辅导，每周1次，共4次，每次1小时。后测：最后一次团体辅导后以集体施测的方式，在同一时间、地点，由一指导教师对被试进行上述问卷的填写。用SPSS12.0对研究资料进行统计分析。

---

① 樊富珉，王冰．优化大学生心理素质、培养全面发展的人才．清华大学教育研究，1999，2：75.

三、结 果

1. 辅导前后自我意识各指标的变化情况。辅导前后自我意识各指标的变化情况见表1。对团体辅导干预前后被试在"团体活动成员自评问卷"各项目的平均分进行相关样本的配对 t 检验，结果显示，经过团体辅导的干预，被试在自我了解、自信、自我满意、自我接纳及其对未来发展的信心方面均比干预前有显著提高；被试的自我表达能力的干预前后的差异比较上也接近临界水平，t = −2.27，P = 0.053；相对于干预前被试的总体自我意识水平，实施团体辅导干预后，被试的总体自我意识水平有显著提高，M 前 = 2.78，M 后 = 3.72，t = −4.464，P = 0.002。

表1　团体活动前后自我意识各指标的变化比较

条　目	前　测		后　测		t	P
	M	SD	M	SD		
自我了解	2.56	0.88	3.56	0.73	−3.00	0.017
自信	3.22	0.67	3.89	0.33	−2.83	0.022
自我满意	2.78	0.67	3.56	0.88	−2.80	0.023
自我表达能力	2.00	0.71	3.00	1.22	−2.27	0.053
自我接纳	3.33	1.22	4.44	0.73	−2.63	0.030
自我规划	2.33	0.71	3.00	1.00	−2.00	0.081
对未来发展的信心	3.00	0.50	3.89	0.60	−3.41	0.009
总　分	2.78	0.62	3.72	0.57	−4.464	0.002

2. 受辅成员对团体辅导活动的感受。被试对本次"自我意识"团体辅导活动的感受见表2，结果显示，受辅成员普遍认为，本次"自我意识"团体辅导使其更全面地了解自己、接纳自己、肯定自己。本次团体活动对受辅成员来说是有所触动和收获的。

表2 部分被试对团体辅导活动的感受

小A	男	从第一节课开始我便认识到我自身的不足，或许之前便有了意识，但团体活动更加刺激了我，我承认我不是一个很有内涵的人，也不会隐藏心情，但我不觉得是很大的缺点，至少我可以说我是正直的，对于人生的规划是自从能报考昆工时便树立的，说实话，这学期我放松了，只有在最近才慢慢找到自我。但那种热情可能会慢慢变得沉稳……这次活动也确实给了我很大的帮助。
小B	男	该团体活动让我思考一些平时不想的问题，对自己的认识加强了，自我表达能力提高了，让我对别人也有了一定的了解，知道了自己真正想要的生活。
小C	女	本次活动使我意识到应该对自己的未来有所规划，在生活中应该努力去认识自我，从而发掘自己的长处，找到自信。
小D	女	通过与别人的沟通，认识到别人的长处，最大的感受就是自己的表达能力太差，别人能很冷静地在很多人面前说话，而自己却表现得很紧张，极其不自然。通过这次活动我觉得应该学习多锻炼自己，充分认识自己，取人之长补己之短，不断地反省自己，通过不断认识自己，不断改进自己，从而不断地提高自己。
小E	女	一个人，只有充分认识自我，才能扬长避短，发挥自己的潜能，也只有正确定位自己，才能改善自己，完善自己。人生遇到坎坷是很正常的，我们每一个人都不可能是完美的，我们要以良好的心态面对自己的缺点、得失和生活中的挫折，要树立信心，相信自己是最棒的。天助自助者。
小F	男	让我从迷茫中，头脑空白中有机会思考自己！很好！

四、讨 论

1. 辅导前后大学生自我意识特点。处于青春期的大学生，心理年龄发展尚不成熟，承挫力较差，自我意识很容易受情绪的影响。一旦在学习、生活中遇到困难和挫折，他们就会产生一些非理性的自我认知。对刚进校的大一新生来说，新的学习和人际环境的改变，带来了原有自我意识参照群体的改变，原来的佼佼者现在却遇到了更为优秀的同学，这种新环境的改变和适应，进一步影响到大学生的自我意识和自我评价，使其在自我了解、自我悦纳、自我肯定、自我规划等方面出现偏差，呈现较低水平。在为期一个月的针对性训练中，指导教师通过引导受辅者客观地评价自己，深入地探索自身的优势与价值取向，合理地规划自己的生活，使其在自我了解、自我肯定、自我悦纳方面有了明显改善，提高了大学生的自我意识水平。

2. 团体辅导的有效性。用团体辅导的方法培养大学生的自我意识能力，提高其自我了解、自信、自我满意、自我接纳及其对未来发展的信心方面有显著的效果。新生入校后，自我意识问题直接影响到学生的心理健康水平，影响到人格等心理素质的诸多方面，由此带来一系列的问题，诸如焦虑水平高，人际交往问题更加突出等。本实验表明，经过一段时间的团体心理辅导后，学生的自我意识水平有较显著的提高，在自我了解、自信、自我满意、自我接纳及其对未来发展的信心上有显著的改善，说明团体辅导对于新生全面了解自我、调整自我有积极的作用。用团体辅导的方法培养新生自我意识，有一定的优势。

相对于大学生心理健康教育传统形式个体咨询和集体授课，团体辅导可针对团体共同感兴趣的一个或几个问题，同时面对较多的学生，进行共同的心理辅导，使团体成员同时受益[1]，它可从多方面、多个角度改善学生的心理素质。每一成员在参与团体辅导的过程中既是参与者，又是互相的指导者，他们可充分发挥主动性和积极性，进行自我探索。同时，也可利用团体内人际间交往产生的动力，通过在团体互动中观察、学习、体验、调整，来解决自己意识到的以及从他人身上发现自己却未意识到的问题。总之，学生在团体辅导后感到自己有了多方面且整体的改变，这表明心理素质可互相影响，也可用团体辅导的手段培养。

＊＊＊＊＊＊＊＊＊＊＊＊＊＊＊＊＊＊＊＊＊＊＊＊＊＊＊＊＊＊＊＊＊
＊　　爱应该是教育的工具，又是鉴别教育的尺度，而教育的目的是＊
＊人道。　　　　　　　　　　　　　　　　　　　　　　　　　　　＊
＊　　　　　　　　　　　　　　　　　　　　　　　　　　　　　　＊
＊　　　　　　　　　　　　　　　　　　　　　　　　——别林斯基＊
＊＊＊＊＊＊＊＊＊＊＊＊＊＊＊＊＊＊＊＊＊＊＊＊＊＊＊＊＊＊＊＊＊

① 洪鸿，杨凤池，李梅. 应用团体辅导技术对医学院校新生心理素质的干预研究 [J]. 中国健康心理学，2005，1（13）：11~13.

班集体凝聚力的培养

朱美玲　　孙海艳①

摘　要：班集体是教育教学工作的基本单位，班集体建设搞好了，学校教学质量自然就提高了，在高职院校里也不例外。要搞好班集体建设，培养好班集体的凝聚力是关键。

关键词：班集体建设　凝聚力

班集体是教育教学工作的基本单位，班集体建设搞好了，学校教学质量自然就提高了，在高职院校里也不例外。要搞好班集体建设，培养好班集体的凝聚力是关键。每个学生作为班级的一个个体，由于不同的生活背景，行为认识方面存在很大的差异，要将这些参差不齐的个体组合在一起，如果缺少一种内在的核心凝聚力，整个班集体势必如同一盘散沙，将给教学和管理带来重重困难。班主任作为班级的组织者，其工作的艺术在于把原本不关联的每一个个体紧密相连，让他们在集体生活中增强凝聚力，创建一个荣辱与共、团结向上的集体。在教育实践中，我们深切体会到让学生在集体生活中充分感受到成功的快乐和友情，可以有效地增强班集体的凝聚力，培养集体主义精神。

一、在班集体建立之初培养班集体凝聚力的措施

（一）以宿舍为单位培养学生的交往技能与团结互助意识，树立目标

现在的高校学生独生子女比较多，他们入学后常会出现一些问题，比如生活自理能力差、以自我为中心、经不起挫折、交往愿望强烈却缺乏交往技能等。这些问题通过入学后的军训可以有所改进，但要真正取得进步还要靠日后生活中老师和同学的不断帮助。

---

① 作者简介：朱美玲（1976— ），女，云南经济管理职业学院讲师；孙海艳（1972— ），女，云南经济管理职业学院讲师。

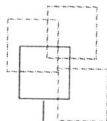

宿舍是大学生生活和休息的主要场所，大学生的很多时间都是在宿舍里度过的，因此宿舍是班主任工作的重要阵地，培养班集体的凝聚力也应以宿舍为单位进行。宿舍的分配应在军训后进行，由同学们自由组合，在进行舍长的选举时要对学生充分引导，选出的舍长应具备良好的人际关系，能主动关心他人，思想上进，有能力，具有强烈的责任感。选好舍长后要及时进行培训，让他们认识到作为一个舍长要能够关心舍友，随时都能把舍友团结起来，了解舍友的学习情况与思想动态，当舍友出现情绪不稳定时要关心疏导，并及时向班主任汇报。舍长的角色就是舍员们的大哥哥和大姐姐，是舍员们的好朋友。同时，让舍员们知道一个宿舍的舍友将是自己大学期间与自己最亲近的人，要持宽容友善的态度对待他人，要主动与他人交往，凡事站在他人的角度考虑，多想事情的积极面，保持乐观向上的心情。在班上，无论收取或发放物品、组织活动、表演文艺节目还是出游，均以宿舍为单位安排，舍长全权负责，通过这些具体的小事来培养宿舍的凝聚力。一个优秀的宿舍要做到积极上进，团结祥和。

（二）树立集体目标与个人目标

部分进入高校的大学生存在着把大学当做修整、放松、享受的"乐园"，认为高中吃了"苦上苦"，进入大学应尽享"甜上甜"，要尽情地歇一歇，玩一玩。进入大学后就觉得无所求了，失去了原先的理想和目标。因此，帮助他们树立大学学习和生活的目标也是班主任的工作之一。学生有了目标，就会以积极的态度来对待大学生活，这有助于班集体凝聚力的培养。在班级建立的时候，就应提出班集体在整个大学阶段的总目标以及实现这个目标的具体步骤和方法，把大目标再分解为每个学期的目标，在每个学期开学第一周的班会上，再把本学期目标细化为每月目标与每周目标。要求同学们同时制订自己的大学阶段总目标以及实现这个目标的具体步骤和方法，每个学期的目标，每月、每周目标。班主任对同学们的各级目标的可行性进行认真评估，之后与每个同学交流修整目标，并在日后的学习生活中监督鼓励其努力实现目标。对于每月、每周的这些近期目标的设定要实实在在，是容易达到的目标，拾级而上，使班集体处于不断向前发展的运动之中，班集体也就自然越来越有吸引力和向心力。

二、通过集体活动的开展，增强班集体凝聚力

要增强班集体凝聚力，最直接有效的方法就是组织形式多样、内容生动的集体活动，并让同学们在这些活动中体会参与感与成就感。班集体本身就是在全班同学参加的共同活动中逐步形成的，只有在共同的活动中才能体现集体精神，学生的个性只有在集体活动中才能获得全面发展，学生的品质也只有在活动和交往中表现出来并受到检验。一个好的班集体，绝不是在静止状态中形成的，学生对班集体的热爱首先源于他们在集体里所感受到的快乐，所以班主任应当尽力创造内容充实，身心放松的活动，让学生体会到集体生活的乐趣，从而激发热爱集体的情感。

班主任应引导学生积极投身于一切有利于学生身心发展的集体活动。活动的内容应该是多种多样的，主题班会、知识讲座、文体竞赛、技能培训、春游野炊、志愿者服务、外出参观等。组织这些活动必须认真准备，精心安排，使活动前后衔接，高质而安全。通过丰富多彩、寓教于乐的集体活动，既增强了学生热爱集体的思想感情，又增强了搞好班集体的信心。

要珍惜并利用好学院和系部组织的各种活动，动员、鼓励学生参加，特别是全班同学都能参加的一些活动，比如大合唱比赛，班主任更要重视，认真组织，争取获奖。除了积极参加学院和系部组织的这些活动外，还应根据本班情况再互补性地组织一些活动，比如2007年3月份，我班就组织了一次敬老院联欢活动。在联系好敬老院之后我们用班费买了糕点和水果，利用课余时间到了恩来敬老院，每个宿舍的同学们都为老人们表演了他们事先排练好的节目，有舞蹈、相声小品、独唱与合唱，老人们也为同学们表演了评书与快板。联欢会结束后，同学们又陪老人们在院子里聊天和晒太阳，为老人们削水果，到走的时候很多老人都把同学们送到了门口，并告诉同学们说他们好久都没有这么高兴了，有的老人甚至流下了眼泪。那一天我们走了很远的路，但同学们谁都没有喊累，谁都没有抱怨，回来后我们又针对这次活动召开了一次主题班会，每个宿舍的代表都发了言，一致决定把这个活动作为我们每学期的保留活动。通过这次活动对同学们进行了生动的中华民族传统美德的教育，又促进了班集体的不断前进。

通过另外一些活动也可以促进同学们专业知识和技能的提高，例如2007年5月份，我们班还组织了一次比较成功的辩论赛。作为法律专业的学生，通过辩论赛来锻炼自己的专业知识和技能是很有必要的。我们以小组为单位先进行淘汰赛，首先是小组内部选拔赛，每小组先出8个人，4人为正方，4人为反方，其他的组员做评委，点评选拔本场比赛最佳辩手，每个人都能参加，接着是小组间的对抗赛，在对抗赛上，我们请来了学校青年法律协会的主席，本专业各班的著名辩手来做点评嘉宾，提高了同学们的积极性，每场比赛的获胜队员都会获得一些奖品。通过激烈精彩的几轮

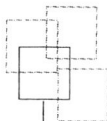

选拔赛后，最后留下的 8 位同学进行总决赛，总决赛时我们请来了本专业的老师来做点评嘉宾，这位老师对我们的辩论赛给予了高度评价，甚至说他没想到一个班级的辩论赛会搞得那么好，甚至超过了有些系部之间的辩论赛。从这次辩论赛中，很多同学得到了锻炼，展现了他们的才能。通过以上两个例子，说明集体活动是班集体的凝聚力形成和巩固的必不可少的重要环节，是减轻学生压力，提高学生能力和学习效率的有效途径。

三、通过有效的沟通，增强班集体的凝聚力

班主任与学生保持良好沟通是一个班级和谐的基本条件。沟通是实现班主任和学生之间行为统一，实现相互了解、理解和达成共识的重要手段，是班级活动从无序到有序状态转化的基本手段，沟通也是调节同学之间、班主任与同学之间人际关系和实现有效激励的手段。通过有效的沟通，班主任把思想传递给周围的学生，从而影响他们的观点、态度和行为。通过有效的沟通，班主任可以把自己的感受告诉学生。沟通是提供、接受和交换信息的工具，从而使我们有能力关注我们所关心的事件或活动的发生和进行。

（一）班主任与学生沟通最重要的方式就是谈话

谈话是一种信息交流性的接触。对于班主任来说，它是一种工作信息的交流。每个学生都有自己的心里话，每件事都有它的原委。成功者有成功的喜悦要表达，失败者有失败的痛苦要倾诉，过失者有过失的原因要解释。谈话是心理沟通的最佳方式。不经谈话，怎能了解他们内心的世界，怎能弄清事情的原委？只有通过谈话接触，才能了解学生本身的各种心理品质，增进班主任对学生的了解和情感的深入，帮助学生解决各种困难，消除各种心理障碍，也是班主任做好班级工作的基本条件。

笔者每个学期都要与我班每位同学至少谈话两次，多数情况下是单独谈话，有些时候也可以有他人在场；谈话时间通常是 20 分钟到两小时，视具体情况而定。谈话的先后顺序则根据班级的状况和学生的状况来定。

谈话的内容主要是对学生学习、生活方面的困惑进行解答引导，帮助学生找到努力的方向与目标，对学生的不良行为进行批评纠正，提出希望，学生取得进步及时表扬、肯定，希望其继续努力取得更大进步。通过第一个学期的谈话，我就与同学们建立了良好的关系，使我们的班集体具有了凝聚力。

（二）通过对特殊学生的关心辅导来增强班集体的凝聚力

每个班级都会或多或少存在一些有不良行为特征和心理特征的学生，这些学生是班级管理的难点，如果不能及时关心引导这些学生，他们将是班集体凝聚力形成和增强的阻力。

在班级工作中尽量使这些特殊学生不感觉到自己与这个班级的其他同学格格不入，是一个特殊类别，不能把他们打入"另册"，"另眼相看"，而应在班级的所有活动中对他们一视同仁，让他们充分感受到自己是班级中的一员，激发他们的班级归属感，这就是"特殊学生一般化"。另外在班级工作中，对于每个学生都会碰到的学习生活中的问题，如果发生在特殊学生身上，就应该给予特殊的关注。由于特殊学生的形成有多方面特殊的因素，有些是客观因素起主要作用，他们自己常常感到很无奈，班主任要体谅他们的苦衷，对他们的教育转化切不可只是批评说教，而要以一颗炽热的心去融化他们内心的冰，叩开他们封闭的心灵，让他们感受到集体的温暖和关爱，帮助他们树立信心，恢复正常的学习生活心态。由于每一个特殊学生的情况都不相同，要在充分摸清情况的基础上，因人而异，对症下药，有针对性地采取不同的方法和措施，才能提高教育效果，切不可千篇一律。特殊学生一般自尊心都比较强，敏感、多虑，看似平常的小事也会使他们背上思想包袱，甚至不经意的一句话都会对他们造成心理伤害，所以在对他们进行思想教育时，尤其要注意尊重理解，一方面提醒其他学生不要把他们的缺陷、挫折作为笑料，为他们创造一个良好的成长环境，另一方面经常提醒他们要克服自卑心理，坦然面对现实，努力克服困难。在对特殊学生的思想教育过程中，有些学生会很快转化为正常的学生，有些原来没有特殊迹象的学生也可能会因为种种原因而出现特殊情况。思想教育工作者须密切关注学生的思想动态，及时发现新的特殊个体，将其纳入重点教育对象，给予特殊的关怀和帮助，通过教育引导，使特殊学生逐渐转化为心理健康的学生，使他们能够真正地融入班集体中。下面我谈一个对特殊学生关心辅导的实例。

我们班的徐某某是一个从大理宾川县来的农村学生，平时朋友很少，由于性格自私、好强、粗暴，经常得罪他人，人际关系很差，同学们都对她敬而远之，她也经常怀疑同学们看不起她，不理她，在背后说她的坏话。这种情况使她的脾气变得越来越怪，经常为了点小事就对朋友发火，特别爱在宿舍里发火，宿舍的同学都很怕她，根本不敢和她开玩笑，也不敢和她聊天，她自己也非常痛苦和孤独。我观察了徐某某一段时间，找同学们

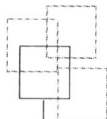

　　了解了一些情况后，利用一天晚上和她进行了长达两小时的谈话。我们从她进校谈起，每一件事情，每一个同学，哪些事情她处理得不好，怎么做效果会更好，有些事不是我们的特长，做不好也没有关系，人生中我们应该如何进行取舍，要懂得尊重他人，珍惜友情。在谈话中，我谈到了她有些事情做得不对，但由于怕太伤她的自尊心，我没敢谈得太深入。事后，我向她们宿舍的其他同学了解谈话后她的情况，出乎我的意料，她居然在宿舍里大发雷霆，责怪有人向班主任告了她的小状，班主任找她谈话了。我得知情况后，意识到上次谈话没有真正触及她的心灵，未达到让她看清问题的实质，认识到如不及时调整，后果严重。我当晚到她们宿舍召集全体舍员，包括她在内开了个会，各自谈谈别人对我们发火时，自己的感受。在组织这次开会前我为了让她感同身受，特意为了一件小事对她发了火，我先让她谈一下白天我为了一件小事对她发了火她有什么感受，是否觉得很郁闷难受，是否觉得我不尊重她，不喜欢她，很讨厌我这么做。接着，我批评了她们宿舍的其他同学，她们对她的不好的一些行为一味忍让，冷漠地对待，不真心把她当朋友看，不告诉她哪些事做得不对，她的哪些做法伤害了你们。我让舍长带头谈，要谈真心话，把大家的感受都如实地说出来。那天晚上，她们宿舍一直谈到了夜里一点，从那天后，徐某某有了明显的变化，人也开朗多了，和同学们的关系也越来越好了。之后，我又找她谈了一次话，她说很多以前不明白的事现在都豁然开朗了，也不再疑神疑鬼了，这种感觉真好。她还跟我说，以后有做得不对的地方一定要及时告诉她，提醒她，她还要取得更大进步。

　　要培养好班集体的凝聚力，就得从这些小事抓起，通过这些措施，我所担任过班主任的班级都获得了一些成绩，其中 2004 计算机二班还被评为了省级的优秀班集体，我现在所带的 2006 法律三班也是比较优秀的一个班级，每月的班级考核中，我们都名列前茅。在班主任工作中，每件事都用心做，就一定会培养出一个有凝聚力的好班级。

大学阶段民族学生心理发展特点及对策研究①

颜 兰②

摘 要：本课题采用《卡特尔16PF》［CPQ］测验，对以云南省大理白族自治州的白族，丽江市的纳西族，西双版纳傣族自治州的傣族，玉溪峨山彝族自治县的彝族，普洱市西盟佤族自治县的佤族，文山壮族苗族自治州的苗族大学阶段的360名学生作为研究对象，进行与全国学生常模之间的对比分析，归纳出生活于不同文化环境中的少数民族大学生人格心理特征及发展水平的差异以及大学阶段民族学生有代表性的人格心理特征，并从民族文化的不同影响和民族学生的人格心理发展状况出发，提出一些与之相适应的教育措施。

关键词：心理发展 民族学生

一、研究目的

在当前大教育观的指导下，学校教育更应该体现出自己的特色和质量，如何根据学生的不同而进行教育教学，使学生得到最大可能的发展，这就要求我们学校必须根据学生的不同特征，开展有针对性的教育教学活动。中国是一个多民族的国家，而云南省又是一个以边疆、山区、少数民族为主要特点的省份，共有25个少数民族，为我们研究各少数民族学生的心理提供了有利条件。云南省为多民族聚居地区，各民族的经济、社会、文化等方面的发展水平参差不齐，许多少数民族居住在边远的山区，自然条件艰苦，经济文化基础薄弱，整个教育发展水平与汉族存在着很大的差异。不同的民族在经济文化发展方面存在着较大的差异。因而导致了生活于不同文化背景中的各民族学生心理发展水平及特征方面的差异。在云南省各

① 此论文系昆明师范高等专科学校科研项目（2007R013）研究成果之一。
② 作者简介：颜兰（1964— ），女，昆明师范高等专科学校副教授，主要从事教育学研究。

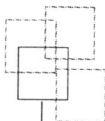

地的各大学阶段少数民族学生占有相当的比例，他们既是当地经济文化建设的后备军，又将是未来各行各业的主力军。他们的心理素质、知识水平关系到边疆地区各行各业的发展，对这部分学生的教育和培养在教育和教学过程中有其特殊性。故研究同年龄大学阶段不同民族学生的心理发展水平、心理素质特征及特点，比较其与汉族学生的异同，提出教育对策，对于发展民族教育，繁荣和发展民族地区的经济文化教育，有着重要的意义。

而目前可以见到的这方面的研究还不太多，特别是对于刚进入大学阶段的少数民族学生心理方面的研究更少。本课题选择了云南省大理白族自治州的白族，丽江市的纳西族，西双版纳傣族自治州的傣族，玉溪峨山彝族自治县的彝族，普洱市西盟佤族自治县的佤族，文山壮族苗族自治州的苗族在大学阶段的学生作为研究对象，其中，白族、纳西族、傣族、彝族、佤族和苗族是云南省特有或在云南省人数较多的少数民族，具有很强的典型性和代表性。各民族在其地区经济发展水平、生态环境、民族文化传统的影响下，使得云南省许多少数民族学生在认知发展、个性发展上同汉族以及各民族之间都存在着一些差异，形成其特有的民族意识。本课题通过对云南省特有的或主要的这几个少数民族大学阶段学生进行了心理的智力因素和非智力因素发展状况的调查，通过对大学阶段学生的个性、学习动机、智商的分析研究，获取基础量化资料，经过大量的统计分析，通过与全国学生常模之间的对比分析，归纳出生活于不同文化环境中的少数民族大学生心理特征及发展水平的差异以及大学阶段民族学生有代表性的心理特征，并从民族文化的不同影响和民族学生的心理发展状况出发，提出一些与之相适应的教育措施，一方面验证文化环境在儿童心理发展中的地位和作用；另一方面也为教育行政部门和教育机构制定教育教学政策及采取有效的教育措施提供心理学方面的依据。本课题的研究是跨文化心理研究的重要内容，目前所见到的对云南省少数民族阶段学生跨文化心理方面的研究不多，故此研究在弥补此方面的空白有一定的意义。

二、研究方法

1. 被试的选取。本研究选取云南省大理白族自治州的白族，丽江市的纳西族，西双版纳傣族自治州的傣族，玉溪峨山彝族自治县的彝族，普洱市西盟佤族自治县的佤族，文山壮族苗族自治州的苗族的在校大学一年级学生共 360 名作为调查对象，每个民族选取学生 60 名，男女生各 30 名，平均年龄为 19 岁。

2. 研究材料。该研究主要采用随机抽样问卷调查法。本研究采用的研究工具是：华东师范大学戴忠恒、祝蓓里等修订的《卡特尔 16PF》［CPQ］。

3. 测试的方法及步骤。对以上被试的测验进行有标准指导语的团体测试。由主试按统一要求宣读指导语，确认被试已全部理解做答方法之后，宣布正式开始做题，无时间限制，做完为止。此外，在测试同时我们还分别召开了不同民族教师和学生的座谈会，走访了一些专家学者。

4. 数据统计。本研究发出问卷 360 份，回收有效问卷 360 份，用 SPSS 统计软件进行数据录入及统计分析。

三、研究结果与分析：各少数民族学生人格因素特点分析及比较研究

人格是许多心理特征在一个人身上的有机结合，体现出个人的独特风格。生活在现实社会中的每一个人都意识到社会现实给予他的影响有其特定的反应，形成了他的人格特征。这个形成过程是一个十分复杂的过程。人格的形成起源于两个因素：一是先天的禀赋，一是后天环境和教育的熏陶。由于不同的民族意识、生存环境，儿童在他的成长过程中，间接或直接地与周围的人们发生关系，学习带有本民族色彩的价值和情感的表现，学习为人处世的方式，在自觉与不自觉的学习理解中，逐步形成了不同情景中基本结构不变的人格特征。这种特征就使得人遵循一个特定身份去完成自己的人生历程。学生的品德形成、知识掌握、学业水平和待人接物等各方面无不在人格特征的影响下发展着。而不同的民族在发展过程中，由于特殊的人文、风格、习惯促使本民族形成了一些优势趋向，对发展个性的某些优良品质奠定了良好基础，对学生的各方面教育提供了有利的条件。

为了科学、准确地反映各民族学生的个性特征，我们采用了华东师范大学心理系编制的《卡特尔 16PF》测验量表进行数据采样。卡特尔十六人格（个性）因素问卷（简称 16PF）是从乐群性（A）、聪慧性（B）、稳定性（C）、恃强性（E）、兴奋性（F）、有恒性（G）、敢为性（H）、敏感性（I）、怀疑性（L）、幻想性（M）、世故性（N）、忧虑性（P）、实验性（O）、独立性（Q1）、自律性（Q2）、紧张性（Q3）等 16 种主要人格特征方面来进行团体或个人的个性整体考察分析工作。通过对云南省丽江市的纳西族，大理白族自治州的白族，西双版纳傣族自治州的傣族，玉溪峨山彝族自治县的彝族，普洱市西盟佤族自治县的佤族，文山壮族苗族自治州的苗族的在校一年级学生共 360 名，每个民族选取学生 60 名，男女生各 30 名，平均年龄为 19 岁，进行问卷调查。我们把调查结果与全国中学生常模

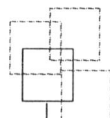

进行分项比较，由此可以看出不同的人格表现在同一民族中又有很大的同一性。

表1　纳西族大学生与全国学生人格因素比较

人格因素	纳西族				汉族				t值	
	男生		女生		男生		女生		男生	女生
	X	S	X	S	X	S	X	S		
乐群性	11.09	2.25	12.27	2.64	8.98	3.73	10.44	3.77	3.25**	3.42
聪慧性	8.82	1.68	9.02	1.64	8.71	1.06	9.08	1.31	0.56	-0.30
稳定性	15.55	3.08	13.09	3.47	14.83	3.55	14.27	4.11	1.25	-0.63
恃强性	12.16	2.92	11.43	3.65	12.83	4.01	12.43	3.81	-1.06	-1.78
兴奋性	14.73	3.12	14.45	3.66	12.98	4.93	14.09	4.92	2.26*	0.05
有恒性	11.93	3.21	13.05	2.22	11.80	3.65	12.37	3.31	0.22	1.46
敢为性	12.68	3.62	12.28	3.78	10.94	4.43	11.26	4.41	2.50*	1.60
敏感性	9.52	2.55	10.78	2.84	9.26	3.16	10.51	2.67	0.52	0.68
幻想性	8.84	2.68	9.28	2.19	10.62	3.17	10.59	3.21	-3.49**	-2.88**
怀疑性	11.29	3.27	13.25	2.61	12.09	3.44	14.03	3.17	-1.42	-1.70
世故性	8.70	1.99	8.80	1.89	9.27	2.56	9.44	2.72	-1.39	-1.65
忧虑性	9.59	2.89	11.80	3.00	9.00	3.93	9.27	4.10	0.95	4.34**
实验性	11.50	2.66	11.27	2.27	12.60	2.61	12.99	2.68	-2.56*	-4.43**
独立性	11.02	2.70	10.27	2.48	12.50	3.87	11.98	3.41	-0.14	-3.53**
自律性	12.82	2.87	12.84	2.27	11.55	3.36	11.97	3.15	2.35*	1.94
紧张性	11.57	3.05	13.20	3.30	11.88	3.92	11.75	4.18	-0.50	2.41*

注：X=平均数；S=标准差；*表示 $P < 0.05$，显著；**表示 $P < 0.01$，非常显著。

从表1中可以看出，云南省纳西族男生在兴奋性、敢为性、实验性、独立性和自律性因素与全国男学生相比有显著的差异，而乐群性和怀疑性因素与全国学生有着极其显著的差异。云南省纳西族女生与全国学生常模相比较，她们在乐群性、怀疑性、忧虑性、实验性和独立性等人格因素有极其显著的差异，紧张性因素有显著差异。

以上调查结果表明，纳西族男女生多为热情、依赖随和、易与人相处，喜欢群体活动，重传统观念。纳西族男生总体倾向为随遇而安、愉快、自信、有较强的民族自尊心，自律谨严。纳西族女生多表现为忧虑、依赖、

179

自信心不足的性别特征。

表2　白族大学生与全国学生人格因素比较

人格因素	白 族				汉 族				t 值	
	男 生		女 生		男 生		女 生		男生	女生
	X	S	X	S	X	S	X	S		
乐群性	10.74	2.59	11.87	2.71	8.98	3.73	10.44	3.77	3.25**	2.47*
聪慧性	8.51	1.81	8.72	2.02	8.71	1.06	9.08	1.31	-1.08	-1.53
稳定性	15.26	3.76	14.66	4.52	14.83	3.55	14.27	4.11	0.80	0.58
恃强性	13.11	3.33	12.00	3.85	12.83	4.01	12.43	3.81	0.48	0.70
兴奋性	13.57	4.24	13.74	4.55	12.98	4.93	14.09	4.92	0.80	0.44
有恒性	13.68	2.98	13.09	4.11	11.80	3.65	12.37	3.31	3.49**	1.29
敢为性	12.74	4.11	12.28	4.55	10.94	4.43	11.26	4.41	2.75**	1.43
敏感性	9.49	2.30	9.68	2.81	9.26	3.16	10.51	2.67	0.50	-1.92
幻想性	9.00	2.64	8.70	3.22	10.62	3.17	10.59	3.21	-3.48**	-3.67**
怀疑性	12.13	3.64	13.40	3.54	12.09	3.44	14.03	3.17	0.07	1.21
世故性	8.81	2.56	8.13	2.53	9.27	2.56	9.44	2.72	-1.17	-3.05**
忧虑性	10.60	4.05	9.51	4.97	9.00	3.93	9.27	4.10	2.67**	0.35
实验性	12.17	2.55	11.30	3.48	12.60	2.61	12.99	2.68	-1.089	-3.74**
独立性	10.79	2.79	10.66	3.37	12.50	3.87	11.98	3.41	-3.04**	-2.42*
自律性	13.89	3.04	13.30	3.27	11.55	3.36	11.97	3.15	4.65**	2.61*
紧张性	12.13	4.15	12.09	4.97	11.88	3.92	11.75	4.18	0.42	0.48

从表2可以看出，云南省大理白族男生的乐群性、有恒性、敢为性、怀疑性、忧虑性、独立性和自律性与全国男生相比有极其显著的差异。云南大理白族女生的乐群性、有恒性、独立性和自律性等因素高于或低于全国女生，而怀疑性、世故性和实验性又与全国女生相比有极其显著的差异。

以上调查结果表明，白族男女生人格因素中的乐群性高于全国学生常模，说明白族学生更看重群体活动，喜欢与人共同工作，而不愿意独立孤行，需要群体支持，易符合从众；怀疑性低，说明易与人相处，性格随和，依赖心理强，竞争意识不突出，易合作，为人朴实；独立性低，说明白族学生比较重传统观念，较为保守，而在尝试探求新事物和接受新东西方面不够；高自律性，说明白族男女生自律谨严，特别是男生更突出地表现为

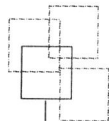

言行一致，能够合理地支配自己的情感行动。男生有恒性和敢为性高，说明他们有恒负责，做事尽职；在困难面前不易退缩，有冒险精神和进取意识；忧虑性高，说明白族男生焦虑程度高，感觉生活中困难较多。白族女生的世故性和实验性低于全国女生常模，说明重视传统观念，较为保守，尝试探求新事物和接受新东西方面不够。

表3　傣族大学生与全国学生人格因素比较

人格因素	傣 族				汉 族				t 值	
	男 生		女 生		男 生		女 生		男生	女生
	X	S	X	S	X	S	X	S		
乐群性	10.32	2.99	11.78	3.00	8.98	3.73	10.44	3.77	2.09*	2.5*
聪慧性	8.45	1.72	8.43	1.74	8.71	1.06	9.08	1.31	-1.28	3.17**
稳定性	14.53	3.19	12.95	3.59	14.83	3.55	14.27	4.11	0.49	2.27*
恃强性	11.76	3.14	11.67	4.43	12.83	4.01	12.43	3.81	1.56	1.34
兴奋性	14.55	3.57	14.88	4.39	12.98	4.93	14.09	4.92	1.88	1.14
有恒性	12.76	2.74	12.62	2.91	11.80	3.65	12.37	3.31	1.55	0.53
敢为性	12.47	4.28	11.96	3.73	10.94	4.43	11.26	4.41	2.02*	1.14
敏感性	10.58	2.69	10.85	2.80	9.26	3.16	10.51	2.67	2.43*	0.87
幻想性	9.39	2.93	8.87	2.79	10.62	3.17	10.59	3.21	-2.23*	-3.79**
怀疑性	12.66	2.93	14.33	3.16	12.09	3.44	14.03	3.17	0.96	0.66
世故性	8.53	2.48	8.91	2.86	9.27	2.56	9.44	2.72	1.67	1.31
忧虑性	10.89	3.51	12.05	3.64	9.00	3.93	9.27	4.10	2.79**	4.78**
实验性	12.08	2.54	11.63	2.56	12.60	2.61	12.99	2.68	-1.15	-3.52**
独立性	9.95	2.81	10.22	3.46	12.50	3.87	11.98	3.41	-3.89**	-3.55**
自律性	12.11	2.58	12.10	2.79	11.55	3.36	11.97	3.15	0.97	0.29
紧张性	12.82	3.40	13.88	3.41	11.88	3.92	11.75	4.18	-1.38	3.65**

从表3可看出，与全国学生相比，云南省西双版纳傣族男生的乐群性、敢为性、敏感性、怀疑性、忧虑性和独立性与全国男生相比有显著的差异或极其显著的差异。云南西双版纳傣族女生的乐群性、聪慧性、忧虑性、紧张性、怀疑性、实验性和独立性等因素上与全国女生常模相比又存在着显著或极其显著的差异。

以上调查结果表明，傣族男女生的个性倾向具有温柔、热情外向，说明傣族学生喜欢群体活动，依赖随和；容易与人相处，感情用事，易冲动的特征；忧虑性高而实验性和独立性的得分又显著低于全国学生常模，说明傣族大学生的个性倾向是忧虑的，易自我困扰；比较重传统观念，较为保守，而尝试探求新事物和接受新东西的意识不突出；缺乏积极进取的精神。由于傣族女生的忧虑、冲动、自信心等性别因素也影响了她们聪慧性的得分。

表4　彝族大学生与全国学生人格因素比较

人格因素	彝　族				汉　族				t 值	
	男　生		女　生		男　生		女　生		男生	女生
	X	S	X	S	X	S	X	S		
乐群性	10.86	2.62	12.19	2.21	8.98	3.73	10.44	3.77	3.56**	2.94**
聪慧性	8.79	1.68	9.42	1.43	8.71	1.06	9.08	1.31	0.43	1.53
稳定性	14.50	4.04	14.53	4.01	14.83	3.55	14.27	4.11	-0.61	0.39
恃强性	11.63	3.19	11.26	3.67	12.83	4.01	12.43	3.81	-2.10*	-1.86
兴奋性	13.20	4.49	14.21	4.60	12.98	4.93	14.09	4.92	0.30	0.15
有恒性	12.75	2.80	14.00	2.98	11.80	3.65	12.37	3.31	1.82	3.01**
敢为性	11.41	3.74	12.26	4.84	10.94	4.43	11.26	4.41	0.75	1.34
敏感性	9.75	3.12	9.70	2.31	9.26	3.16	10.51	2.67	1.05	1.87
幻想性	9.36	2.96	8.16	2.84	10.62	3.17	10.59	3.21	-2.71**	-4.63**
怀疑性	12.16	3.19	13.42	2.76	12.09	3.44	14.03	3.17	0.14	1.18
世故性	9.92	1.99	8.93	2.13	9.27	2.56	9.44	2.72	0.04	1.16
忧虑性	10.46	3.87	11.02	4.10	9.00	3.93	9.27	4.10	2.51**	2.57*
实验性	10.82	2.87	11.93	2.32	12.60	2.61	12.99	2.68	-4.50**	-2.43*
独立性	10.96	2.87	9.93	3.03	12.50	3.87	11.98	3.41	-2.79**	-3.67**
自律性	13.23	2.93	13.67	2.13	11.55	3.36	11.97	3.15	3.45**	3.39**
紧张性	12.21	3.67	12.53	3.69	11.88	3.92	11.75	4.18	0.58	1.15

从表4可看出，云南省玉溪峨山彝族自治县的彝族学生在人格因素调查中，与全国学生常模相比大多数因素是一致的，但也有一些因素存在着极其显著的差异。彝族学生的乐群性、怀疑性、忧虑性、实验性、独立性和自律性等因素与全国学生相比有着极其显著的差异。其中，乐群性、忧虑性和自律性的得分极其显著地高于全国男女生水平，而怀疑性、实验性和

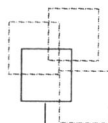

独立性的得分极其显著地低于全国男女生水平。

以上调查结果表明，彝族男女生的个性倾向在总体上是外向、热情、乐群，容易与人相处，喜欢与人共同工作，自律谨严。彝族男生在恃强性方面与全国男生常模相比有着显著的差异，表现出他们谦逊、顺从、成熟的特点。彝族女生在有恒性方面与全国女生常模相比有着显著的差异，其得分极其显著高于全国女生水平，充分表现出彝族女生有恒负责、细心周到的性格特点。

表5　佤族大学生与全国学生人格因素比较

人格因素	佤　族				汉　族				t 值	
	男　生		女　生		男　生		女　生		男生	女生
	X	S	X	S	X	S	X	S		
乐群性	11.96	3.02	12.98	2.60	8.98	3.73	10.44	3.77	5.48**	4.34**
聪慧性	8.00	1.64	8.20	1.56	8.71	1.06	9.08	1.31	-3.97**	-4.04**
稳定性	13.50	3.56	12.20	2.82	14.83	3.55	14.27	4.11	-2.48*	-3.27**
恃强性	12.76	3.83	10.28	3.21	12.83	4.01	12.43	3.81	-0.12	-3.57**
兴奋性	15.72	4.66	13.57	3.97	12.98	4.93	14.09	4.92	3.73**	-0.67
有恒性	12.52	3.62	11.73	3.27	11.80	3.65	12.37	3.31	1.31	-1.18
敢为性	12.06	5.03	9.41	3.84	10.94	4.43	11.26	4.41	1.65	-2.71**
敏感性	10.70	2.58	10.96	2.72	9.26	3.16	10.51	2.67	3.13**	1.05
幻想性	10.06	2.88	9.37	3.02	10.62	3.17	10.59	3.21	-1.20	0.04
怀疑性	12.35	3.41	13.96	3.01	12.09	3.44	14.03	3.17	-0.51	-0.14
世故性	9.22	2.35	8.00	2.79	9.27	2.56	9.44	2.72	-0.13	-3.26**
忧虑性	11.50	3.50	14.26	3.79	9.00	3.93	9.27	4.10	4.30**	7.62**
实验性	11.44	3.34	12.04	2.67	12.60	2.61	12.99	2.68	-2.78**	-2.19**
独立性	9.69	3.17	9.24	3.24	12.50	3.87	11.98	3.41	-4.97**	-5.01**
自律性	12.09	2.98	10.93	2.61	11.55	3.36	11.97	3.15	1.09	-2.09**
紧张性	13.52	3.98	14.59	3.99	11.88	3.92	11.75	4.18	2.76**	4.23**

从表5可以看出，云南省普洱市西盟佤族自治县的佤族大学生在人格因素调查中，与全国学生常模相比有很大的差异。佤族学生的乐群性、忧虑性、紧张性因素与全国学生相比极其显著地高于全国学生。而聪慧性、稳定性、恃强性、实验性和独立性与全国学生相比则极其显著地低于全国学生。

183

以上调查结果表明，佤族男女生的个性倾向在总体上多属于外向、热情，特别喜欢集体活动，有较强的民族亲和感，心理闭锁性少，能袒露自己的心理秘密。但过于依赖本民族群体，容易自我困扰，谨小慎微，常有患得患失之感；由于情绪不稳定，造成了佤族男女生在认知上与全国学生的差异；从实验性和独立性与全国学生常模相比低于全国学生，还可以看出佤族男女生重传统观念，较为保守，不易接受新事物，常放弃个人主见，附和众议的现象。佤族男生在兴奋性和敏感性方面与全国男生常模相比有着极其显著的差异，说明佤族男生爱幻想，容易感情用事、冲动的特点。佤族女生在恃强性、敢为性、怀疑性、世故性和自律性方面与全国女生常模相比有着显著的差异，说明佤族女生谦逊、顺从，容易羞怯，缺乏自信心，不愿与陌生人交谈，但在本群体中，依赖随和，易与人相处。

表6　苗族大学生与全国学生人格因素比较

人格因素	苗 族				汉 族				t 值	
	男 生		女 生		男 生		女 生		男生	女生
	X	S	X	S	X	S	X	S		
乐群性	11.31	2.01	12.21	3.27	8.98	3.73	10.44	3.77	3.12**	2.21*
聪慧性	8.04	1.87	8.67	1.46	8.71	1.06	9.08	1.31	-2.79**	-1.45
稳定性	15.35	3.76	12.95	3.32	14.83	3.55	14.27	4.11	0.69	-1.51
恃强性	11.54	2.53	10.17	3.25	12.83	4.01	12.43	3.81	-1.60	-2.79**
兴奋性	16.19	4.27	14.46	3.99	12.98	4.93	14.09	4.92	3.19**	0.35
有恒性	13.19	3.44	13.00	2.43	11.80	3.65	12.37	3.31	1.85	0.90
敢为性	12.88	3.62	11.79	4.90	10.94	4.43	11.26	4.41	2.19*	0.55
敏感性	10.50	2.08	11.58	2.08	9.26	3.16	10.51	2.67	1.95	1.90
幻想性	9.00	2.35	8.63	3.21	10.62	3.17	10.59	3.21	-2.52*	-2.85**
怀疑性	13.46	3.04	14.21	3.23	12.09	3.44	14.03	3.17	1.95	0.26
世故性	8.38	1.66	8.25	1.98	9.27	2.56	9.44	2.72	-1.72	-2.08*
忧虑性	9.96	3.97	12.25	2.98	9.00	3.93	9.27	4.10	1.18	3.45**
实验性	11.35	2.25	11.71	2.95	12.60	2.61	12.99	2.68	-2.35*	-2.20*
独立性	9.92	3.34	9.17	3.28	12.50	3.87	11.98	3.41	-3.25**	-3.85**
自律性	12.85	2.74	12.67	2.51	11.55	3.36	11.97	3.15	1.89	1.04
紧张性	11.62	3.05	13.50	3.25	11.88	3.92	11.75	4.18	0.33	1.98*

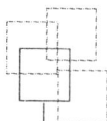

从表6可看出，文山壮族苗族自治州的苗族学生与全国学生人格因素常模相比，各因素差异大于相同。苗族男生的乐群性、聪慧性、兴奋性、敢为性、怀疑性、实验性和独立性等因素与全国男生相比有着显著或极其显著的差异。其中乐群性、兴奋性的得分显著高于全国男生的水平，聪慧性、怀疑性、实验性和独立性的得分则显著低于全国男生水平；苗族女生的乐群性、恃强性、怀疑性、世故性、忧虑性、实验性、独立性和紧张性等因素与全国女生相比有着显著或极其显著的差异。其中乐群性和忧虑性的得分显著高于全国女生，而恃强性、怀疑性、世故性、忧虑性、实验性和独立性则显著低于全国女生水平。

以上调查结果表明，文山壮族苗族自治州的苗族大学生与全国学生人格因素常模相比，在人格因素的许多结构中都表现出显著的差异。在日常行为中表现出以下特点：苗族学生的高乐群性、兴奋性和敢为性说明他们热情豪爽，易与人相处，冒险敢为，易冲动，有刚毅的性格；怀疑性、实验性和独立性的得分又低于全国学生，说明他们随和，不太喜欢相互竞争，喜欢群体共同工作，不愿独立孤行，尊重传统观念和行为规范，对新事物新东西不是很敏感。

四、讨　论

（一）民族文化背景是六个民族大学生人格与全国学生常模差异的原因

从地域上看，云南省的这六个少数民族都处于大杂居、小聚居，既分散又聚居的人口分布状态。这种布局必然导致各民族在生活各方面相互影响，共同发展。尽管新中国成立前各少数民族的政治、经济、文化甚至社会发展极不平衡，也存在着不同程度的歧视少数民族的现象，但自从新中国成立以来，在对待少数民族问题上，党和政府坚持民族平等、民族团结、共同繁荣的指导方针，实行民族区域自治，大力发展少数民族教育，传播现代科技文化知识，加强对少数民族地区的经济开发，相对缩小了各民族与汉族之间的差异。这样就使纳西族、白族、傣族、彝族、佤族、苗族大学生的人格发展与全国学生常模表现出一定的相似性。此外，年龄结构的相似也会导致六种民族学生人格表现与全国中学生常模的相似。

但是，云南省这六个民族大学生的人格得分统计与全国学生常模仍存在着许多差异，我们认为这种差异主要来自于民族文化的差异。民族文化差异主要是由生活方式决定的，受社会生产方式的制约，最初的生产方式又是由该民族所处的地理环境决定的。民族文化主要表现在生产和生活方

185

式中，体现为物质文化和精神文化两个方面，成为个人生存的社会环境。人格是个体与环境相互作用的产物，是人社会化的结果。民族文化对民族大学生的人格影响，是通过意识层面和无意识层面而发生影响的。特别是宗教信仰、风俗习惯、价值观念、文化意识等社会精神文化，具有超稳定性和习得性，能够通过人们日常的生产和生活无形地对人们的社会化过程产生影响，表现出极强的惯性。而这种影响的作用可能远远大于学校教育的影响，最终显现在人们的人格特点上。

云南省地处祖国西南边陲，公共交通、科学技术水平比较落后。而这六个民族多居住在山区或边境地区，生存条件相对恶劣，生产方式落后，社会发展相对缓慢。有的民族是从推翻了奴隶领主制度，直接进入了社会主义社会，人们的生活方式带有很强的传统色彩。这些历史、这些特点必然会渗透于人们社会化过程的各个方面，造成各民族人格发展的差异性。上述六种民族大学生与全国学生常模存在的差异正好说明了民族文化的差异是其主要成因。

（二）民族文化传统、宗教信仰是民族学生个性形成的重要因素

传统是复杂的历史构成的，是一定区域、一定生活共同体中的人们在历史过程中，从过去一直到今天，是生成、积累、稳定了的心理、艺术、道德、社会组织形式等方面的因素与特征的组合体。文化传统不仅表现为有形的方式，而且渗透在民族心理素质、思维方式、风俗习惯等许多方面。

云南省的六个少数民族主要是通过神话故事、语言、风俗习惯等方式，使本民族成员熟悉自己的祖先及其创造的历史文化，并通过其潜移默化的作用，使民族成员产生强烈的民族意识并增强民族成员的凝聚力。在这六个民族中，纳西族、傣族、佤族的宗教信仰对大学生的人格影响是非常明显的。纳西族普遍信奉本民族的东巴教，傣族信仰南传上座部佛教，白族信仰佛教（密宗），其他几个民族信仰原始宗教，有各自的图腾崇拜。宗教信仰的不同必然反映在各民族的政治、经济发展水平上，同样也影响着人们的世界观、价值观，对人的精神追求有着重要的影响作用。例如：纳西族普遍信奉本民族固有的一种原始多神教——东巴教，宣扬万物有灵，灵魂不灭；认为天、地、日、月、山、水、火、风、雨、雷、电、木、石等自然物和自然现象均有神灵，既可赐福，又可降祸。因此，纳西族都较善良，乐观开朗，乐于助人，但也比较谨小慎微，竞争意识淡化，进取精神不够等。傣族全民信仰南传上座部佛教，崇尚积善修行，提倡凡事忍耐、谦让，以求相安无事。这就形成了傣族人重和睦、轻纷争的个性特征。佤

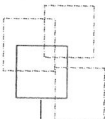

族在对下一代进行教育时，经常通过各种原始宗教的仪式来对成员进行伦理观念的教育，并内化为每一个成员的信念、价值观和人生观，也形成了他们团结互助、勤劳勇敢的个性品质。

（三）与其他民族的相互交流水平是影响民族学生人格形成的又一个重要因素

在现代社会中，任何一个民族都不是生活在一个完全封闭的文化和社会群体中的，必然要与其他民族相接触。在接触和交流的过程中，传统文化和异质文化就会出现碰撞或融洽的局面，从而影响民族社会的现代化进程。不过不同的民族在接触和交流的层面上是不一样的，物质发展水平也是不一样的。就云南省这六个民族来看，白族、纳西族和彝族在物质生产水平上要高于其他三个民族，傣族、苗族和佤族的物质生产水平大致相同。与汉族和其他民族文化交流程度来看，白族的交流高于纳西族和彝族，而纳西族和彝族又高于其他三个民族，傣族比较看重自己的文化传统，而且对自己的民族文化具有很强的优越感，对异族文化的吸收与佤族又有一些差异。这些因素就影响了这六个民族在生活方式上各具特色，势必造成六个民族大学生与全国学生之间的差异。

（四）当代文化对民族学生心理发展的影响

当代文化是指以新的价值观、行为表现、思维方式为内容，以开放、竞争、创新为核心，以大众传媒文化为形式的文化。它伴随着改革开放的深化而不断发展，冲击着原有文化。在社会转型期和人生转折期的双重影响下，少数民族学生面对选择、困惑、压力、再适应的要求可能比大中城市的学生更大，这也是造成六个民族学生与全国学生之间差异的原因。

五、教育对策

1. 注重民族学生教育内容的民族特色。云南省所有学校在中学阶段使用的教材是全国统一的教材，教学内容缺乏民族性。要体现民族教育的特色性，可在课程设置上增加民族原有的优良文化传统的项目，注重研究适合本民族心理特点的教育方式。民族学生大多好动，能歌善舞，喜爱文娱和体育活动，特别喜爱武术、球类、唱歌、跳舞等项目，学校应尽量创造条件，开展多种富有民族特色的活动，使教育的方式多样化。

2. 有计划、有目的地进行人生目标的教育。要把国家的发展，地区的繁荣进步和个人的人生目标相结合，培养学生锐意进取，不畏艰苦，勇于献身民族教育事业的精神，提高人生目标的追求。教师要有计划、有目的地对学生进行理想教育，引导学生树立明确的奋斗目标，多参加社会实践，明确社会对未来人才的要求。

3. 在教育中形成相同、平等的成就标准是民族学生发展的一个重要因素。当代，许多教育心理研究表明，并没有较为一致的证据说明少数民族在遗传素质上有着明显的缺陷，而比较一致的看法是其在遗传上所提供的发展潜力是相当广阔的，在我们的调查中也显示出这一特性。但在实际教学中，常常出现在我们的领导和广大教师在工作安排和具体的教学指导活动中，往往用不同的成就标准来区别对待民族学生和汉族学生群体。最典型的就是在学习考试中降低合格分数标准。在云南省的许多民族地区，教师、学生和家长的意识层面上，或多或少地都存有这样或那样的学习问题，并把这些问题看成是民族学生可以存在的固有现象而加以迁就。这种贯穿在直接教学活动中的教学思想必然会影响教学效果和民族学生，形成区别于其他地区学生的成就标准。民族教育的实施要照顾和适应民族学生的发展特点，但是民族教育要提高民族素质，出好人才，更重要的是研究民族学生的学习机制，用相同、平等的成就标准去要求民族学生，让他们在阶段的学习、生活中不断提高、完善自己的奋斗目标。

4. 加强交流，开阔眼界，积极参与竞争，促进学生学习动机。总的说来，少数民族的生活环境比较闭塞，受办学经费的影响，教师和学生很少有机会与外界交流比较。一些世世代代生活在当地的民族学生从来没有机会与外界接触和交流，缺乏与外界的比较，在专业学习中容易产生满足感。我们认为可以组织内地学校为民族地区开设民族班（佤族班、纳西族班等），定期为民族地区培养出几十名合格的人才，或提供一些机会组织学生到外地参观、学习、交流，接触外界，开阔眼界，激励学习动机，对于促进本地区的经济、文化、教育会产生较多的作用，具有很高的社会效益。

六、结　论

1. 文化传统、宗教习俗是民族学生人格形成的重要因素。云南省大理白族自治州的白族，丽江市的纳西族，西双版纳傣族自治州的傣族，玉溪峨山彝族自治县的彝族，普洱市西盟佤族自治县的佤族，文山壮族苗族自治州的苗族的大学生在他们所受的民族传统文化的影响中，既有对他们个性发展起积极意义的成分，也有消极意义的成分。所以要构建具有现代性、科学性、实用性和民族性的综合课程结构，加强民族大学生心理素质培养，帮助学生学会正确看待本民族传统文化给予自己的影响，学会以积极的方式对待生活。

　　2. 主体文化的渗透和现代社会的交流，各民族学生的人格差异将会逐渐缩小。社会现代化过程加速了民族文化之间的接触和了解，提高了各民族对科学和真理的认同，摒弃传统文化中落后、愚昧的糟粕，呈现民族趋同和融合的因素，这种因素必然带来民族意识的逐渐削弱和淡化。人格因素也将在不断地学习、吸收、包容中变迁，在中华民族大家庭中，一种普遍的文化将会被接受，各民族学生的人格因素差异也将朝着不断缩小的方向发展。

```
* * * * * * * * * * * * * * * * * * * * * * * * * * * * * * *
*     不愤不启，不悱不发，举一隅不以隅反，则不复也。          *
*                                                            *
*                                                            *
*                                              ——孔　子      *
* * * * * * * * * * * * * * * * * * * * * * * * * * * * * * *
```

云南大学文化传承与创新的研究探索

张建新　董云川①

摘　要：以传承与创新为题，我们纵向追溯了云南大学八十多年的建校历史，以五百多年前的贡院作为起始，寻找到了一百多篇文化史料来描述云南大学独特的文化渊源。以现实作为横截面，我们从四方面对学校发展过程中的文化线索进行了透视：（1）对云大精神文化、云大校长等九个文化要素符号进行解剖；（2）针对大学文化认同感以及大学生批判精神等方面的问卷实证进行调研与分析；（3）通过"云南大学文化征文"活动，精选了170篇文稿。（4）从历史文化、物质文化、制度文化和精神文化四个角度，搭建了云南大学"会泽百家，至公天下"的大学文化体系雏形。

关键词：大学文化　云南大学　文化传承　文化创新

2004年6月，在通往会泽楼的九五台阶上，悠扬的钟声唤醒了我们对云南大学文化进行探究的意愿与决心。同年12月，由清华大学、北京大学、高等教育出版社联合组建的学术研究机构"大学文化研究与发展中心"在云大会泽楼召开了"第二届大学文化高层论坛"，给我们对云大文化的研究带来了力量、信心和希望。从此，我们就成为了"中国大学文化百年学术研究"课题最忠实的参与者，并一步一个脚印在大学文化研究的征途上踏实行进。

三年后的今天，《大学文化传承与创新研究——云南大学个案研究》、《感悟云大文化》和《云大文化史料选编》三本书已经摆在眼前。我们对云南大学文化的研究探索业已暂停脚步，有必要梳理思绪了。

---

①　作者简介：张建新，女，北京大学教育学博士，云南大学高等教育研究院高等教育研究所所长、研究员，研究方向为大学文化及比较高等教育；董云川（1963—　），男，华中科技大学教育学博士，云南大学高等教育研究院院长、教授，研究方向为高等教育。

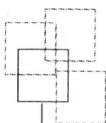

云大文化在哪里？

何谓文化？面对克罗伯（A. L. Kroeber）以严谨之学术精神为文化总结的 166 条定义，人们往往陷入更深的迷惘之中。那么，何又谓大学文化呢？我们也搜集整理出"二分说"、"三分说"、"四分说"、"五分说"、"多分说"……一千个人一千种看法，孰对孰错？哪一个界定更接近大学文化之本真？

所有界定均无对错之分，无论怎么回答都有正确的一面，又似乎，无论怎么回答总有人会疑惑地摇头。有人说，当代的大学文化是新时代的网络文化，有人说是"学习"文化，有人说复古，有人说西化，有人甚至认为当代中国大学根本就没有文化……面对种种判断，我们眼下的云南大学有没有独特的院校文化呢？如果有的话，过时了吗？更新了吗？被遗忘了吗？

书籍往往被当做文化的载体。纵览关于云南大学的书籍，可以粗略分为四类：（1）宏伟叙事如《云南大学志》等；（2）小品笔调如《云大故事》等；（3）人物传记如《熊庆来传》等；（4）专题如《岁月峥嵘，无边执恋——云南大学爱国主义教育基地巡礼》等。总体上说，宏伟叙事属于"史"，小品笔调是"话"，人物传记是描述"人"，专题讲述"事"。在"史类"中，我们看到《云南大学志》第一卷到第十卷多本红皮书。在对学校创办以来的历史进行了全面、系统的资料搜集和调查研究工作的基础上，《云南大学志》的编纂方针是坚持实事求是、概述历史全貌、突出云大特点。这样一部"体例完备、内容丰富"①的志书对于人们认识云大的历史和现状，向师生员工进行热爱云大的传统教育，对总结办学经验教训、探索具有云大特色的新思路等，都是特别有意义的。在"话"或"轶事"类，有《东陆春秋》、《云大故事》、《墨痕淡定，屐履声声》、《岁月峥嵘，无边执恋》、《金色银杏下的四年》、《东陆回眸》等书籍。"话"不同于"史"，感情色彩较浓。文章里的逸事，经常是对往事的追忆，心态各异，笔调不一，偏重于作者感性……但这些还远远不是真正的云南大学的大学文化。

我们认为，一所大学的文化至少应该有三个方面的功能：首先是对历史经验的总结，其次是对当前大学办学思想的审视与反思，最后是对大学

---

① 《云南大学志》编审委员会编．云南大学志：总述［M］．昆明：云南大学出版社，1993：3.

办学理念的创新探索。缺乏文化传统和历史记忆的大学难以成为好大学；没有文化底蕴和历史积淀的大学亦非真正意义的大学。正如云南大学吴松校长所说："考察一所著名大学的历史，最重要的是考察其人性化养成的特质进而才是考察其推动知识进化的成就。"① 作为万物之灵，人的可贵之处在于能够反省过去，分析现在，预测未来。作为一所以人才培养和学术研究为天职的大学而言，更不能缺乏对自身文化的理性反省。日本著名学者丸山真男把近代世界各国文化成长与转型分为两类：一类是"自然成长"型，一类是"目的意识"型。中国是一个相对"后进"的国家，不可能像英国那样顺应历史发展而产生"自然成长"型文化，中国需要采用"目的意识"来促进文化的成长与转型。正因为如此，作为西南唯一一所"211 工程"大学，云南大学文化精神体系的建构尚存空间，亟待我们去整理、提升和完善。

作为大学文化个案的研究探索

我们认为，置身于具有优良传统并享有较高社会声誉的校园内，总会感到校园里弥漫着一种神秘的东西，有一种奔涌着生命的东西在不断地撞击着我们的心灵，使我们兴奋、激越和升腾。这种能唤起、激发大学人崇高情感和进取心的东西就是大学文化。大学文化要研究的不仅仅是它的物质表现形式，更是它的历史、制度和精神等表现形式。在学科体系上，它既要有基础理论建构，也要有具体问题的研究。我们的研究主旨是"大学文化的传承与创新"，研究对象为"云南大学文化"，分为"大学文化理论基础研究、云南大学文化形成发展研究、云南大学文化要素及实证研究、大学文化建构机制研究"四个单元，其中，第一单元"大学文化理论基础研究"是整个研究的理论基础。文化研究并非一门学科，有其独特的研究对象和理论建构，而比较像是一个松散、系出多元，但又有若干趋势的开放性知识活动。每一种思想观念都有其现实的脉络根源，都与其广大的社会历史情势以及学院知识体制的氛围有关（见下图）。

① 吴松. 云大故事［C］. 昆明：云南大学出版社，2003：2.

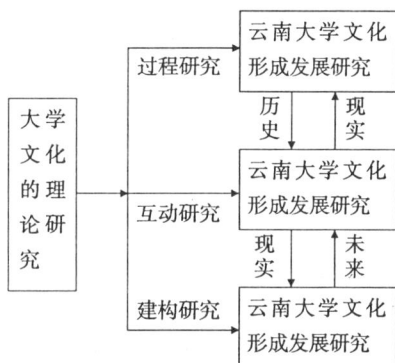

"大学文化的传承与创新"研究框架图

可见，此研究涉及历史、现状和未来三个方面。

（一）历史的纵向研究

以历史为背景、用文化的形成为主线是我们的努力方向。云南大学坐落在具有五百多年历史的明代云南贡院旧址上，要探讨云大文化必然要追根溯源于此。回顾云大的历史，不能不看构成今天云大校园历史文化景观之一的云南贡院。以上框架的第一部分"云南大学文化形成发展研究"在《大学文化传承与创新研究——云南大学个案研究》（以下简称《个案研究》）中，从"云大之历史溯源——贡院"开始，追溯了五百多年来，云南贡院的山灵水秀、文运昌荣之气脉就一直绵延不断，成为今日云南大学为国求贤、为国育贤的学术文化重镇。随后，"云大历史沿革及发展"描述了初生之云大、熊庆来时代的云大和新中国成立后的云大三个时期，并概述了云大历史沿革，由此体现云大不仅是一所以"四季如春"而闻名全国的"春城"昆明的大学，更是一所有思想、有精神、有文化的"群贤毕聚"之地。同时，更加清楚地表明，世事变迁中，云大所走过的道路极其坎坷，屡次经历致命的创伤，也不可逆转地在经受着各种变化。每一次变革，云大都承担起了属于她的责任。云大，从来都不是孤立的，她是时代的见证，是民族的骄傲。自然，云南大学在文化的物质、制度、心理意识层面上，表现出不同程度的"文化断裂"①和"文化冲突"②现象。

历史是原来世界的结点，是后生世界的起点。历史是人类生活不可或缺的重要组成部分，面对自己的成长历史，有人珍惜，有人羞愧，也有人很恐惧。如何全面真实地整理和保存历史，需要努力、耐心和责任感。历史稍纵即逝，不可重复。它既散见于汗牛充栋的文物档案中，更存活在千千万万当事人的心灵深处。有时，抢救一个人的记忆，几近书写出一部历史；而抢救一所大学的记忆，就能够不断延续、强化这所大学的生命之源。"抢救历史记忆，让历史告诉未来；从现在做起，拒绝遗忘，呈现饱经沧桑的历史感"是《云大文化史料选编》（以下简称《选编》）一书的宗旨。

《选编》过程突出了以下特点：第一，在选编范围上，力求选材广泛性。《选编》包括三个方面的文章，共134篇文章、109首诗。第二，在选编体裁上，注重多样性。我们选择的体裁比较广泛，有论文、诗歌、序跋、公文、演说词等。第三，在选编时间上，注重历史性。包括从贡院开始至新中国成立初有代表性的教育文献尽在搜集视野之中。第四，在选编题材上，注重教育思想性和学术质量。选编文献中显示出了时代的脉络，时代的精神，时代的闪光：1903年以来科举制度的废除、书院的停办、新文化运动的到来、兴办私学等。与此同时，在每个专栏开始部分，对部分文章进行了简明扼要的概述，有助于读者对作者和时代背景有一个概貌的了解，权当微弱的导读作用。在可能的情况下，编者补充了作者简介。《选编》是教育沉淀的结果，是文化结晶的再现，具有厚重而沧桑的历史感。她将引领我们重温和触摸那些尘封的历史，回瞻曾经"很高的起点"，用活那短缺而珍贵的资源，唤回今人对自己院校传统的些许记忆和珍视，从历史和前辈那里汲取新的文化力量，可以转化为建设21世纪现代大学取之不尽、用之不竭的力量源泉。

（二）现实的横截面研究

文化整合的观念把文化看成是一个由各部分组成的系统，是以文化要素为单位的。由此，我们认为，大学组织文化整合的途径包括两个方面：一是对组织成员进行培训，通过培训组织成员以及增加组织内部的沟通和

---

① 文化断裂就是指人类文化在发展过程中所出现的连续性的缺失。换句话来说，也就是先前习得的文化与后来将要习得的文化、或正在习得的文化之间有很大的差异。

② 所谓文化冲突，就是指不同文化之间的相互对立、相互排斥、相互否定，其实质在于人类不同特性的冲突。

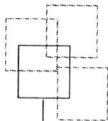

交流等，传递组织的核心价值；二是利用组织文化的一些基本表征，如典礼（ritual）、传奇（saga）、神话（myth）、符号、口号、语言、神话、故事等强调组织的核心价值①。分析一所大学的组织文化应该通过这两条途径，使学术系统和组织自身的基本价值体系在学术人员中建立起来并不断得到加强。由此《个案研究》第四章"云南大学文化要素研究"从文化要素的组成结构论析云南大学精神、文化符号、景观文化、社团文化以及其他各种具体的大学文化形态。

今天，一些人一提起云大，就只提熊庆来时代，而忽视了云大历史上的其他时代。诚然，熊庆来时代是云大历史上的辉煌时期，但在之前和之后各时期，也是有着许许多多可圈可点之处的。一味地厚古薄今会不会把云大带入一个理想化的旧日岁月中？我们认为，现在的云大，是现实的云大。云大已不再是当年西南地区独一无二的最高学府，云大更需要在现实的土壤上来关注自己、探索自己的"辉煌"。因为文化的重要因素很敏感，又看不见，组织内部人员认为它不证自明，但是在实际中它却是无形的。由此，根据舍恩（Schein）的组织文化模式架构三层次图，我们走进云大组织内部，从人造物品、价值观到基本假设三个层次与学生、老师进行长谈；找出他们所认为大学文化的重要的地方；倾听他们使用的语言；挖掘出反映他们所赞同的假定、信仰和价值观的象征。我们选取了云南大学本科课程、大学文化认同感、大学生批判精神、在校研究生价值取向特点及德育、社团文化和网络文化六个方面，对2 470名师生展开了问卷调研，回收有效问卷2 047份，有效回收率为82.8%。研究的数据使用SPSS以及Microsoft Excel软件对原始数据资料进行解析。从研究目的出发，主要对调查结果进行描述性统计分析、频数分析、两个样本的差异性检验、独立样本的T检验和各维度的相关性检验，并采取了分析与综合、动态分析与静态分析、宏观分析与微观分析相结合的分析方法。

此外，为凝练云大传统、凸显人文精神，增强师生员工对学校独特历史文化的认同感，有效传承并根据新时期现代大学发展的要求，不断创新云大富有鲜明特色的文化精神，云南大学成立了由吴松校长任主任，董云川、张建新任副主任以及相关专家组成的"云南大学文化征文组委会"，自2005年12月10日起，历时半年，面向校内外师生员工、校友以及社会各

---

① 参考：David D. Dill. The Management of Academic Culture：Notes on the Management of Meaning and Social Integration [J]．Higher Education，（Vol. 11）；303～320.

界同仁开展了"我看云大文化"的大型征文活动。征文组织委员会从《云南大学报》、办公网络 Netcase、云大网络新闻、《云南高教论坛》等渠道发布了征文消息。

投石起浪，征文引起了云大师生和校友的广泛关注，先后共获取征文278 篇，共计 76 万字。有关专家根据征文要求，从 278 篇稿件中精选出 170 篇辑入《感悟云大文化》一书以志纪念。《感悟云大文化》从岁月履痕、先生风采、校园生活和精神家园四个角度诠释云南大学文化。170 篇墨迹，170 文心曲。既有"宏伟叙事"的壮观，也有"小品笔调"的细腻；既有"历史事件"的写实，也有"文学风格"的抒怀。这种个人化的叙述情调弗同，风格迥异，或反思，或歌泣，或含蓄凝重，或激情奔腾。每篇文字均意切情真，蕴涵丰厚，文笔跃动，"情、理、辞"自然融会，浑然一体。篇篇佳作，宛如一杯杯香茗，细细品来，余味不尽。

（三）未来的创新研究

伴随着社会进步和科学发展的漫长历程，大学形成了独特的文化精神，比如说科学精神、自由精神和服务精神。然而，任何一个社会组织的文化精神，并非是永恒不变的，它必然会随着时代的变化和社会的进步而发生一定的嬗变或更新。大学必须在厚重的历史沉淀的现实基础上，不断进行扬弃才能不断实现创新，这种扬弃和创新越多，大学就越有朝气、越能发挥自身的作用。

在充分理解历史与现状的基础上，是该考虑大学文化创新的问题了。大学文化同其他学术领域一样，良莠并存，并非都是好的。中国传统大学文化有忽视个体价值、偏重群体的文化倾向，有把大学文化视为象牙塔中稀罕物的封闭文化意识，学术争鸣中的意识形态化突出的倾向，大学文化中"全盘西化"的思潮等。不可否认的是，大学文化肯定会随着社会的发展而发展，随着社会的变化而变化，由此大学文化创新的研究就显得非常必要。如果再深一点说，还有一个问题需要考虑：那就是有没有大学文化的创新机制？创新机制是什么样的？文化本身具有创新性，文化内在的创新机制与其他机制应该不一样，那么文化的创新和转型也会不一样。

带着这样的出发点，《个案研究》反思了大学文化科层、市场和文化机制的失衡现象，提出建构现代大学文化的有效机制，从精神文化、制度文化、物质文化与历史文化四个层面来展开（见下图）。

大学宗旨信仰、目标价值、精神追求、德智体文化、校园文化、传统文化、全球化意识等

(高层)

制度文化
(中层)

制度文化
(表层)

大学
文化

规章制度、组
织结构、礼仪
文化、管理机
制及水平等

建筑设计、教学
设备、校园景观、
学习生活环境、
网络等

历史文化
(基层)

历史文化、男女英雄、故事神话、闲闻逸事等

大学文化理论框架体系图

从结构层次看，分为深层、表层、中层、高层四个层次。从表现形式看，分为历史文化、物质文化、制度文化和精神文化四种文化。从构成要素看，包括组织精神、组织制度、组织行为、组织文化、组织素质、组织形象等。

精神文化、制度文化、物质文化与历史文化四个层面并不能孤立存在，其间存在着对立统一的辩证关系。四者相互制约、相互促进、相互影响、相互转换，缺一不可。如果按"层次说"划分，历史文化为基层，物质文化为表层，制度文化为中层，精神文化则属高层。大学文化整体性是通过层次性反映出来的，深层是从历史传统文化的积累与承接而获得的，表层是以物质载体表现出来的物质文化，中层是以各种校规校纪表现出来的制度文化，高层是以校园氛围和师生员工的精神状态表现出来的精神文化。

在这四个层面中，历史文化是大学文化的源头，物质文化是大学文化系统的载体，是制度文化和精神文化的前提条件；制度文化是大学文化系

统的关键，只有通过合理的制度文化，才能保证物质文化和精神文化的协调发展；精神文化是大学文化系统的主导，它保证和决定物质文化和制度文化的发展方向。我们平时所说的塑造大学文化，很大程度上讲的都是大学精神文化，是通过塑造大学精神文化来带动制度文化的改良并反作用于物质文化，从而达到四者有机结合，浑然一体，同步发展的目的。

由此可言，大学文化既是历史的积淀，又是现实的存在；既有意识形态的精神，又有物质的载体；既有精神文明的综合效应，又有物质形态显现出来的大学风貌；既有教育内容，又有教学内容。

"贡院虽敞，沿革所昉。大学虽新，宁忘厥始。学新地旧，名创实因。"① 今日之大学既要守望象牙塔精神，又要超越象牙塔精神。越是面对纷繁复杂的社会需求，越应该夯实大学文化的根基，"以固有文化精神，吸收新文化"②，这是当代大学中睿智学者和莘莘学子所必须担当的历史使命。"会泽百家，至公天下"的大学只有在文化创新中不断吸取历史文化、制度文化、物质文化和精神文化的精髓，不断完善其大学文化的实质内涵，具备其独特之文化与精神，大学的改革才有方向，大学的创新才有根基。

研究反思

1922年是每个云大人都应该铭刻于心的一年，云南大学的前身——东陆大学在云南贡院旧址上诞生了。八十余年历程江河行地、薪火相承，历经古稀、岁月磨砺，云大铸就了"会泽百家，至公天下"的大学精神，形成了与众不同的大学文化。这一路走来，我们的耳边隐约回响着唐继尧的声音——开学典礼上"自尊、致知、正义、力行"的校训，仿佛飘荡着老校长熊庆来和蔼的叮咛——"本校之生命在其学术之生命与精神"的教诲。每一个云大人都在沐浴着云大独特的院校精神与文化。

云大文化，既不简单，也不晦涩，是一粒埋藏在当代大学人内心深处的七色种子。风和日丽时，完全感觉不到她的存在，而当历史的某一时刻，她又会一马当先，彰显于行动之中，沉浸于师生心田。此时，我们才认识到，云大"会泽百家，至公天下"的文化原来是挥之不去而真实存在着的。多年未见的美丽，几许甘露，就能蔚然成荫，在风雨浪涛中兀自屹立。

① 毕德义.东陆大学沿革小史 [J].东陆大学特刊，民国十六年（1927年）：125.
② 1923年东陆大学奠基典礼上，创办人唐继尧训词.《云南大学志》编审委员会编.云南大学志（第二卷）：大事记 [M].昆明：云南大学出版社，1997：13.

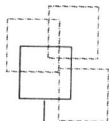

　　三年来，我们试图将云大置于教育史、文化学、学术史的脉络中考察，试图凸显文化学、史学和学术的眼光，期望走向历史深处，思考大学文化之重大问题。依据力所能及获得的有限材料，我们借助云大人物、事件来刻画大学文化。由于时间、精力和能力的局限，虽然我们努力去挖掘历史事件，去探究现象背后的真实，去拨开覆盖于表层的迷雾，但仍旧存有诸多遗漏和瑕疵。对此我们深表歉意，并殷切盼望得到大家进一步的帮助，及时对本书中的具体错误或缺陷给予指正。

　　回想三年前开始跋涉之时，我们制订了三个目标：（1）大学文化的传承研究；（2）大学文化的创新研究；（3）大学文化作为一门学科的研究。今天，第三个目标还没有触及，然而"虽不能至，心向往之"。

　　对云南大学文化的"朝圣"基本告一个段落了。通过我们迈出的第一步，会泽院的九五台阶越来越清晰了，云大的精神也扑面而来，镌刻于大楼基石上的大字清晰可见。"会泽百家，至公天下"，何其博大！从这里，我们看到了因黉达而在西南崛起的云大。在云南大学文化传承与创新的实践中，我们仅仅迈出了第一阶段的第一步。要全面、深入地理解云南大学的文化，一本《大学文化传承与创新研究——云南大学个案研究》、一本《感悟云大文化》、一本《云大文化史料选编》还不足以回答当今人对云大文化的疑问。云南大学需要一本《会泽百家，至公天下》，凝聚云大文化的书。它应该是内化了的美文，应该是文字优美、言语生动、境界高远的散文和随笔，既具有真实性和真情实感，又具有文学性和可读性。这，就是我们的梦想和追求。

参考文献：

　　[1] 张建新，董云川著.《大学文化的传承与创新——云南大学个案研究》[M]. 昆明：云南大学出版社，2006（11）.

　　[2] 张建新，董云川编.《云大文化史料选编》[C]. 昆明：云南大学出版社，2006（11）.

　　[3] 吴松主编，张建新，董云川副主编.《感悟云大文化》[C]. 昆明：云南大学出版社，2006（11）.

大学生校园文化的二十年变迁研究

——基于校园民谣歌词的内容分析

孙艳丽①

摘　要：本研究以校园民谣为载体，采用质性研究中的内容分析法，辅以教育统计学中的相关定量资料分析法，从历时性维度，通过歌词内容的分析，以校园民谣的兴衰历程为研究主线，深入探究中国高校大学生校园文化 20 年间的变迁特点，寻找其原因，以期对校园文化建设有所启发。

关键词：校园文化　校园民谣　内容分析

一、引　言

1. 研究背景。高校校园文化作为精神文化、物质文化、制度文化及行为文化的整合体，是社会主流文化的反映。同时作为校园主导性文化、一种青年亚文化，又有其自身的特点与个性，而其核心与深层结构就是价值观念。"歌"为心声。校园民谣是一种校园文化。作为一个文化个体，校园民谣"记录了一个时代、一种学校的文化氛围"②。是大学生们内心情感的特殊表达方式，是大学生真实心态的一种展现，直接铭文着当代大学生的心理。它更是时代的一种印记，从中可以窥视大学生们心态变化的轨迹，探究其价值取向。校园民谣作为考察大学生校园文化变迁的载体极具意义，尤其是从分析歌词这一维度入手，其考量价值巨大。

2. 研究思路。本研究拟从历时性维度分析 20 年（1988—2007）间的 200 首校园民谣，先考察每一阶段的歌曲数量，再将歌词按一定标准分类编码，进行初次分析，并依据不同时期，对歌词作横向与纵向分析比较，以校园民谣发展里程为主线，进入第二次分析，将显性内容与隐性内容的分

---

①　孙艳丽（1978—　　），女，云南大学高教院 2006 级硕士研究生。
②　中国校园民谣 30 年——那个经典岁月．http：//www. cnncy. cn/index_ news. asp？page = 2& newsid = 5480.

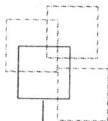

析相结合，归纳得出大学生校园文化模式的几种类型。

3. 研究方法。主要采用质性研究中的"内容分析法"。内容分析法"本质上是一种编码运作"①。"其主要目标通常是决定内容中某一项目的频数，或决定某一类别在整个内容中所占的比例等。此外，还对这些定量的结果进行分析。"② 为提高内容分析法的信度与效度，将采取显性分析与隐性分析结合的方式进行，并辅以教育统计学中的相关定量资料分析法对数据结果进行分析。

二、研究样本

1. 样本抽取。利用目的性抽样方法，从网络上选取 1988—2007 年间发布的校园民谣共 200 首，统计情况如下：

表1　校园民谣所属年代统计表

	歌曲数量	百分比（%）	有效百分比（%）
1988 年—1992 年	44	22.0	22.0
1993 年—1998 年	99	49.5	49.5
1999 年—2002 年	26	13.0	13.0
2003 年—2007 年	31	15.5	15.5
总　计	200	100.0	100.0

表2　校园民谣所属地区统计表

	歌曲数量	百分比（%）	有效百分比（%）
台湾原创	49	24.5	24.0
大陆原创	148	74.0	74.0
其他地区	3	1.5	1.5
总　计	200	100.0	100.0

---

① ［美］艾尔·巴比，邱泽奇译. 社会研究方法［M］. 华夏出版社，2006：118.

② 袁方. 社会研究方法教程［M］，北京：北京大学出版社，2000：402.

表3 各地区校园民谣在各时间段所占比例

	台湾原创		大陆原创		其他地区	
	歌曲数量	百分比（%）	歌曲数量	百分比（%）	歌曲数量	百分比（%）
1988 年—1992 年	36	81.8	8	18.2	0	0.0
1993 年—1998 年	9	8.9	91	90.1	1	1.0
1999 年—2002 年	2	8.3	22	91.7	0	0.0
2003 年—2007 年	3	9.7	26	83.9	2	6.5
总　计	50	25.0	147	73.5	3	1.5

表1显示：从数量上看，1992—1998年间，歌曲数量最多，共99首，占49.5%；1999—2002年间，校园民谣的数量骤降，为26首，占13%。表2显示，大陆原创且流传最广泛的校园民谣共148首，占74%；从表3可以看出，1988—1992年间，台湾流入大陆的校园歌曲共36首，占81.8%（大陆为8首，占18.2%）；1993—1998年，台湾与大陆校园民谣分别为9首、91首，占8.9%、90.1%；1999—2002年为2首、22首，占8.3%、91.7%；2003—2007年，为3首、26首，分别占9.7%，83.9%。

2. 抽取的样本衡量标准。按照歌曲在大学生中流行程度的强弱，即符合"校园民谣"含义（根据各种相关资料，笔者将之定义为：在校大学生或已离开校园的年轻人以高校学生心态创作的一种有简单音乐伴奏的歌曲形式）并广为传唱者优先选择；同时搜索若干家"校园民谣歌曲列表"网，抽取相关网站排在前200位的歌曲，综合比较后，剔除出现频率最少的歌曲，再次以同样的方式从排位于第201首的歌曲开始，进行二次抽取，选出出现频率相对被剔除者较高的歌曲，完成样本抽样。

3. 时间段的划分理由。（1）以校园民谣的发展历程为主要基准：20世纪中后期对大陆校园民谣影响最深远的台湾校园歌曲开始流入，1988年，以北京大学学生创作为主的校园民谣专辑《寂寞的星期天》的出版，标志其短暂发展；1993年，以大地唱片公司出版的《校园民谣专辑1》为标志，校园民谣发展进入高潮期；1999年，以朴树的《我去2000年》为代表，校园民谣创作进入平缓期；2003年，老狼举办演唱会力图"挽救"校园民谣，标志着另一个开始。（2）四个时间段的跨度大致相等，可以进行比较。

4. 资料编码时，将编码单位定为单首歌曲的歌词内容。

三、研究结果

1. 爱情类校园民谣始终占据各时期比例之首。首先将200首歌曲划分为八种类型（如表4所示）。歌曲类型的划分依据：一是从歌词的表面字词内容入手进行归纳；二是对字面意思表达不明显的，采取了仔细考察歌曲主题（包括搜集各种渠道的分析资料）方式得出。

表4　各类型校园民谣所占比例

		歌曲数量	百分比（%）	有效百分比（%）
1	关于爱情	84	42.0	42.0
2	关于友情	13	6.5	6.5
3	童年与成长	50	25.0	25.0
4	理想与梦想	15	7.5	7.5
5	学业与校园生活	7	3.5	3.5
6	前途与事业	4	2.0	2.0
7	对人生及社会的感悟	20	10.0	10.0
8	其他	7	3.5	3.5
总　计		200	100.0	100.0

表5　各类型校园民谣在各时期所占比例

	1		2		3		4		5		6		7		8	
	N	%	N	%	N	%	N	%	N	%	N	%	N	%	N	%
1988年—1992年	12	27.3	5	11.4	16	36.4	5	11.4			1	2.3	2	4.5	3	6.8
1993年—1998年	46	45.5	6	5.9	18	18.2	8	8.1	5	5.1	2	2.0	11	11.1	3	3.0
1999年—2002年	11	42.3	2	7.7	5	19.2			1	3.8	1	3.8	6	23.1		
2003年—2007年	15	48.4			11	35.5	2	6.5	1	3.2			1	3.2	1	3.2
总　计	84	100	13	100	50	100	15	100	7	100	4	100	20	100	7	100

说明：N代表歌曲数量，1～8分别代表如表4中所示各类型歌曲编号。

结合表5所示可看出，描写爱情类的歌曲最多，占42%；其次分别为描写童年与成长经历的、对人生及社会感悟的、理想与梦想的、关于友情的、其他、学业与校园生活的，最后是描写前途与事业的，占2%。关于爱情类的歌曲在四个时期都明显居于首位；关于友情、前途与事业类型的歌曲在2003—2007年，关于理想与梦想、学业与校园生活类型的歌曲在1999—2002年及1988—1992年间均为0首；关于童年与成长类型的歌曲在1999—2002年这一发展高峰期却最少，只有5首；关于学业与校园生活类型的歌曲在前三个时间段数量都比较少。

按照这八种类型的划分法，一般意义上认为，类型出现概率最多（或仅次于最多）的应是4、5或6型，即抒发理想与梦想、描写学业与校园生活或是前途与事业型。然而统计显示的结果却是描述爱情成为这20年间校园民谣内容的主题①。

为何爱情类主题的歌曲在校园民谣中所占比例远大于其他类型？笔者认为，青春与爱情始终是大学校园中一个敏感的主题，"在一个和平的年代，有什么可以配得上青春？唯有爱情"。学子们在苦读了12年后，进入全新的世界，心情得以放松，爱情自然随之而来。

2. 歌曲情感基调总体呈"走低"趋势，各时期歌曲自有其突出特点。将这200首歌曲按所表现出的情感基调划分为六种类型：（1）烦躁、调侃；（2）苦闷、消沉、抑郁；（3）迷茫、孤独、无助、矛盾与挣扎；（4）感情色彩居中；（5）淡淡的忧伤、多愁善感；（6）积极、明快、昂扬、励志（如表6所示）。

表6 校园民谣的情感基调所占比例表

	1		2		3		4		5		6	
	N	%	N	%	N	%	N	%	N	%	N	%
1988—1992年			1	2.3	2	4.5	2	4.5	12	27.3	27	61.4
1993—1998年	6	6.0	3	3.0	18	18.0	6	6.0	51	51.0	16	16.0
1999—2002年			3	12.0	8	32.0	3	12.0	8	32.0	3	12.0
2003—2007年	2	6.5			7	22.6	1	3.2	16	51.6	5	16.1
总 计	8	100	7	100	35	100	12	100	87	100	51	100

① 鉴于1993—1998年为校园民谣发展的高峰期，其各种类型歌曲所占比例都较高，但这并不能作为影响分析过程及结果的因素，为增加分析的效度，笔者将在后文另做考察，笔者注。

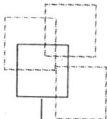

从表中可看出，歌曲所流露出的情感基调总的趋向是走低的，即从明快至烦躁，从清新、积极到忧伤、无奈。原因何在？这除了受歌曲创作者自身风格因素影响外，更多的要从校园民谣创作时的社会背景、主流文化、价值观及大学生的特点出发去分析，即下面的研究结果分析。

3. 从校园民谣的兴衰历程透视大学生校园文化的变迁状况。"任何一种文化形态的内容都是靠它所承担的文化重量来支撑的"。在分析歌词的基础上，从历时性维度，将校园民谣发展的历程归纳为"兴起—高潮—渐衰—沉寂"（为使其形象化，分别称为"蓓蕾初绽"、"迎风招展"、"随风飘扬"及"风过留痕"），通过隐性内容（latent content）的分析，考察每个阶段的校园民谣创作时的价值观、态度、社会背景，借此凸显相应时期的高校校园文化特征。

（1）1988 年—1992 年，蓓蕾初绽阶段，大学生校园文化为创新型与理想化模式。

此时校园民谣主要以台湾校园歌曲为主。其中关于童年与成长、自然与生活的歌曲演唱中，配以简单的吉他及悠扬的口哨，让人倍觉清新，如"……总是要等到睡觉前，才知道功课只做了一点点，总是要等到考试以后，才知道该念的书都没有念……"（《童年》）在台湾、欧美等音乐的影响下，大陆开始出现原创校园民谣，其风格是前述质朴的延续，如"……我把岁月慢慢编织成一幅画，梦是蝴蝶的翅膀，年轻是飞翔的天堂……"（《蝴蝶飞呀》）"在那遥远的故事里有片青青的山坡地，我如此着迷，听鸟儿在婉转地啼……"（《让我轻轻地告诉你》）这些歌词的表达远离校园围墙外的喧嚣与浮躁，纯真的爱情及追求的理想，从另一个角度反映出大学校园文化与社会文化某种程度的背离，印证了王志所说的"递进中的矛盾性"① 特点。

20 世纪 80 年代中后期，是中国当代文学史上诗人如火、诗情如云的几年，诗的情绪和意境都影响着当时歌曲的创作，包括校园民谣。歌曲中反映出的学子们颇有些"两耳不闻窗外事，一心只读圣贤书"的味道。此时校园中的"言情文学热"相较"西方思潮热"、"粉饰文学热"、"武侠文学热"来说，更直接地反映了在校园民谣中，以三毛、琼瑶、席慕荣及汪国真的作品为代表，迎合了反映在歌曲中的逃避现实、追求浪漫情调的心理。

校园民谣的诞生并非偶然，中华大地初尝改革硕果，不断开阔的视野

---

① 指校园文化时而与主导文化出现背离，笔者注。

和个性自我的强烈，使青年人梦想拥有自己的音乐。"好的音乐有时是那种最贴近现实最反映生活而非纯艺术的作品"，正是由于其非艺术性和非专业性，令其更易被接受、传唱。当代中国大学生是一个特殊群体，其高智商和敏锐性使他们永远有着与众不同的观点。

（2）1993 年—1998 年，迎风招展阶段，大学生校园文化为怀旧与世俗化模式。

这一时期歌曲数量最多，表现出两种特点：第一，总体上极富校园味道，反映的是积极的心态，真挚的感情，毫无矫饰，婉约清丽，质朴纯真，感怀易逝的青春。如"……这真是一块圣地，今天我来到这里，阳光月光星光灯光在照耀……未名湖是个海洋，诗人都藏在水底，灵魂们都是一条鱼，也会从水面跃起……"（《未名湖是个海洋》）"……你注视着树叶清晰的脉搏，她翩翩的应声而落。你沉默倾听着那一声驼铃，像一封古老的信……"（《白衣飘飘的年代》）第二，类型多样，特色较鲜明，"怀旧"明显成为主题之一，如《青春无悔》、《春夏秋冬》。对友谊的凉热、爱情的甘苦、青春的真善与世事的善恶在歌中反映分明，如《你是朋友吗》、《孤独的人是可耻的》。对现实最焦虑的投入，如《没有想法》、《不安》、《极乐世界》等。

1993 年，大学生杂志曾举办过样本数为 1 104 人的由大学生评选出的"十大大众流行语"，按排名顺序依次为：下海、申奥、发、大哥大、第二职业、电脑、没商量、说法、发烧友、学雷锋①。无须考证其真实度，单从前 5 项可划归为"物质"类的流行语中可窥见校园文化流行分布的趋势之一，反映在校园民谣中，便是歌词中流露的烦躁，对前途的忧虑，如"……紧张一天又过去……刚刚下课的我，要去城市那边那条街，那个小男孩等我教他念学龄前的外语/做家庭教师变成我上学的另一半/搭上拥挤的汽车/……想对这个世界说何时才能把我接受……"（《上学上班》）"……没有醉/只是有点困/想回家睡/可是迈不开腿/该说的话我都会背/可用的时候全都作废/古人说过时光别费/可忙来忙去到底为谁/怎样做才能不荒废/……现在的大事难为/真不知累赘是什么滋味/搞不懂成功究竟要靠谁/再低的城墙有谁帮我垒……"（《我没醉》）

此时期的校园民谣与校园文化模式有着怎样的内在联系？

1999 年，在南京进行的大学校园"十大流行语"调查结果为：北约、

① 杨晓苏. 跨世纪青年研究 [J]. 中国青年研究，1999（7）.

科索沃、考研、克林顿、朱镕基、找工作、多媒体、上网、光碟①。在北约、科索沃、克林顿中间，插进了一个并不算新鲜的考研，以至于有与重大政治文化语汇比肩的分量，完全是大学生对自身前途去向的思考路径甚至是实践路径，而"找工作"则是对大学生自身前途困境意识的补充。

有人说20世纪90年代是个"实实在在的年代"、"没有传奇色彩的年代"：邓小平南巡讲话，国企改革，给人才市场带来了暂时性的供需平衡，素质教育作为突破口，宽口径、高素质、厚基础，增强了竞争意识，中产阶级兴起，有人捞起了商海的第一桶金……这一主导性的社会文化价值观深深影响着校园文化模式，学子们从逃避转入对现实中尖锐问题的正视，忧患意识贯穿于胸。而萨特的生存哲学、尼采对人生价值的重估及马斯洛自我实现的需要等都折射于校园文化中，作为表达校园文化代表的校园民谣亦承载了这种文化符号的指意功能。这就是这一时期校园民谣诸种特色形成的深层原因。

（3）1999年—2002年，随风飘扬阶段，大学生校园文化呈苦闷与彷徨模式。

时至世纪转折，校园民谣更多体现的是歌者自身的创作风格，如朴树、水木年华，他们是生于20世纪70年代中后期的人，他们"不屑于上代人的沧桑和回忆，也不像80年代出生的孩子不停接受着来自四面八方的新事物，迷乱得找不到自己的方向"②。这些从一个侧面可以说明形成这个时期校园民谣特色的些许原因，但正如本尼迪克特认为的，虽然社会文化表面上形式多样，但其本质上都是一种"统一的文化形态"，其主旋律在此我们可以称之为"校园文化精神"。这种文化的变迁不是断裂的，"渐进性"是其规律之一，是在承接前段校园的主导性文化基础上的变迁。正像博厄斯在《文化模式序》中所说的："我们必须把个体理解为生活于他的文化中的个体，把文化理解为由个体赋予其生命的文化"③。在分析校园文化模式时，必须把歌者个体放在社会及校园文化环境中去理解。

1997年，全国所有高校招生一律并轨，高等教育变为自费上学、自主择业，而大学生在涉及自己切身利益的这一变革过程中心态较复杂：一方面认为是改革利益受损最大、受惠最少的群体，心中难免孕育浮躁情绪，

① 路德.特别企划——点击流行语［J］.中国青年研究，2002（5）.
② 王小波.校园民谣的没落［J］.长沙铁道学院学报社会科学版，2005（3）.
③ ［美］露丝·本尼迪克特，王炜等译.文化模式［M］.三联书店，1992：48.

207

另一方面也意识到这是市场经济的必然选择。与接受这一事实伴随而来的还有特困生问题、公平问题、人才竞争问题等，难免不会使大学生们产生怀疑感、焦虑、彷徨与对抗等情绪，这也反映在歌曲中。如"你看那些可怜的人？/正缝缝补补唯唯诺诺？/这么活着又算什么呢让我搞不懂……"（《我去2000年》）"我们的一生只不过在寻找/寻找一个地方/从一个陌生到另一个陌生/寻找一个人/用一转瞬爱上/一辈子遗忘……"（《我们的一生》）

（4）2003年—2007年，风过留痕阶段，大学生校园文化是商业化与迷茫模式。

这是新新人类的时代，校园民谣无可奈何地走向了衰落期①，仅有的少量校园歌曲也因歌词内容重复、缺乏新意等为大众所冷落。苏国红说20世纪的大学校园文化具有批判性、启蒙性、边缘性与独立性，21世纪则是以创新性、先锋性、兼容性与民主性的特点和庸俗化、垄断性与冲突性的误区②。看这首名为《不受打扰》的歌："我把你放在一个安全的地方/可以不受打扰/我拿着镜子一会儿哭一会儿笑/我不知道镜子里的人是谁/……我忘了所有的一切/我什么都没有了/现在我还拥有什么/我讨厌自己/我不知道应该怎么去继续/我企图忘记……"失落与困扰、迷茫与失意尽显其中。本是花样年华的青春在歌中被谱写成"草样年华"，高唱"活着是画地为牢/岁月是一把锉刀/生活是一个圈套"，而让我们"无处可逃"。充斥歌中的是无边的恐惧与无尽的焦虑。

21世纪的大学生也被快男、超女、大片吸引着眼球，他们更看重自我个性的表达，却似乎歪曲了其含义。在商品经济的冲击下，人际关系冷漠，更为重视人与人之间利的关系。在这种既能适应市场经济又能弘扬校园人文传统的考量中，我们的校园还不足以抵挡这种物质化的负面冲击，学生以否定和片面的行为来代替了成熟与理性的思考，使终极关怀远不如金钱关怀那么激动人心，这种种价值观的冲突反映在歌中，就是恐惧、焦虑、烦躁、失落、彷徨……

四、研究结论

变迁（vicissitude；changes）一词，按汉语大词典的释义指"情况的变

① 汪森.答案在风中——校园民谣引论［J］.南方文坛，2001.
② 苏国红.当代中国大学校园文化新变化——精英阶段与大众阶段中国大学校园文化特点的比较研究［J］.青年研究，1999（5）.

化转移（包括事物、时代、环境等）"。变迁不同于"变化"（指"事物在形态上或本质上产生新的状况"①），文化的变迁并不是断裂的，只是每个时期特征与重点不同，也正体现了社会文化变迁的延续性与继承性等特点。校园文化具有稳定性，"渐进性"的文化变迁规律也适用于此。

"文化模式的阶段模糊些，而区域性更明显些"②，在对校园民谣分析的过程中，笔者已得出了大学生校园文化的四种模式：创新型与理想化模式、怀旧与世俗化模式、苦闷与彷徨模式、商业化与迷茫模式。从严格意义上来说，这种文化的变迁是连续的，只是每个时期有个主导性的模式占主要地位。

完整意义上的大学校园文化与大学校园始终是相伴相生、不可分离的。它寓历史、文化、社会背景于自身的学术建树中，用值得骄傲的成就高耸于社会主导文化的整个层面，并以导向社会文化发展流向为自己崇高的历史责任。然而大学校园文化的先导角色并不意味着完全的正确性，一旦失去了现实的立足点，就容易产生过于片面、偏激的言行，因此，它需要正确的引导、塑造与调适。但愿不久的将来，我们的校园民谣又迎来一朵朵"春天的野百合"，我们的大学校园文化始终以傲人的成就凌然突兀于社会主导文化之上。

```
************************************
*    不幸是一所最好的大学。                         *
*                                                     *
*                                                     *
*                                      ——别林斯基    *
************************************
```

---

① 现代汉语小词典. 商务印书馆, 1999, 5：1983.
② 叶志坚. 试论我国文化模式的转换 [J]. 中共福建省委党校学报, 2000, 10.

大学校园文化景观塑造探索

雷维运　王声跃①

摘　要：本文在对大学校园文化景观的内涵、特征、表现形式（类型）、功能等进行分析后，提出了校园文化景观建构的思路（原则）以及应该采取的措施。最终认为：校园物质文化景观的建造是大学校园文化景观塑造的基础；校园精神文化景观的培养是大学校园文化景观塑造的核心；校园文明的建设是大学校园文化景观塑造的保证。

关键词：大学校园　文化景观　校园文明

文化景观（culture landscape）既有物质外貌也有非物质外貌②，笔者认为校园文化景观同样也包括校园物质文化景观和非物质文化景观③两种类型，大学校园文化景观从内涵上看，一般认为④是指大学师生员工在从事校园文化活动过程中所创造的物质产品的外部形态和所形成的精神状态，它包括校园物质文化景观和校园精神文化景观，它是大学校园文化的重要组成部分。利用过去的校园文化景观留下的"烙印"，我们可以探索在大学校园这一特定的地域系统所形成的文化景观在过去的整个发展过程，而这种方法已经成为人文地理学的一种特殊研究方法⑤，而美国地理学家惠特尔西将此称为"文化史层"研究（sequent occupance）⑥。大学校园文化景观是一所大学文明程度的综合反映，大学校园文化景观塑造的成功与否直接关系

---

① 作者简介：雷维运（1982—　），男，云南玉溪师范学院地理科学系教师，理学学士，主要研究方向为文化地理学、区域人文地理；王声跃（1957—　），男，云南玉溪师范学院教授，主要从事人文地理学、文化地理学的教学与研究工作。

② 杨展，王声跃等．人文地理学教程［M］．北京：中国商业出版社，1995，8：215～216．
③ 王恩涌，赵荣等．人文地理学［M］．北京：高等教育出版社，2004：44．
④ 周光礼．校园物质文化景观的教育学断想［J］．教育理论与实践，1999（1）．
⑤ 王恩涌，赵荣等．人文地理学［M］．北京：高等教育出版社，2004：44．
⑥ 王恩涌，赵荣等．人文地理学［M］．北京：高等教育出版社，2004：44．

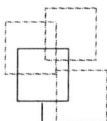

到一所大学是否具有良好的信誉和形象，它是一所大学无形的资产，是区别于其他大学的根本所在，所以从文化地理学的角度来探讨校园文化景观的塑造就显得尤为重要。

一、校园物质文化景观的建造是大学校园文化景观塑造的基础

（一）校园物质文化景观的内涵及其特征

第一，从内涵上看，校园物质文化景观是指大学校园为了实现办学目标而利用自然物质加以创造的一种校园物质面貌，它属于显域景观的范畴。第二，从特征方面来看，校园物质文化景观具有空间性，校园物质文化景观通常是附着在自然物质之上的校园人[①]活动形态，而任何自然物质都必须占据一定的空间，所以校园物质文化景观也要占据一定的校园空间。不同的校园物质文化景观占据的空间大小可能相差很大，即便是同类的校园物质文化景观，它们的大小、形态也可能有很大的差异。但是不论大小相差多么悬殊，校园物质文化景观所处的空间位置都具有稳定性、固定性和功能性。校园人创造每种校园物质文化景观都具有一定的目的，因而各种校园物质文化景观对大学校园来说也就具有了某种功能意义。此外，校园物质文化景观还具有直观性、可视性等特征。第三，从表现形式（类型）来看，校园物质文化景观主要包括校园建筑、校园雕塑和校园服装三种主要形式（类型）[②]，也有人[③]把校园园林景观纳入校园物质文化景观的范畴中来。第四，从功能方面来看，校园物质文化景观具有教育功能，这种教育功能包括思想政治教育功能、学生知识形成的功能、审美创造的功能、提高学生心理和身体素质的功能[④]、导向功能等。

（二）校园物质文化景观的建构思路[⑤]与途径

校园物质文化景观是社会主义精神文明建设的重要阵地，是师生员工学习科学文化知识的重要场所，建造好校园物质文化景观，能使师生员工

---

① 武有祯，王建华．关于加强校园文化建设的思考［J］．山西高等学校社会科学学报，2000（11）．

② 周光礼．校园物质文化景观的教育学断想［J］．教育理论与实践，1999（1）．

③ 徐力怡．论大学校园人文景观设计与学生人格塑造［J］．高教论坛，2004（6）．

④ 王正昱，刘桂云．试论新时期校园物质文化景观的教育功能与建设［J］．南京农专学报，2000（2）．

⑤ 王正昱，刘桂云．试论新时期校园物质文化景观的教育功能与建设［J］．南京农专学报，2000（2）．

受到启迪和教育，在其求知、求美、求乐中起到潜移默化的作用，能更好地为塑造校园文化景观服务。第一，校园物质文化景观的建造要充分体现规划的先导性、延续性和科学性。科学性是校园物质文化景观建造规划的基础，在此基础上以规划为龙头，按照规划的思路进行延伸和扩展。第二，校园物质文化景观的建造要充分体现协调性，校园物质文化景观之间、校园环境与周边环境之间要联系紧密，协调一致。第三，校园物质文化景观的建造要充分体现艺术性、文化性。在校园物质文化景观的建造设计中，可以通过校园物质文化景观的具体形式、造型、色彩、质感、线条、符号等艺术设计，把校园人的人生观、价值观、审美观以及道德规范、行为方式等融入其中，但更为重要的是所设计的校园物质文化景观要具有"文化"性，这种文化应该是优秀的文化。这种文化的本质应该是"以人为本"，以校园人为中心，立足于适应校园人的各种（物质与精神）需求。

物质外貌（文化景观）是一切具体事物的组合，是可触摸并且容易感觉的东西①，所以校园物质文化景观的建造是塑造校园文化景观必须借助的物质载体，而提供完备的校园物质文化景观是塑造校园文化景观的坚实基础，因为校园文化景观塑造离不开校园物质文化景观作保障，没有校园物质文化景观作保障，校园文化景观塑造就是一句空话。当前，应探索多层次、多渠道建造校园物质文化景观的途径。第一，校园物质文化景观的建造是学校整体建设的重要组成部分。应将校园物质文化景观的建造纳入学校建设的总体规划，加大经费投入，以确保校园物质文化景观的完善和健全。具体来说，应健全以下一些主要设施：一是加强校园网、校内电视台和广播台的建设，使之遍布学生生活、学习的每个场所；二是完善图书馆的各项设施，方便师生自主学习；三是完善艺术培训中心各种设施；四是建造好教职工俱乐部和学生活动中心；五是建立大学生课外科技活动基地，以利于创新人才的培养；六是抓好校园体育文化设施建设。第二，调动校内外各方面力量建造校园物质文化景观的积极性，构建校园物质文化景观建造的大系统。校园物质文化景观是以校园为主要空间的一种物质形态，但它又不仅仅是"围墙"里的物质形态，还受到社会因素的影响。这就决定了校园物质文化景观的建造必须调动校内外各方面力量来建造校园物质文化景观的积极性，争取多方投资，如在举办校庆时可以组织捐款活动，让每一位校友都为学校做一点自己能做的事，从而把构建校园物质文化景

① 杨展，王声跃等. 人文地理学教程［M］. 北京：中国商业出版社，1995：215～216.

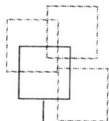

观建造的大系统做大、做强。

二、校园精神文化景观的培养是大学校园文化景观塑造的核心

（一）校园精神文化景观的内涵及其特征

第一，从内涵方面看，校园精神文化景观主要是指大学师生员工在从事各种校园文化活动中所形成的相对稳定和持久的并且能够被人们所感受的一种学校群体氛围和精神面貌，它属于隐域景观①的范畴。第二，从特征方面来看，校园精神文化景观同样具有空间性，校园精神文化景观通常是指在大学校园里由校园人所表现出来的各种精神风貌；校园精神文化景观的功能性，校园人所塑造的每种校园精神文化景观都具有一定的目的，因而各种校园精神文化景观对大学校园来说也就具有了某种功能意义。此外校园精神文化景观还具有抽象性、非可视性、渗透性等特征。第三，从表现形式（类型）来看，校园精神文化景观主要包括学校传统、校风以及师生员工共同享有的校园精神、价值观念、道德规范、文化传统和文化意识、校园思潮、办学理念、文明程度等②③方面。校园精神文化景观主要包括三个层次：一个是价值观念文化景观层次，它是指在大学校园这一特定环境中校园人头脑中所拥有的信念、观念体系，内含情感价值观、道德、习惯、传统、人际关系、集体舆论等，价值观念文化景观是校园精神文化景观的核心和灵魂；另一个是制度文化景观层次，它是指大学校园所特有的各种规章制度，是部分价值观念文化景观层的具体化和规范化，是校园精神文化景观的行为规则；最后一个是方式文化景观层次，它是校园精神文化景观的组织与设计，属于行为文化景观层次，也有人④把它称为"活文化"景观，它是校园精神文化景观的主要体现者。第四，从功能方面来看，校园精神文化景观同化着校园人的精神风貌和态度情趣，使校园人有意无意地在思想观念、心理素质、行为方式和价值取向上与校园精神文化景观产生认同感，从而实现对精神、心灵、性格的塑造。另外，校园精神文化景观是大学校园的陶冶之源，解读校园精神文化景观是大学精神的建构之本⑤。

---

① 牛亚菲. 论我国旅游资源开发条件的地域性 [J]. 国外人文地理, 1988, 3 (1).
② 王英明. 试论校园文化在育人中的作用 [J]. 北京: 中国教育研究, 2001, 1
③ 郭芬云. 对校园文化建设的几点认识 [J]. 北京: 中国高教研究, 1998 (1).
④ 乐传永, 高兴胜. 成人学校校园文化建设刍议 [J]. 中国成人教育, 1998 (9).
⑤ 张建新, 董云川. 映射文化传统的校园景观 [J]. 高教研究, 2005, 3.

（二）校园精神文化景观的建构思路与途径

高品位的校园精神文化景观犹如一种无形的力量，对校园人不断地渗透，从而对校园人的全面发展产生深刻的、潜移默化的巨大影响，笔者认为校园精神文化景观也应该把它看成是一门隐性课程。在任何一所大学，校园精神文化景观一经形成，就具有一定的"惯性"作用，在短时期内是很难改变的。所以校园精神文化景观的建构：第一，应该体现先进性，我们很难用一些具体量化的指标来衡量校园精神文化景观有多先进，但我们可以通过校园人在日常工作和学习中以及行为方式中的自然流露而感受到它的先进性的存在。第二，应该体现育人性，校园精神文化景观作为一种教育力量，具有暗示性和渗透性的特点，由此可知，高雅的校园精神文化景观可以促进校园人的健康心理的形成。第三，应该体现协作性，科学的校园精神文化景观的建构应该有利于培养校园人的集体意识和协作精神。

非物质文化景观表现为一种难以表达的"气氛"，是一种精神感觉的形体构造，它是一种精神无形的景象通过抽象的感官才能表达的"气氛"①。因此，校园精神文化景观由于其本身所固有的抽象性，所以在现实的校园生活中常常被人们（管理者、教育者、学习者）忽视，而大学校园精神文化景观又不是在短时期内所能形成的，它是大学校园全体师生员工在一定的历史条件下，为达到一定的教育目标，在长期的教与学、工作与生活等多方面实践中逐步形成和发展起来的，并且为广大师生员工所认同的一种群体意识、群体氛围。要充分发挥校园精神文化景观在高校的育人功能，使大学的"出生证"上有"文化"的烙印②，必须切实加强校园精神文化景观的塑造，笔者认为应该做好以下工作：

第一，注重校训的确立，发挥校训的凝聚力作用。校训中蕴涵着丰富的人生观和价值观，应该注意发挥其潜在的教育和凝聚作用。各高校应该根据自身的特点、传统、时代要求及培养人才的目标，在长期的办学过程中，确立具有学校特色、富有高等教育共性的校训，并且使它成为团结、凝聚人心的力量，从而使大学生开口闭口尽是"追问与探索"，执意追求"品位与卓越"③。

第二，加强校风、教风建设，形成良好的育人氛围。校风是教师的教

---

① 杨展，王声跃等．人文地理学教程［M］．北京：中国商业出版社，1995：215～216.
② 董云川．找回大学精神［M］．昆明：云南大学出版社，2005，10：3～9.
③ 董云川．找回大学精神［M］．昆明：云南大学出版社，2005，10：3～9.

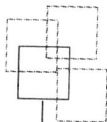

风、学生的学风、领导成员的工作作风的集中体现，是由认识、情感、思想和行为等多种因素构成，是校园精神文化景观的具体体现。教风是校风建设的决定性因素，这主要是因为教师是文化的传播者，他们骨髓中深藏着的"智慧"、思维中飘荡着的"至理"①，他们的品格、治学态度、行为价值取向等实际上都代表了学校的价值选择，所以教风建设是校风建设的重中之重，它既是校训精神的具体化、人格化，又是培养校园精神文化景观的关键所在，同时它也是校园精神文化景观的基本体现。

第三，充分利用各种教育资源，教育和影响学生的思想观念和行为取向，大力培育校园精神文化景观。校园精神文化景观不仅是一种教育对象，同时也是一种宝贵的教育资源。而校园精神文化景观之所以成为一种进步的、陶冶人的教育力量，是因为它来自师生员工对自己母校光荣和自豪的情绪体验。所以，要充分利用各种教育资源对学生进行教育。如校史教育，举办校庆，开展校歌、校徽征集活动，增加师生对学校的热爱之情，邀请杰出的校友回母校访问、作报告，利用他们的事迹教育学生，从而使校园精神文化景观得到更好的培养和弘扬。

第四，注重开展多种文化活动和利用多种文化阵地，对师生员工进行世界观、人生观、价值观的教育。对师生员工进行"三观"教育，培育"四有新人"，提高师生员工的理想道德素质和科学文化素质，是校园精神文化景观的根本内容和精神实质。校园精神文化景观具有形象化、抽象化、情感性等特点，它借助各种艺术的特殊魅力和教育手段所起的作用，是其他教育形式所不能代替的。实践证明，校园精神文化景观的形成对师生员工的思想品德、行为规范、专业学习、生活方式等方面，都有着直接的和潜移默化的影响，有形和无形地起着育人的作用。所以，要注重利用多种文化活动形式和利用多种文化阵地，如校报、广播、校园网、论坛、读书活动等，对师生员工进行"三观"教育，促进校园精神文化景观的进一步发扬，使校园精神文化景观能够更好地体现高校是传播人类文化的本质特征②。

三、校园文明的建设是大学校园文化景观塑造的保证

我们都知道文化与文明是两个不同的名词，它们之间既有区别又有联

① 董云川. 找回大学精神 [M]. 昆明：云南大学出版社，2005，10：3~9.
② 张荣. 关于创建先进院校文化的思考 [J]. 玉溪师范学院学报，2000：96.

系。自从人类出现就有了文化，而文明的历史较之文化则短许多，一个地区文明时代的到来通常以文字的出现、国家的产生、城市的形成作为主要标志。校园文明的氛围，对全校师生员工有直接的熏陶作用。校园文明情景构成学校的教育情境，具有育人作用。校园的历史人文景点可以振奋师生的精神，培养师生热爱学校的情感。优美怡人的校园文化景观可以培养积极健康的审美意识，体现出校园文化景观内涵的、外在的、文化的、专业的特色，给人一种潜移默化的感染和滋养。所以，校园文化景观塑造要得到保证，必须重点加强校园文明建设。笔者认为应该做好以下工作：

第一，做好校园建设的总体规划。要在总体规划的框架内，科学地规划新建工程的布局、设计，使校园融文化性、艺术性、个性、科学性为一体，使其成为展现和注释校园文化景观的表现物。第二，加强学生社区文明建设，培养学生健全的人格①。学生宿舍、食堂、活动中心等是学生活动的主要场所，学校应该建立统一的管理系统，规范学生的行为，让他们既能"脱俗"，更能"入世"，举手投足无不体现"真情与学养"②，使已经塑造好的校园文化景观得到保护。第三，大力开展美化校园环境活动。要让师生员工亲身参与到学校环境治理、绿化、美化工作中，让大部分学生体会到学校环境治理的不容易，并逐渐养成文明习惯，以维护和保持校园文化景观的和谐统一。第四，优化校园治安环境，加强学生纪律教育。杜绝校园内的消极行为，对校园内广告粘贴、通知的发布、标语等严格管理，大力倡导使用普通话、使用文明语、礼貌语。对不遵守学校纪律者进行教育，以切实加强对校园文化景观的塑造与保护。

四、结束语

英国的歌德曼（Jean Gottmann）在其《欧洲地理》（1996）一书中认为：认识区域好比画像，除了一般容易觉察到的具体文化景观外，要试图抓住那些抽象的、无形的景象来表现区域特色③。从中我们可以看出，歌氏所认为的那些"抽象的、无形的景象"，应该属于非物质文化景观的范畴，而非物质文化景观之所以能表现区域特色，从某种意义上说它就显得比物质文化景观更为重要，故本文在非物质文化景观的探讨方面所使用的篇幅

① 汤广全. 略谈蔡元培的人格教育 [J]. 玉溪师范学院学报，2003，8.
② 董云川. 找回大学精神 [M]. 昆明：云南大学出版社，2005，10：3～9.
③ 杨展，王声跃等. 人文地理学教程 [M]. 北京：中国商业出版社，1995，8：215～216.

就比物质文化景观多，原因也就在于此。大学校园物质文化景观本源于"附加在自然景观上的人类活动形态"。美国人文地理学家索尔（Carl ortwin sauer）认为，大学校园物质文化景观从空间上看分布于校园的每一个角落，这种物质文化景观从学校的园林、建筑物、雕塑中显现出来。大学校园精神文化景观本源于文明，弥漫于校园，存在于学生、学者、学会及学术之间，这种精神文化景观从办学思想、教育理念、校训中显现出来，从教育者、管理者和学习者的眼眸中流露出来。大学校园物质文化景观与精神文化景观的有机结合，才能构成大学有别于其他任何行业的独一无二的风景线①，而这一道亮丽的风景线又是大学校园对外开放的"窗口"中最具吸引力的稀有资源之一。

****
*　　是故善为师者，既美其道，又慎其行。　　　　　　*
*　　　　　　　　　　　　　　　　　　　　　　　　*
*　　　　　　　　　　　　　　　　　　——董仲舒　　*
****

---

① 董云川.找回大学精神［M］.昆明：云南大学出版社，2005，10：3~9.

校园文化

——高职学生健康成长的催化剂

王永坤①

摘　要：加强高职学生思想教育对促进高职学生健康成长具有十分重要的意义。优秀的校园文化是促进高职学生健康成长的催化剂。本文结合学院学生社团开展的一些校园文化活动对论题进行分析论述。

关键词：高职学生　校园文化　德育　素质教育

2005年1月17日，胡锦涛同志在全国加强和改进大学生思想政治教育工作会议上指出："培养什么样的人、如何培养人，是我国社会主义教育事业发展中必须解决的根本问题。正确认识和切实解决好这个问题，事关党和国家的长治久安，事关中华民族的前途命运。"这段话强调了促进大学生健康成长有着深远的战略意义。当今世界霸权主义和强权政治依然存在，影响世界和平与发展的不稳定、不确定因素增多，尤其是敌对势力亡我之心不死，同我们争夺下一代的斗争依然十分尖锐复杂。处在21世纪的高职学生，面临着大量西方思潮和价值观念的冲击，某些腐朽没落的生活方式对高职学生的影响不可低估。一些高职学生不同程度地存在政治信仰迷茫、理想信念模糊、价值取向扭曲、诚信意识淡薄、社会责任感缺乏、艰苦奋斗精神淡化、团结精神较差、心理素质欠佳等问题。为此，加强高职学生思想政治教育，促进高职学生健康成长是一项伟大而艰巨的任务，事关重大，迫在眉睫。

加强高职学生的思想教育，促进高职学生健康成长的方式方法很多。学校是学生思想教育的主战场，学校开展的活动都应围绕这个目标。课内教师传授各门知识，教会学生知识和技能，同时也在渗透育人的理念。学校是促进学生健康成长的一条大路。课外活动从形式到内容比课内活动灵

①　作者简介：王永坤（1955—　），男，哈尼族，西双版纳职业技术学院副院长、副教授，主要从事高职教育管理及研究。

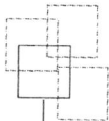

活性更大，能以不同方式不同程度地提高学生的思想境界。因此，课外活动是大学育人的重要方式，是不可或缺的要素。课外活动是否丰富，与高职学生能否健康成长关系紧密。课外活动是校园文化的主要表现形式，是促进学生健康成长的催化剂。本文以西双版纳职业技术学院学生社团开展的一系列活动为例进行论述。

一、校园文化

校园文化的形式是丰富多彩的。从组织形式看，有课堂内和课堂外的；从内容范围看，凡属于校园里开展的一切人文活动、环境建造都属校园文化范畴。校园文化的内涵丰富，本文论述的"校园文化"主要指在校园内开展的丰富多彩、积极向上的学术、科技、体育、艺术和娱乐活动。校园文化具有重要的育人功能，所以我们要建设体现社会主义特点、时代特征和学校特色的校园文化，形成优良的校风、教风和学风。

西双版纳职业技术学院的校园文化建设起步较早，能积极开展活动的学生社团主要有：雨林文学社、德兴文学社、新声文学社、青草堂书法兴趣小组、一字部演讲社团、心灵鸟朗诵艺术团、拉丁舞社团、花卉组、环保之家广播站以及篮球、足球兴趣小组等十多个学生社团。这些社团成了学院校园文化的一道独特绚丽的风景线。

为了优化职业教育的效果，学院不仅加强课内教学管理，还加强了校外实训的力度。但作为复杂的学习活动，仅靠学校、教师的努力是不能取得很好的教学效果的，关键还要看学习的主体——学生是否想学。从生源质量看，我们无法与一本、二本、一专的生源质量相比。面对现实，我们如何调动高职学生的学习兴趣？如何树立高职学生职业思想？如何培植高职学生求职信心？除课内教学、校外实训课外，还有无发展学生职业技能的天空？对此，我们在思考，在研究。我们看到学院学生社团开展的校园文化活动，便是激发高职学生学习兴趣、发展个人特长的又一个课堂，又一个舞台，又一个实训基地。

在与学生交谈中，我们发现不少高职学生除了学习本专业的知识外，他们还想学习非专业的课程。如学农的学生想写诗，学行政的学生想学习舞蹈等，而高职院校以职业教育为主，课程的专业性强，在有限的3年时间里只能以职业技能学习为主导，高职学生的个性发展只能靠课外自己去实现。于是，丰富的校园文化活动成全了这些高职学生的愿望，弥补了专业课程开设不足的问题，从而稳定了学生的学习情绪，推动了学生专业课程的学习。可见，校园文化发展与职业能力的培养关系十分密切。

二、校园文化的作用

学校不仅是学习场所，也是育人场所。高职学生在各种校园文化活动中，德、智、体、美、劳得到熏陶和发展，这是校园文化的总体作用。具体讲，课外开展的校园文化活动，对高职学生健康成长有以下作用：

1. 校园文化活动为高职学生发展自我、展示自我搭建平台。众所周知，从中学进入大学，学生的思想发展更快，其原因是：一方面高职学生脱离了高考的压力；另一方面大学的自主学习氛围更浓，高职学生有机会、有条件、有时间发展各自特长。于是除了专业课程，许多高职学生希望自己学识更广，能力更强，发展更全面。有些高职学生希望在学校里弥补一些曾经顾不上学习的技能，一些学生则想把自己的特长和爱好在大学展示出来，从而进一步提升水平……可以说，课外活动是大学生健康成长的田野。而校园的各种社团活动正好迎合了这些学生的心理需求，可以使他们找到发展自我、展示自我的舞台。

2. 校园文化活动充实了高职学生的课余生活。为什么有些高职学生会感到前途渺茫，价值取向扭曲，没有奋斗的动力？这是因为缺乏理想与信念。理想、信念的失落与学生日常生活的安排有紧密的联系。在一次对乡镇中小学教师的访谈中，我们发现：担任学校中层以上的领导或优秀、骨干教师，他们在学校都曾参加过学生社团活动。在活动中，他们不仅锻炼了能力，发展了特长，而且课内学习也很认真；而没有参加过社团活动的一些教师，他们回忆说，因为在学校锻炼机会少，刚工作时胆小，不会组织学生活动，现在很后悔当初没有参加学生社团的活动。在校园里我们也看到，积极参加学生社团活动的同学，他们积极、乐观、向上，每天忙得不亦乐乎。而不参加校园文化活动的同学，他们课余无所事事，渐渐变得空虚、冷漠、无斗志，有的出现逃课现象，有的去喝酒、打架、赌博，沉溺网吧，精神萎靡，胸无大志，在课堂上无精打采，让人看了心痛。由此可见，优秀的校园文化是大学生的精神食粮，只要切实抓好、健全这项工作，就可为高职学生的健康成长开辟一条绿色通道。如在不同的节日到来之际，组织开展诗歌朗诵会、文艺活动、体育比赛或者定期举办学生关注问题的辩论会、青春励志演讲等，这些校园文化活动必然吸纳多数高职学生参与，这样，高职学生的课余生活就会变得充实，思想充满朝气。

3. 校园文化活动是学院实施思想教育的得力助手。促进高职学生健康

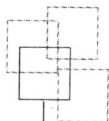

成长是一个复杂的系统工程，政治理论课是高职学生思想教育的主打课程，但不是唯一的途径；对高职学生的政治理论教育还应该在其他课程尤其是一些生动有趣、比较稳定的校园文化活动中去渗透，这种思想教育方式学生更乐意接受。如开展丰富多彩的文体活动，不仅能培养学生积极进取的精神，还能培养学生的团队精神，学生在活动中自然而然地感受到合作的快乐和力量。这种亲身体验和体会胜于口头说教，是课堂理论学习的最好佐证。

西双版纳职业技术学院雨林文学社是由一批有一定写作、书法、美术等特长的学生骨干组织起来的。社员先自愿报名或经语文教师推荐，然后交习作参与选拔，每班至少有2人参加。目前共有社员八十余人。文学社自2001年成立以来，在学院领导的关怀下，一直起着优化校园文化，激发学生学习语文的兴趣，培养一批高素质人才的作用。21世纪的素质教育观强调：提高学生素质，必须从适应需要这个目标来考虑，学生将来要当建设者、接班人，社会的需要就是对教育的要求。素质教育是整体教育，是面向全体学生，让他们在德、智、体、美、劳诸方面都得到和谐发展。因此，雨林文学社把办社目标定位于"深化素质教育，唱响校园文化"，并在一系列活动中培养学生的全面素质。如定期开展文学讲座活动，在文学社辅导教师的指导下，出墙报、举行辩论比赛、开展征文活动、出版社刊《雨林》报、搞社会调查、组织社员向《版纳》杂志投稿、与杂志社联合开办文学讲座等，尤其是在运动会期间，要求各班社员做好"战地小记者"，及时报道本班运动员比赛状况，为选手加油，形成积极的文化氛围。近几年，在学院开展的一系列文化活动中，雨林文学社以主人翁形象出现，积极弘扬先进文化。如2005年10月，学院团委组织全院学生参加云南省团委组织的"永远跟党走"征文活动，雨林文学社的指导教师及编辑主动配合学院宣传工作，承担全院93篇来稿的选送工作；2006年6月5日，雨林文学社受学院团委、学生处的委托，在《雨林》报上向全院学生发出学习"八荣八耻"征文比赛的通知。6月20日截稿后，又在指导教师的带领下，利用课余时间评选全院学生209篇来稿，评出一等奖1名，二等奖2名，三等奖3名，鼓励奖10名。通过活动，文学社有效地把学习活动由课内延伸到课外，由课堂扩展到社会。

雨林文学社成立5年来，不仅发展了社员的个性特长，而且培养了一批优秀学生干部和社员。据统计，已培养了8名主编，28名编辑，会员累计350多人。许多学生由原来被动接受知识的容器变为自觉探索知识的主人翁，一些社员能写应用文，能演讲，能欣赏高雅艺术，各方面素质得到了锻炼和提高。文学社的活动为学院树新风、立正气、营造学习氛围起到了积极的宣传作用。2005 年 11 月 8 日，在大理召开的"首届云南省学生文学社联谊会"上，《雨林》报获得云南省教委师范处、《云南中师》联合颁发的"优秀校园报刊"荣誉证书。雨林推出的 10 篇学生习作刊登在《云南省学生优秀习作选》上，这是雨林文学社的光荣，也是学院的喜事。现在《雨林》报由原来两月出 1 期发展到每月出 1 期报纸，印数由原来的 200 份扩大到 1 000 份，报纸始终按照文学社章程"弘扬主旋律，以优秀作品鼓舞人"的宗旨来选稿，《雨林》报不仅成为学院文学爱好者喜爱的朋友，还为广大学生搭建了一个畅谈理想、抒发情感的舞台，同时也是学生了解学院发展动态的窗口。事实证明，文学社的一系列活动，成了学院实施思想教育的得力助手。

4. 校园文化对高职学生健康成长具有导向作用。有一个故事讲述：一位老师带着他的 3 个学生到一片长满野草的荒地上，为学生出了一道毕业考试题，即回家任意找一块荒地，把荒地上的野草除尽，一年后交答案。第一位学生用火烧，但第二年"春风吹又生"了；第二位学生先用锄头把草铲去，又用石灰水浇泼，但还是没有把野草除尽；第三个学生把野草连根挖掉，可第二年又长出来了。3 位学生最终都没有找到解决这道题的最佳答案。老师让他们到去年出题时的那块荒地看看，只见那里长满绿油油的庄稼，地上没有一根杂草。学生们恍然大悟。这个故事给我们的启示是：要想铲除学生头脑中无用的荒草，就要种上有用的庄稼，这样才能让学生身心健康，快乐成长。校园文化的最终目的就是要在学生心中树立起理想与信念的目标。所以，校园文化要在思想领域占据主导地位，如文学社要以优秀的作品鼓舞人，文体活动要注意培养学生的审美意识，各种活动要围绕理想与信念这个主旋律，把育人意识贯穿进去，帮助高职学生树立正确的人生观、世界观、价值观，把爱国主义教育、道德教育、素质教育潜移默化地贯穿进去，寓教于乐，引领高职学生健康成长。

5. 校园文化对学生求职、发展有积极的作用。问卷调查表明：参加校园活动多的学生，求职能力更强；担任过学生干部的学生，在日后的工作中表现更为出色。从 2000 年到 2006 年，雨林文学社培养了胡东梅、谢艳、赵兴科、訾玉彬、赵海香等社长、主编，目前，他们有的当教师，有的考上公务员，工作上手快，工作效果较好。

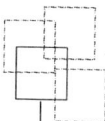

三、加强校园文化建设的几点思考

怎样帮助高职学生面对纷繁复杂的社会现实？我们知道枯燥的说教现在的大学生不愿听，所以创建优秀的校园文化十分重要。经过问卷调查和广泛征求高职学生及部分教师的意见，我们认为加强校园文化建设可以从以下几方面着手：

1. 以人为本，德育为先。以人为本就是尊重事实。高职学生正处于青春勃发的时期，校园文化活动设计应遵循这一客观现实。青年人爱唱、爱跳，那么应根据青年人的特点，开展丰富多彩的活动，最大限度地满足各类学生的需求，这样才能吸引青年人参与，这也是建设校园文化的关键。当然活动内容必须是积极向上的，要给高职学生正面影响，以德育为先，这样校园文化建设才能向健康方向发展，达到育人的目的。

2. 加强辅导员的选拔和培养，是发展校园文化的保证。高职学生虽然有较强的独立性，但是开展校园文化的一些具体活动，还是离不开教师的辅导。所以，学院应重视辅导员的选拔、培养工作。事实上，从学院目前的学生社团看，有辅导员的社团，活动开展得更规范、更红火、更有效。

3. 重视人文环境、自然环境建设，完善校园文化设施。常言道："环境造就人"。人文环境、自然环境是高职学生一步入校园就能体会到的。如果学生一进校园，扑面而来的是清新的空气，整洁的校园，运动场所宽阔、建设规范，学生必然会赏心悦目，感到这是一个高雅的育人环境，他们会热爱校园，对学院油然而生敬意；如果学生走进校园，环境不美，设施凌乱，道路不干净，人文气息不浓，他们必然会从心里漠视学校。可见完善校园文化设施是发展校园文化的必要条件。

4. 拨出一定经费，支持社团活动。常言道："巧妇难为无米之炊"。学生社团常常有这种现象：成立时热热闹闹，接下来，因找不到活动经费又自然解散。虽然学生社团可以到社会上筹集活动经费，但社会支持很有限。如德兴文学社 2005 年刊印社员习作集需要 900 元，通过努力，他们得到版纳视窗 200 元和德克士 100 元的赞助，但缺口仍然大，稿件放了几个月，最后还是学院支持才得以刊印。组办德兴文学社的学生是有能力的，他们开展活动尚且步履维艰，其他社团的困难可见一斑。为此，学院拨出一定的专项经费，支持学生社团开展活动很有必要。

总之，促进高职学生健康成长是关系国家发展的一项伟大的工程，学院是这项工程的基础和重要环节，搞好这项工作，需要学院各方面协作并联合攻关。而开展丰富多彩的校园文化活动，则是为高职学生营造一个健康成长环境、打开一条绿色通道行之有效的方法之一。

****
*　　人之于文学也，犹玉之于琢磨也。诗曰："如切如磋，如琢如磨"，*
*谓学问也。　　　　　　　　　　　　　　　　　　　　　　　　　　　*
*　　　　　　　　　　　　　　　　　　　　　　　　　　　　　　　　*
*　　　　　　　　　　　　　　　　　　　　　　　　　　　　　　　　*
*　　　　　　　　　　　　　　　　　　　　　　　　——荀　况　　*
****

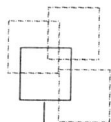

论地方性大学与地方文化的传承

殷素梅①

　　摘　要：本文以全球化为背景，论及地方文化的现实生态。文章指出，地方性大学应成为地方文化的阐释者、传承者、开发者，并可借助本校课程的具体实施框架，为地方文化传承提供重要的实验场和主阵地。

　　关键词：地方性大学　地方文化

　　20世纪中叶，随着全球经济一体化和网络工业的迅猛发展，文化学者敏锐地关注到了地方文化特色的急速消亡以及民族文化的同质化倾向，并对此表现出了慎重的忧虑②。在诸多的应对方略之中，本文将尝试论证正在中国大地蓬勃发展的地方性大学，应当成为地方文化传承的重要阵地之一。

一、地方文化及其现实生态

　　本文所论及的地方性文化，取其狭义所指，意为产生并主要于当地流传的、具备区域性乡土色彩的文化样态。如山西的晋商文化，闽粤的客家文化，关内的皮影文化，云南傈僳族的纺织文化等。其实，从某种意义上看，所有的文化在发生和发展中都首先是地方的、民族的，其次才能是世界的、全人类的。任何一种文化，总是具体地归属于相应的人群和相应的区域，脱离具体人群和区域的文化是不存在的。只是由于在长期的历史发展中，一些文化以其在利用和开发生境上的强势和优势超越了对话的平等格局，更快地完成了向外拓展，才出现了与地方文化相对应的另外一种范畴：全球性文化。这一全球性，不过是泛化了的地方性。

---

　　①　作者简介：殷素梅（1978—　　），女，云南省玉溪师范学院教育学院讲师。
　　②　章尚正．经济全球化冲击下地方文化的传承发展——以徽文化的旅游利用与文物保护为例[J]．安徽大学学报（哲学社会科学版），2005（6）；霍功．文化全球化对民族文化的冲击及其对策[J]．中北大学学报（社会科学版），2006（4）．

但这样的解释并不足以让我们对丰富的地方文化的逐渐消失安然释怀。我们注意到,随着发展的差距进一步扩大,所谓全球性文化正在不知不觉地褪去其本质上的地方属性,俨然变成了傲慢的标准和真理的代名词。而真正的地方性文化,则不仅在强势族群的自负心态中,甚至在弱势族群的自卑的自觉自愿中,十分尴尬地沦为了愚昧和落后的安慰和托词。在这种双重动机的驱动下,地方文化的传承前景堪忧。似乎只要冠上全球化的桂冠,一切的消失就有了极富历史性的解读,也就可以坐视不管。每一天都有一种地方文化在全球化的浪潮中被侵蚀,被同化,最终走向灭亡。我们必须有所行动,必须未雨绸缪,必须警惕将这种全球化带来的地方文化消亡合理化,甚至合法化的不作为倾向。

因为,地方从来就不是一个地理意义上的抽象的空间概念,而是一个充满人文色彩,凝聚着我们每个个体深层情感的价值判断。一方水土养一方人,人的个性的一半是地方性。只有仰仗地方性,我们才能在广袤的大地上标识出可以相互区别的地域特征,并进而得以划定出能够相互识别的神圣的"我—你"关系,完成心理上的寻根之旅和回归梦想。抽离地方的强大背景,失去"你族"的镜像映照,赤裸的灵魂栖身何处,自我的认同如何成为可能?每一个个体,其实只能以其所处的文化生态层级来完成定义;每一个个体,实质就是一组文化生态层级关系的系统化表达。

当然,我们也应当注意到,在全球化的浪潮中,随着人们外在物质生活方式的快速趋同,那些植根于人类内心深处的差异性正逐渐受到重视和强调。而全球化时代对多元价值观的鼓励,也在某种程度上为地方化文化提供了赖以生存的逻辑支点和物理空间。我们甚至可以说,全球化也意味着地方化。正是全球化,为文化的地方化、区域化、特色化提供了契机,但这同样不能掩盖问题的严重性。更多的地方文化正在全球化的强势入侵中失去发展的活力,即便它得到抢救、保护,甚至虚与委蛇的尊重,似乎也仅仅只是为了让其他文化以同情的理由进行欣赏或追忆,描述和研究。一方面,它们被所谓的全球性文化所淹没;另一方面,它们被绝对地边缘化,丧失了可以与强势文化平等对话的机会。

二、地方性大学应在地方文化的传承中主动发挥作用

每一所大学都承担着传播知识、培养人才、科技创新、服务社会等多

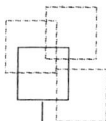

种职能①。我们在此仅仅强调，作为区域文化的中心机构，地方性大学往往成为一座城市的文化品牌和象征，应当在对外进行城市形象宣传，对内完成地方文化提炼、整理、保存、传承等方面更加主动，更加积极地发挥作用。事实上，在当前的消费时代，经济文化化和文化经济化的趋势越来越明显，地方性大学要想更好地为当地的经济建设和社会发展作出贡献，就必须首先对当地的文化资源作出全面的评估，对当地消费者的文化资质作出仔细的考量。而这些，无一不在预示着地方性大学正在与地方文化发生着越来越密切的关系。地方性大学首先必须成为地方文化的生产者和继承人，其次才能完成对地方文化的开发和利用。只有这样，地方性大学才能将自身服务社会的历史使命奠定在一个有深厚意蕴的人文基础之上，避免短视的功利主义倾向，也才能为大学自身的发展找到可以不断生成的精神空间，建构独特的大学品格。

第一，地方性大学应当成为地方文化的阐释者。文化是阐释的产物，只有经过阐释，文化才能完成从思想到符号的转化，才能完成从无形向有形的转化，也才能最终实现系统、定型和对象化，起到对内的精神认同和对外的宣传定位的作用。作为当地的最高学府和最高学术机构，地方性大学往往汇聚了当地最优秀的知识分子和研究人才，理应自觉地对区域文化完成收集、整理和阐发。早在 20 世纪 80 年代，波兰学者齐格蒙·鲍曼（Z. bauman）就撰文指出，知识分子总是在某种程度上与启蒙联系在一起。他们的共同特征，是通过对真理、道德价值以及艺术理想的自我发问和解答，影响民族心灵，并在一定程度上塑造政治行为和社会进程。鲍曼认为，知识分子阶层所担当的正是社会的阐释者角色②。

第二，地方性大学应当成为地方文化的传承者。大学是文化的火种；文化是大学的价值。大学，本来就是一个知识传承的专业机构，理应是完成文化横向传播和代际传递的当然人选。只是，自科学主义成为统领一切的思想潮流之后，"知识"竟似乎在一夜之间缩小了外延，一方面成了极为狭义的科学，甚至是技术的代名词；另一方面成了某种标准化的学科门类。不能产生直接的生产力，又不能在全球性的强大背景下获得标准化解读的

---

① 德里克·博克，徐小洲，陈军译. 走出象牙塔——现代大学的社会责任 [M]. 杭州：浙江教育出版社，2001.

② 齐格蒙·鲍曼，洪涛译. 立法者与阐释者——论现代性、后现代性与知识分子 [M]. 上海：上海人民出版社，2000：11.

227

地方文化，甚至中华文化也正在从大学的课堂上悄然陨落。我们必须警惕，丢失了文化的肌理，遗落了人文的追求，丧失了自身的区域特色，所谓大学，不过是一个冰冷的机器生产车间，一堆已经死去的、可以在任何地方得以复制的建筑物，早晚也会走进历史的废墟。针对地方文化的现实生态危机，每一位大学人都应当自觉地培养出"舍我其谁"的使命感和责任心，以自身的不懈努力为地方文化的传承作出力所能及的贡献。

第三，地方性大学应当成为地方文化的开发者。开发是更高层次的继承，是传承地方文化的重要手段。《周易》有云："继之者善也；成之者性也。"① 继是继承，是实现优秀文化的代际传递；成是蔚成，是发展，是创新，是实现优秀文化的再生产和再利用。每一个时代都有自己的主流精神和时代特色。在当前的消费时代，只有经过开发，将文化的潜在价值转化成可以利用的商品价值和产业价值，静态的文化才能焕发出动态的生命力，地方文化才能具备持续不断的发展机制。但我们同时强调，"商品"只是文化的属性之一。除了经济功能，一种文化更承担着为所属族群提供生活方式、伦理秩序、审美理想、价值追求等重要的精神教化作用。作为精神殿堂的大学，更应当重点研究怎样在开发中处理好地方文化的精神传承问题。既不能以保护文化为名坐失发展的机会，将文化单纯地视做博物馆里的历史遗产；更不能以开发文化为名肆意篡改文化，将文化打扮成舞台小丑粉墨登场，以吸引猎奇者的眼球为最终目的，将文化沦为经济的附庸。

三、校本课程：地方性大学实施地方文化传承的具体框架

在重视地方性大学传承地方文化的整体职能的基础上，我们重点强调国家对校本课程的关注和重视，为大学实施地方文化传承提供了较为具体的理念支持和物理保障。校本课程的开发，应当成为地方性大学实施地方文化传承的实验场和主阵地。

首先，课程是文化的选择过程。相比较国家规定课程而言，校本课程更加强调地方高校在课程研发方面的主动性，也更加重视地方文化资源对课程内容的充实和补充。依赖校本课程的教学内容和课程文本，不仅可以完成对地方文化的选择、保存和整理，而且可以为地方文化的系统化做有益的尝试。学校教育是文化传承的最主要方式，地方文化如若可以在一定程度上借助国民教育体系的强大力量，必将能够为抢救和保护濒危文化探

---

① 金永译解．周易［M］．重庆：重庆出版社，2006：10.

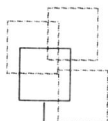

索出有普遍意义的新道路。

其次，课程同时还是一个文化的主动建构过程。它不仅传承文化，而且提炼着文化，形塑着文化。校本课程并不是完全的伸手主义，而是主动自觉的拿来主义。依赖校本课程的开发和实施，我们不仅可以完成对地方文化的选择、保存和整理，还可以完成对地方文化的批判、反思和去伪存真，以期能够弃其糟粕，取其精华，对地方文化作出符合时代精神的新的阐释。只有这样，地方文化才能不断更新、不断生发、不断与时俱进，保持其旺盛的生命力和开放性。

最重要的是，课程是一个文化者的不断生成过程。与国家规定课程不同，校本课程更多地属于实践课程。它不以在课堂的静态听讲和接受作为主要的学习方式，而更加强调学生的自主探究精神和积极参与态度，强调在活动、调查、参观、体验、对话、讨论等实践环节中完成对课程资源的进一步建构。这种课程形式，为培养具备地方情感、亲近本土民众、热爱地方、理解地方的人才提供了更为开放的空间，是国家课程期望达到而又难以达到的目标。关于"文化"一词，中文讲"观乎人文，以化成天下"；英文讲"culture"，是"栽培"和"种植"之意；强调的不仅是作为知识总体的"文"，更是作为启蒙进程的"化"。与目前广为流传的文化的名词含义相比，我们更注重文化的动词性，更注重文化的活态形式和教化功能。地方文化，并不仅仅是关于地方的各种外部知识，更是关于地方的认同感和归属感，关于地方生活方式和精神意蕴的深刻内省和自觉维护。它不仅体现在当地的建筑群落、名人事迹、风土人情和特色饮食上；更体现在当地居民与邻里的交谈方式上，对待城市公共绿地的态度上；甚而是出门时的着装，宴请上的进餐，日常生活中的消费品位，睡觉前的阅读喜好，闲暇时的休闲习惯，也无一不是地方文化的具体表达。借助校本课程的实践形式和生成理念，教育得以回归生活、规约生活、保存生活和创造生活。在这种生活化的课程体系中，个体成为地方文化的参与者、消费者、保存者和创新者。每一个个体，都可以成为地方文化的一个小小缩影，以亲身实践传承和书写着地方文化的时代特点和区域特色。只有以活生生的人的生活为载体的传承，才是地方文化最完美的传承方式。只有发挥校本课程在引导学生体验地方文化、实践地方文化上的独特价值，我们才能将校本课程与历史上的乡土教材作出严格的区分。

综上所述，自哥伦布发现新大陆以来，全球化就一直在进行。我们早就认识到，历史就是一个不断毁灭的过程，每前进一步都意味着对过去的颠覆。在这个过程中，消失是铁律，变迁是常态。问题在于，我们必须为总是即将发生的消失和变迁准备好"记忆"和"意义"，以形成历史的绵延感，对抗生活的无序和生命的单向度。在地方文化快速消亡的今天，地方性大学传承文化责无旁贷。唯有学人自觉，才能有文化的自觉；唯有文化自觉，才能有地方的自觉；唯有地方自觉，才能塑成一方水土的秉性和品格，也才能让地方、让地方居民以其独特性成就其不可替代的唯一性。

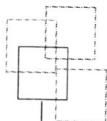

网络文化对多民族地区高校学生
行为方式的影响

——以云南大学为例

周文娜　代晶晶①

摘　要：随着大学校园网络的日益普及，校园网络文化亦在逐步形成，高校作为网络技术发展和运用的前沿阵地，网络文化对高校学生的行为方式已产生了深刻的影响。本文主要立足于云南大学，以问卷调查和数据分析为基础，运用实证分析的方法，深入分析了网络文化对云南大学学生行为方式的影响，并进一步得出行为方式由于年级、性别、来源等的不同有一定的差异。

关键词：网络文化　调查研究　校园网络文化

一、问题的提出

进入 21 世纪，随着科技发展的日新月异，作为"第四媒介"新传播工具的网络出现后，整个社会迅速进入了网络时代。网络以前所未有之势席卷着我们的生活，成为我们生活的重要组成部分，正如尼葛洛庞帝（Negroponte）所说："计算机不再与计算机有关，它决定着我们的生活。"② 大学校园作为一个文化传播的先进场所，这里的学生对新事物有着更加敏锐的接受力。在大学校园里学生更多地依赖网上方便、快捷、丰富的远程共享资料；大量的电子书籍冲击着对文本书籍的选择，课外的休闲娱乐网络也逐渐取代了传统的娱乐方式；网络语言的运用逐渐渗透到日常语言中；网上购物、网上交易等一系列新的消费观念不断出现，给我们的学习和生活带来了前所未有的巨大冲击。

本文主要从网络文化对学生行为方式影响方面着手，研究在网络文化

---

① 作者简介：周文娜（1983—　），女，云南大学高教院高等教育学专业 2005 级研究生；代晶晶（1982—　），女，云南大学高等教育研究院 2005 级研究生。

② ［美］尼葛洛庞帝，胡泳，范海燕译. 数字化生存［M］. 海南出版社，2000，3.

的背景下不同民族、阶层、年级、性别的学生，面对网络文化的冲击会有怎样的不同行为方式。本文涉及的行为方式主要包括：学习方式、交往方式、娱乐方式、信息获取方式、语言方式以及消费方式六个方面。

二、研究方法

1. 测量方法与工具。本文主要是在对大量资料的查阅和搜集的基础上，调查网络文化在多民族地区对学生的行为方式产生的影响。以云南大学本科生为调查对象，设计了"网络文化对多民族地区大学生行为方式影响"的问卷调查。

2. 样本的基本特征。调查的对象是云南大学在校本科生，共发放问卷300份，回收有效问卷为247份，回收率为82.3%（见表1）。

表1　样本基本特征（n = 247）

项　目	特　征	人　数	百分比（%）
性别	男	120	51.3
	女	114	48.7
来源	城市	66	27.8
	乡镇	54	22.8
	农村	117	49.4
年级	一年级	44	18.4
	二年级	66	27.6
	三年级	75	31.4
	四年级	54	22.6
民族	少数民族	95	38.5
	汉族	152	61.5

3. 数据的处理。使用 Spss11.5 for Windows 软件、Microsoft Excel 软件对数据进行了处理。运用了描述性分析、卡方检验、相关性分析等手段作了一些初步的统计分析。

三、结果及分析

（一）网络文化对学生交往方式的影响

在调查中，网络已成为同学交往和交流的主要媒介，几乎所有的同学都认为跨越了时间和空间的障碍，扩大了可交友的范围。有51.2%的同学均有通过网络认识的朋友。网上交友之所以深受学生的青睐与网络提供自由无拘束的环境是直接相关的。在虚拟的网络空间，交往双方均隐匿了身份、社会地位、家庭背景、外貌特征等因素，为交互双方创建了一种完全平等的平台，从而使人际关系的建立相对容易。大多数同学主要通过MSN、QQ①、E-mail等现代通讯软件进行相互交流，图片和文章的传送更为便捷，视频和语音聊天也已成为一种新时尚的通讯方式。

但值得注意的是，云大学生网上交流的对象以自己的同学为主，利用网络的特点，突破时间和空间的制约进行情感的交流。调查显示，学生的交流对象76.9%为认识的同学，8.5%为亲友（见图1）。同学间利用网络进行交流已成为一种常用的有效的交流方式，虽然有51.2%的同学有通过网络认识的朋友，但对学习和生活都没有形成较大的影响，传统的交往方式仍是维系人与人之间交往的纽带。通过调查，很少有普通交友发展成为网恋的情形，学生对于网恋有着比较理性的认识。

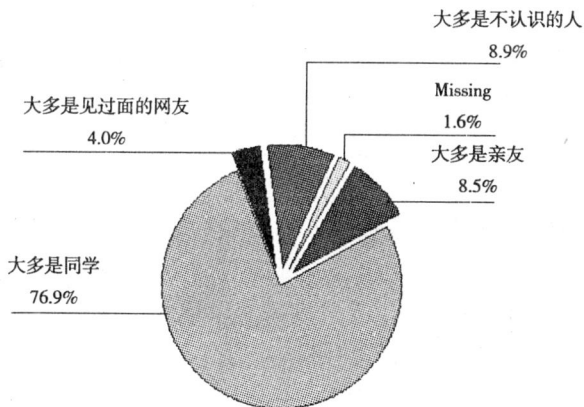

图1

---

① 据统计，中国的即时通讯软件QQ现有3.7亿总注册用户，其中1.5亿活跃用户，同时在线人数最多达到1 000万。资料源于http://www.e23.cn/Jinan/end.jsp? ArticleID=2005A0800064.

成长环境对于人的交往方式、交往对象及交往范围均产生较大的影响。在人际交往的过程中，城市、乡镇、农村的同学存在较大的差异，在网络交往中也不例外。对不同生源地同学做的"差异性检验"（如表2）中可以看出，来自城市、乡镇、农村的同学网络交往的对象有显著的差异，P = 0.044（当 P 小于 0.05 时有显著性的差异）。从百分比上看来自农村的同学交往的对象更偏向于"不认识的人"或者是"网友"，而来自城市的人更多的交往对象是"亲友"或者"同学"。据调查数据显示，这可能与大多来自农村的同学比来自城市或乡镇的同学更同意网上交友地位更加平等、能释放压力，更加容易建立人际关系有关。

表2　卡方检验

您在网上与哪些人交流	您来自		
	城市（%）	乡镇（%）	农村（%）
大多是亲友	35.0	45.0	20.0
大多是同学	29.2	20.5	50.3
大多是见过面的网友	11.1	33.3	55.6
大多是不认识的人	15.8	15.8	68.4

表3　卡方检验

	值	自由度	P 值（双尾）
皮尔森卡方检验	12.970（a）	6	0.044

另外一点就是，母亲的职业对人际交往存在一些影响，通过方差检验，虽然在母亲职业的分组中，学生在人际交往的差异上并不显著（P = 0.056，P > 0.05），但是经两两比较，可见母亲为经理人员的和母亲是其他阶层的学生在人际交往上有显著的差异（P 值分别为 0.014、0.002、0.005、0.000、0.003、0.001、0.000、0.003、0.001）。从均值上看，母亲为经理人员阶层的子女对人际交往的改变持一种否定态度，网络对人际交往改变的影响不大，而其他阶层则比较同意网络对交往方式有一定的影响（见表4、表5）。

表4　方差分析（1）：母亲不同职业

	总　值	自由度	平均值	F 值	P 值
组间	9.186	9	1.021	1.882	0.056
组内	118.740	219	0.542		
总计	127.926	228			

表5　方差分析（2）：母亲不同职业两两比较

人际交往 LSD

（I）您母亲的职业	（J）您母亲的职业	均值差异（I－J）	标准误	P 值
经理人员	国家行政领导干部	1.2619（＊）	0.50812	0.014
	私营企业主	1.5556（＊）	0.49089	0.002
	专业技术人员	1.3889（＊）	0.49089	0.005
	办事人员	1.6569（＊）	0.46111	0.000
	商业服务人员	1.3627（＊）	0.46111	0.003
	产业工人	1.5833（＊）	0.48472	0.001
	农民	1.5994（＊）	0.43093	0.000
	城乡无业、失业、半失业	1.4103（＊）	0.47163	0.003
	其他	1.5190（＊）	0.44297	0.001

＊均值在0.05水平上有显著性差异。

（二）网络对信息获取方式的影响

网络是一个自由、开放的平台，在网页上我们可以获得新闻、社会、军事、娱乐、体育、教育、科技和房产等各类信息，也可以看到论坛里来自社会各阶层不同的声音，欣赏到另类的世界。想要查什么——上网去看看吧，这似乎已成为现代人获取信息的首选方式。本次调查也显示，网络已成为学生查找资料的首选方式（如图2）。网络阅读也成为一股流行风，师生活动或重要资讯均会在校园网刊登公布。网上资料下载已成为一种获取信息的常用方法。调查显示，网络已代替图书、报纸杂志等传统查资料的方式，成为自己信息获取的主要途径。

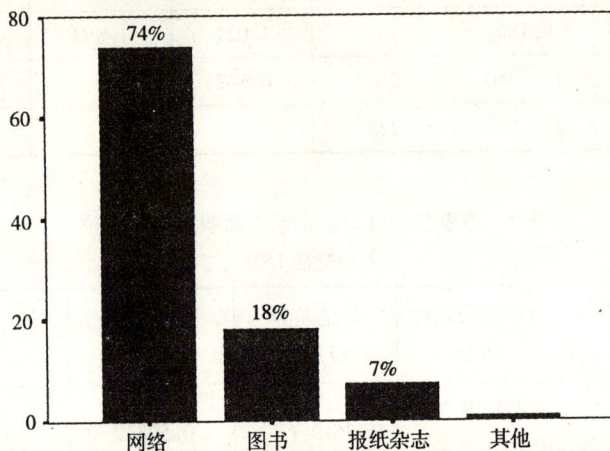

图2　您查找资料的首选方式

通过本次调查，云大学生中，高年级和低年级组在信息的获取方面的选择上有所差异，P＝0.007（P小于0.05，有十分显著的差异），低年级组对网络的依赖不如高年级组的强，还偏向于传统的方式，这可能是出于进入大学后，在校园网络文化的逐渐影响下，对信息获取方面产生了变化，使网络在学生信息获取方面日益成为一个极其重要的途径（见表6、表7）。

表6　卡方检验（1）

	目前您获取最新信息的主要途径			
	网　络（%）	图　书（%）	报纸杂志（%）	日常交往（%）
低年级组	42.0	13.0	24.0	21.0
高年级组	61.0	3.4	22.0	13.6

注：一、二年级为低年级组，三、四年级为高年级组。

表7　卡方检验（2）

	值	自由度	P值（双尾）
皮尔森卡方检验	12.011（a）	3	0.007

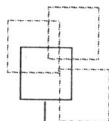

（三）网络对学习方式的影响

网络开拓了一个崭新的、广阔无比的学习空间，在这个新世界里，将不存在任何障碍，凡有志获得知识的人都将拥有学习的权利和机会。这种学习空间的扩展，使得处于信息时代的大学生群体的学习面临一次意义深刻而又巨大的冲击。在大学校园里，其主要表现是：首先，利用网络学习使获取知识场所发生变化，据问卷调查资料显示，有35.8%的大学生认为网络增加了学习资料的来源，38.5%的同学认为网络改变了自己的学习方式。其次，获取知识时间发生变化。在调查中，有35.4%的同学常常利用网络进行网上或远程学习。再次，获取知识观念发生变化。网络的发展，使得每一个大学生的获知观念由被动接受教育的灌输和安排，转为主动地上网查资料来获取自己所想要的知识。最后，获取知识内容发生变化。信息技术的发展使得大学生可以在网上随意浏览与下载自己想学的知识，"兴趣是最好的老师"在网络时代体现得淋漓尽致。据调查，30.7%的同学上网的目的是查找自己感兴趣的资料。

除此之外，通过网络对学习的影响做 Phi 相关，结果显示，不同的年级和网络对学习方式的影响之间有相关关系。如表8所示，P 值等于 0.021（P 小于 0.05 有显著性相关），说明二者之间存在相关关系。调查显示，网络对其学习影响的方面主要表现是，对于高年级的同学来说，网络对其学习的影响主要是积极方面的，而对低年级的同学则更多同学认为是在消极方面的影响。所以，针对此种情况，学校相关部门及各院系对低年级学生的网络运用心理应该给予一定的积极方面的指导和引导。

表8　Phi 相关

	值	P 值
Phi 相关	0.328	0.021

（四）网络对娱乐方式的影响

随着互联网的迅速发展和波及范围的快速膨胀，它不仅改变了人们的意识形态，更影响着人们的生活方式，网络元素在不知不觉中渗透于生活的每一个角落。在此过程中，网络文化的冲击给娱乐生活方式带来了新的渠道和更广阔的发展空间。玩游戏、下载影视剪辑、欣赏图片、与世界各地的朋友聊天、看连环画等，此外，Blog 是继 E - mail、BBS、ICQ 之后出现的第四种网络交流和娱乐方式。网络不断变化和不断填充新的内容，丰富着、吸引着人们的休闲娱乐。

　　在调查中也发现，云南大学的学生上网成为仅次于上图书馆的最经常的课余活动，有39.3%的同学无聊时通过上网排解，网络的出现使得同学的娱乐方式变得更加丰富多彩。从下图我们可以看到上网娱乐已经代替了传统的娱乐方式，网上冲浪已成为大学生必不可少的休闲娱乐方式。但调查显示，有67%的同学承认，曾因为上网娱乐而拖延了自己要完成的学习或工作任务，这应该引起我们的注意，虽然网络拓宽了娱乐的空间，丰富了我们的生活，但是也不能让其产生消极作用，严重地影响到我们正常的学习和生活。这是我们广大学生对网络的运用方面应该加强注意的地方。

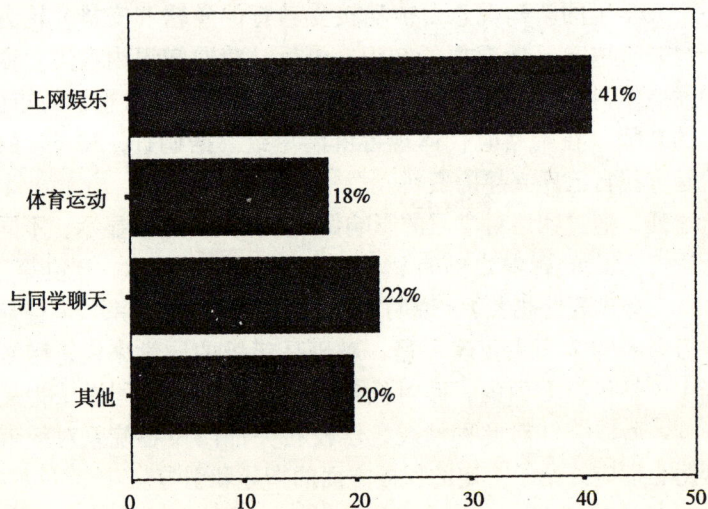

图3　您平时主要的娱乐方式

　　（五）网络对消费方式的影响

　　电子网络时代使人们的消费方式也悄悄发生着改变。"轻轻点击鼠标，所需的东西即可上门"。在一定程度上，互联网改变了一部分人传统的消费方式。

　　据我们的调查显示，与其他行为方式不同，在云南大学学生这一群体中，尝试或愿意尝试网上购物的同学并不多，75.9%的人没有尝试过网上购物，而且并不认为网络的出现极大地改变了原有的消费方式。网络的虚拟性决定网上的商品与实际的商品存在一定的差距，购物渠道仅限于开通电子商务的用户。虽然可供选择的商品多，可货比三家，省时省力，但最重

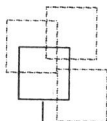

要的一点是产品的质保或售后服务不可靠，商品和实物还是有所差别，所以，网上购物在云南大学学生群体中并没有预期的火爆（如图4）。

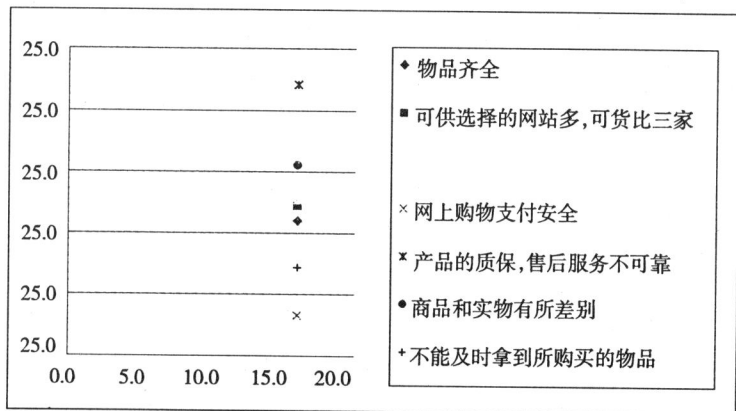

图4　您对网购的看法

在网络购物方面，2004年网络热点问题①调查显示，网络购物的主体人群是大学本科，所占比例最高为38%，而网络购物主体人群的年龄主要集中于18~24岁，占41.9%。这与我们的调查结果，云大学生的情况有很大的差异。云南地处我国西南边陲，少数民族众多，资讯比较欠缺，电子商务以及网上购物等方式并不普及。另一方面，在市场经济条件下的诚信危机迫使一部分学生加强了自我保护意识，以防虚拟的网络空间对自我利益的侵害。

（六）网络对语言方式的影响

词汇的变化是当代社会发展、精神文化变迁的一面镜子。校园作为社会的一扇窗口，学生作为思想最活跃的一个群体，在学校这个独特的环境自然就会出现不少具有校园特色、反映大学生精神文化的新词汇和流行语。

在语言的改变方式上，云南大学的男生和女生在对"网络语言的现实生活使用"也存在着显著性的差异，P值为0.039（P小于0.05有显著性差异）。在语言方式方面的影响，男生受网络文化影响语言方式的改变更加明显，这可能和男生在性格特点上更开放、大胆，容易接受新的事物有关。

---

① http://it.sohu.com/s2004/nethot.shtml.

表9　卡方检验（1）

性　别	您经常在现实生活中使用网络语言			
	从未如此（%）	偶尔如此（%）	有时如此（%）	经常如此（%）
男	33.9	46.6	15.3	4.2
女	46.5	45.6	7.0%	0.9

表10　卡方检验（2）

	值	P 值（双尾）
皮尔森卡方检验	8.348（a）	0.039

2006 年《中国语言生活状况报告》中首次公布了网络语言使用频率排行榜以及根据国家语言资源检测与研究中心对 7 所高校 2005 年的网站 BBS 用字统计显示，现今网络语言的运用与论坛的兴盛有着很大的关系，由此可说明如今网民上网主要以发帖、回帖等讨论为主，而不是以在线聊天为主。本次调查的结果显示，云南大学上网学生只有占 4% 的学生会进论坛或者发表帖子，而在网上交流中，48.2% 的人偶尔使用网络语言，6.5% 的人能够熟练运用网络语言。

（七）网络文化对少数民族学生的影响

本次调查中，云南大学在读的少数民族学生和其他非少数民族相比，在网络文化的影响下，学习方式、交往方式、娱乐方式、信息获取方式、语言方式以及消费方式六个方面并不存在显著性的差异，也就是说就读云南大学的少数民族学生在网络文化的影响下，以上六个方面的行为方式并没有呈现出不同的特点。但是有一点却值得注意，就少数民族大学生而言，母亲的文化程度在对网络文化是否对少数民族学生对文化认同有一定的影响。调查显示，由于母亲的文化程度不同，少数民族学生在网络文化的影响下对本民族文化的认同有差异（$P = 0.005$，$P < 0.05$，有显著性差异）（表10）。而这种差异主要体现在，大专以上分别和小学、初中以及高中和中专之间的差异（P 分别等于 0.001、0.001、0.002，$P < 0.05$，差异有显著性）（表11）。母亲文化程度高的学生更加认为自己在网络文化的影响方面比较同意对自己的民族文化认同感有较大的影响，而母亲文化程度低的学生则偏向于不同意这一观点。

表10 方差检验（1）：母亲的文化程度与民族文化认同

对网络的接触开阔了我的视野，影响了我对本民族文化的认同感

	总 值	自由度	平均值	F 值	P 值
组间	11.736	3	3.912	4.560	0.005
组内	66.066	77	0.858		
总计	77.802	80			

表12 方差检验（2）：母亲的文化程度与民族文化认同

对网络的接触开阔了我的视野，影响了我对本民族文化的认同感（LSD）

（I）您母亲的文化程度	（J）您母亲的文化程度	均值差异（I－J）	标准误	P 值
大专以上	小学以下	−1.32（*）	0.390	0.001
	初中	−1.23（*）	0.363	0.001
	高中和中专	−0.89（*）	0.390	0.025

*均值在0.05水平上有显著性差异。

四、结 论

第一，在对云大学生的调查中，发现网络文化的确对大学生在对于网络对学习方式和获取资料方式方面产生了深刻的影响。云南多民族地区与内地相比，由于地域等情况的限制，网络开放性、无时空限制性、丰富性等优势则更加体现得淋漓尽致，对网络资源的依赖性较强，网络已经成为扩充学习资料的一个巨大的"资料库"，而在学校，应该加强校园网络网上资源的建设，尤其网上学习的建设，进一步利用网络作为教学的补充工具，利用网络学习的特殊资源丰富学生的学习资源，鼓励学生的学习积极性，同时也应该借鉴内地沿海地区的经验，开发利用其他有利的学习资源，为学生的学习服务。

第二，在交往方式方面，云南大学中，学生的网络交往方式还是朝着健康积极的方向发展，主要是将网络作为与朋友交往的一个有效、方便的工具，网络在扩大交友范围这部分则没有体现。对于云大学生来说，网络文化的负面影响并不显著。

第三，网络文化对云南大学学生在消费方式、语言方式等方面的影响并没有显著的改变。这可能由于云南地处西南边陲，信息化和网络化程度相对还处于较低状态，校园的网络建设也比较滞后，从硬件设施方面制约了网络文化对学生思想观念的冲击。另外一方面，云南地区学生由于基础较薄弱，一些地区在中等教育阶段还未接触过网络，接触网络的时间和程度等各个方面比较晚，于是在两个方面所受的影响并没有其他地区显著。

参考文献：

[1] 唐·泰普斯科特．数字化成长：网络时代的崛起［M］．大连：东北财经大学出版社，1999：56．

[2] 李贤民．民族文化不能在网络中消失［N］．光明日报，2001－12－12．

[3] 李琳．论网络文化的特征及功能［J］．湘潭师范学院学报，2005（11）．

[4] 臧学英．网络时代的文化冲突［N］．光明日报，2001－06－06．

[5] 冯永泰．网络文化释义［J］．西华大学学报，2005（4）．

[6] 鲍宗豪．网络与当代的会文化［C］．上海：上海三联书店，2001．

[7] 冯沈萍．研究网络文化改进高校思想政治教育［J］．西南农业大学学报，2005（12）．

[8] 袁纪玮．校园网络文化在校园文化中建设的作用［J］．绵阳师范学院学报，2004（4）．

[9] 熊绍辉．信息时代——思想教育工作面临机遇与挑战［J］．思想政治教育，2000（2）．

[10] 李书省．网络文化对大学生的消极影响及教育对策［J］．河南电机高等专科学校学报，2005（4）．

[11] 广少奎．论网络文化及其对学校教育的影响［J］．当代教育论坛，http：//www.cnki.net

[12] 旷勇．网络文化对大学生价值观的影响及对策思考［J］．湖南社会科学，2004（4）．

[13] 谢泽明．网络社会学［M］．北京：中国时代经济出版社，2002．

[14] 万新恒．信息化校园：大学的革命［M］．北京：北京大学出版社，2000．

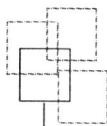

追求教育品质

—— "提升质量：外部质量保障的理论与实践"工作坊综述[①]

亚太地区质量保障网络组织
上海市教育评估院
云南省高等教育评估中心

摘　要：质量是教育品质的生命，是高等教育系统得以良性发展的保障。"提升质量：外部质量保障的理论与实践"工作坊从外部质量保障的内涵和程序、外部质量保障体系的完善和质量保障机构的能力建设、跨境教育质量保障的建设以及中国质量保障的发展方向等方面深入展开了研讨。

关键词：教育品质　外部质量保障体系　跨境教育　能力建设

2007年11月7日~9日，在一片金黄银杏叶的云南大学校园里，我们迎来了由亚太地区质量保障网络组织（APQN）、上海市教育评估院（SEEI）和云南省高等教育评估中心（YHEEC）共同联办的"提升质量：外部质量保障的理论与实践"工作坊。

举办此次研讨有四个目的：第一是加强省级评估机构的能力；第二是促进中国评估队伍素质能力的建设；第三是了解亚太地区质量保障网络组织，参与地区、国际之间的交流。为了交流各自的评估经验，学习和讨论国际教育质量保障的做法与实践，共同为提升教育质量作出自己的努力，来自中国、菲律宾、新西兰、中国香港等地区和国家的18个单位（9家省级以上机构）、48位代表参加了研讨。云南大学副校长武建国为本次研讨致欢迎词，云南省教育厅高教处王永全副处长等领导到会表示祝贺。

工作坊邀请了亚太地区质量保障网络组织主席、菲律宾联邦认证署执行主席 Concepcion V. Pijano 女士，亚太地区质量保障网络组织前任主席、香港学术与职业资历评审局总干事张宝德先生，新西兰教育部教育专员 Tony Davies 博士，教育部学位与研究生教育发展中心评估处处长林梦泉博

---

① "提升质量：外部质量保障的理论与实践"工作坊由亚太地区质量保障网络组织、上海市教育评估院和云南省高等教育评估中心共同联办。此综述由云南省高等教育评估中心张建新执笔。

士，教育部高等教育司评估处处长朱洪涛博士，上海市教育评估院常务副院长江彦桥教授，原上海市教育委员会主任、上海市教育评估院院长张伟江教授，云南高等教育评估中心常务副主任、云南大学高等教育研究院院长董云川教授作了专题发言。工作坊为与会者提供了《跨境教育与质量保障》论文集一本、涵盖质量保障5个模块的《研修材料（英文）》一本、相关论文和会议发言内容十多项。在三天的时间里，工作坊共有9位核心发言、5次大会发言、3次讨论以及1次实践考察，均分别从外部质量保障的内涵和程序、外部质量保障体系的完善和质量保障机构的能力建设、跨境教育质量保障的建设以及中国质量保障的发展方向等方面深入展开了研讨。

一、外部质量保障的内涵和程序

高等教育质量保障机制既是一个重要的理论问题，也是一个重要的实践问题。它是建立在高等教育质量保障活动和高等教育质量保障机构的基础之上的，一般可分为外部保障和内部保障两个体系。外部保障体系（external quality assurance）是指全国性或区域性的专门机构，其成员包括高等教育界与高教界之外的专家，主要任务是领导、组织、实施、协调高等教育质量鉴定活动与监督高等教育机构内部质量保障活动；内部保障体系（internal quality assurance）主要负责高等教育机构内部的质量保障活动。高等教育质量外部和内部保障体系结合起来，共同实现对高等教育质量予以保障的功能。

与传统的质量保障相比，外部质量保障机制强调周期性的教学评估，更加聚焦教育投入（教学、学习、研究）以及教育产出。这体现了国家治理政策的变化，既然政府赋予高等教育机构更多的自主性，那么就必然要求问责（accountability），要求展示有价值的结果。厚厚一本《研修材料》为高等教育质量保障领域的决策者和管理者提供了政策建议和支持。《研修材料》分为五个模块：（1）关于外部质量保障体系的基本选择；（2）外部质量保障的实施过程；（3）质量保障机构的创建和发展；（4）理解和评价质量；（5）关于跨境高等教育的监管和质量保障。

作者首先呈现了在国际高等教育的发展趋势下建构外部质量保障体系的重要性；其次探讨了外部质量保障体系的整体目标以及其基本的组织方法和价值取向；然后讨论了高等教育质量定义的变化以及质量测评方法；最后从行政隶属、管理和资源三方面分析了外部质量保障体系的支撑结构以及对质量保障体系本身进行质量控制的方法。

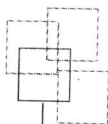

　　上海市教育评估协会秘书长、上海市教育评估院副院长李亚东博士从五个方面解析了《外部质量保障机构的地位、作用及运行机制》。他认为，"质量保障"并不等同于"评估"。质量保障体系有三个主要特点：（1）实施高等教育质量保障主体的多元性，包括政府、社会和高校等元素；（2）质量保障活动具有连续性，是一个持续的过程，不是静态的，也不是一次性的；（3）质量保障手段方式多样性（质量评估、质量审核、认证等）。而评估机构要成为外部质量保障机构面临着"三多一化"的挑战，即（a）在质量保障体系中准确定位——多主体；（b）教育质量具有多样性——多规格；（c）评估仅是保障的一种形式——多模式；（d）机构职员需要具备相应的能力——专业化。根据中共十七大报告关于建立服务政府的精神以及国际质量保障机构的状态，李博士认为，我国评估机构发展走势——公共服务。我们要理顺政府、学校、社会之间的关系，加大机构整合力度，探索实行职能有机统一的大体制，健全部门间协调配合机制。

　　云南省高等教育评估中心副主任董云川教授以《关于教育品质的思考》为题，为工作坊燃起了一把火，使得大家对于质量保障的本真和终极目标展开了思考。如果搜索一下近年来影响中国高等教育的关键词，"迎评促建"将首当其冲。从20世纪80年代开始，我国陆续开展了一系列针对各级各类高校的评估活动，包括合格评估、随机评估和优秀评估，这些评估活动对促进高等教育的改革和发展，提高高等教育质量起到了积极的促进作用。诚然，通过评估来保障质量是世界各国高等教育发展的共同经验。有意思的现象是，近年来"全民皆兵"的迎评工作给学校带来的紧张度与实际评审结果之间的反差常常出乎人们的意料而让人喜出望外。高校的评估工作在获得正面业绩的同时付出了巨大且并非必要的人员精力和物质成本。这些中国特色的巨大运行成本是发达国家高等学校在办学过程中所不需要耗费的，也是让他们感到惊诧而不可理喻的一件事情。因此，最为紧迫的改良选择就是要促使失衡的高效评估归于平衡，兴利除弊，使评估的积极意义继续发扬，消极作用得以遏制化解，而探究质量保障的源头——教育品质，应该是我们必须首先考虑的、重要的、方向性的问题。

　　教育部高教司评估处处长朱洪涛博士以《新时期我国高等教育质量保障的形势与任务》为题，从第一轮评估的背景以及作用、中国评估机构的背景以及下一轮评估的想法三部分给与会者描述了中国质量保障的具体实践。朱博士认为，第一轮评估的作用可以用五句话来概述，那就是：促进了高等教育顶层设计的发展；改善了育人环境；加强了师资队伍和管理队伍的建设；建立了学校内部管理机制；凝练了办学特色。在此基础上，朱博士认为，下一轮评估的发展重点是发展学校内部质量保障体系，强调过程评估和自评，更注重整改的情况结果等。教育部学位与研究生教育发展中心评估处处长林梦泉博士的《我国研究生教育质量保障的理论与实践》，从中国高等教育质量管理体制、中国学位等方面描绘了在中国研究生质量保障过程中的努力。

二、外部质量保障体系的完善和质量保障机构的能力建设

所有代表都认为发展过程中的教育评估机构或质量保障机构更是任重而道远，我们需要不断探索与完善适应时代要求的质量保障理论与技术，需要不断丰富日益发展的质量保障实践，需要与政府有关部门以及教育机构一起，从战略高度认识质量保障与评估的意义，共同完成教育质量保障的重任。要做到这些，关键是要完善政府、学院、质量保障机构以及所有人员的能力建设，引用智者的话就是，能力建设过程中，"人、人、还是人（the people，the people，and the people）最重要"。

菲律宾大学、院系评审协会执行会长、亚太地区质量保障网络组织主席 Concepcion V. Pijano 在《外部质量保障机构的能力建设》的讲座中，以菲律宾为例，全面地阐述了六个方面的内容：（1）评审的发展历程；（2）建立外部质量保障署的4种类型；（3）外部质量保障4个步骤；（4）外部质量保障的目的；（5）外部质量保障的行动方针；（6）评估人员和高等院校质量保障的能力建设。最后，她以一幅企鹅对话的漫画来结束对外部质量保障机构的能力建设，虽然这些、那些……要求真是太难了，可是所有人都对未来充满了信心！

新西兰教育部教育专员 Tony Davies 博士以一幅站在世界顶峰巨人的照片来开始了《加强质量：新西兰外部质量保障的理论与实践》讲座。他认为，外部质量保障的目标就是要"追求更高、更好，追求品质"。在两小时的讲座中，Davies 博士基于质量审核、评估方法、评估框架、自评理论、评估指标、督察原则、结果模型等一系列理论框架，把新西兰外部质量保障的经验进行了详细的介绍。Davies 博士认为新西兰有一个全面综合的、结构严密的学历资格与质量保障体系——新西兰学历资格评审局（NZQA），其主要工作有两项：第一是质量保障，第二是学历资格体系。其运作程序如下：

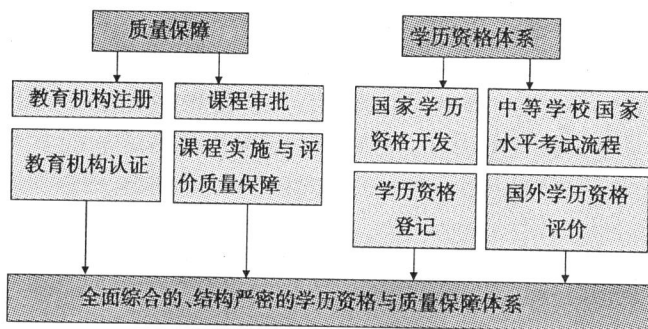

图1　新西兰学历资格评审局运作程序图

亚太地区质量保障网络组织前任主席、香港学术与职业资历评审局总干事张宝德先生在《香港高等教育质量保证体系》的讲座中，介绍了香港开展教育质量的全面管理工作与构造质量保证体系及校外质量保障机构的情况。以香港学术评审局的工作为例，评审局作为校外的一个评审机构，在提供评审服务之同时，亦以协助和促进校内质量保证系统为己任，通过良好的制度去自我审查和自我监管。他们遵循"自评、切合目标、同行评估、证据为本、具透明度"五个评审原则，在协助院校建立校内质量保证系统时，主要以校外机构的评审和质量保证制度作为模式，为院校提供咨询顾问服务，坚持检讨、评核的角色。总之，校外机构扮演的只是一个协助和促进的角色，最终应由院校按需创立合适的校内质量保障系统。

广东省教育发展研究与评估中心杨军主任在《政府背景下教育评估机构的建设与发展初探》专题发言中认为，我国现有的教育评估机构，尤其是省级外部评估机构，除少数直接依附于教育行政部门外，往往是直接由政府组织、设立的，具有强烈的政府背景和官方色彩。由于它又不同于纯粹的行政部门，一般也称为半官方评估机构。目前，大多数省级教育评估机构和我们广东教育发展研究与评估中心就是这样的机构，这些机构诞生于政府机构改革中，直接隶属于省级教育行政部门，（部分）具有独立的法人资格，在业务开展上主要受教育厅（委）直接领导。他分析了政府背景下的教育评估机构的优势与劣势，并结合广东教育发展研究与评估中心自身业务开展状况，在加强评估机构建设方面进行了一些有益探索。

成立于2000年的上海市教育评估院，实施"抓科研、上水平、树品牌"的发展战略，在2007年初投入了300万资金，实施了"专家队伍建设、网络建设、教育评估科学研究"三大建设工程。上海市教育评估院的服务项目涉及三方面：（1）政府委托项目：设置审批类、质量水平类、依法办学类、专项绩效类、选优评比类、过程检查类等；（2）学校委托项目：专业指导类、资格评审类、质量审核类、业务咨询类等；（3）社会服务项目：行业认证类、分等定级类、信息服务类、专项绩效类等。目前，各项工程建设已初见成效，内外网络建设已全面正式开通；资深专家委员会已成立，专家队伍日益优化与完善；教育评估科学研究向社会招标工作顺利完成。

十年来，我国教育评估机构"三级网络"逐步形成：（1）全国性教育评估机构——教育部学位与研究生教育发展中心以及教育部高等教育教学评估中心；（2）地方性教育评估专业机构——香港、上海、江苏、广东、辽宁、云南、江西、山东、福建、黑龙江、海南和北京等十多家；（3）大学内设评估机构——大学为了"迎评"和加强内部质量保证也设立了专门的评估部门；（4）行业认证机构——执业或职业资格鉴定中心、行业或职业准入行业组织等。成立于2000年6月的"云南高等教育评估事务所"是我国首批建立的中介性高等教育评估机构之一，由云南省教育厅正式批准，省工商局注册认定，具有专业教育评估资质，专职从事高等教育评估及中介咨询服务，享有独立企业法人地位。2006年2月，云南省教育厅依托云南大学高等教育研究院的学术资源优势，正式成立"云南省高等教育评估中心"。从此，云南省高等教育评估工作向系统化、学术化、专业化又迈进了一步，初步探索出了一条政府与高校专业评估机构合作开展外部质量保障的工作模式。辽宁省教育评价事务所、北京教育评估院、黑龙江高等教育评估中心都介绍了自己的经验以及对于质量保障的思考。

三、跨境教育质量保障的建设

虽然高等教育国际化的运动早在20世纪末就轰轰烈烈地展开了，2001年，UNESCO和欧洲理事会给"跨境高等教育"（cross – border education）作出了定义①，可是"跨境教育"和"跨境教育质量保障"对于不少人来说都是一个可望而不可即的新概念。上海市教育评估院常务副院长江彦桥

---

① 跨境高等教育是指各种类型的高等教育项目、系列课程，或者各种教育服务（包括那些远程教育服务），学习者所在的国家不同于提供教育的机构所在的国家。这些项目或许是属于一个国家的教育体系的一部分，但又不同于其他部分，或者这些项目的运作独立于任何国家的教育体系。

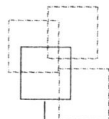

教授《跨境高等教育的监管和质量保障》讲座以及上海市教育评估院提供的《跨境教育与质量保障》论文集中的13篇论文给大家带来了耳目一新的感觉。江教授从跨境教育的特征、跨境高等教育带来的挑战、跨境高等教育的监管、跨境高等教育的外部质量保障机制的选择以及中国跨境教育质量保障的努力五个方面展开了深入的阐述。江彦桥、张民选、李亚东、岑建君、方乐、严芳、郭朝红、查正和等研究者从国内外的实践经验和理论发展视角展开了跨境教育的全面思考。

从跨境教育的发展过程看，这是一个颇具争论的主题。OECD在美国、丹麦和澳大利亚先后三次举行"国际教育服务贸易论坛"，各国代表对"教育服务贸易"争论不休，其焦点是"教育服务贸易"不能涵盖国际教育的所有动机。加拿大学者 J. Knight 提出了"跨境教育"的新概念，此间英国大学校长协会提出"无边界教育"，澳大利亚学者提出"跨国教育"等重叠但具有差别的概念。在此基础上，学者们提出"跨境教育"的人员流动、项目流动和机构流动的三种主要形式。联合国教科文组织和经济合作与发展组织制定了《跨境高等教育质量保护指南》，提出保障跨境教育质量保障的能力建设概念。

从跨境教育的发展动力来看，它具备五个方面的优势：（1）促进教育发展；（2）加强能力建设；（3）增进国际理解；（4）获取经济利益；（5）获得技术移民。具体来讲，涉及教育出口国以及教育进口国双方利益相关者的动机。双方利益相关者的动机均涉及学校、学生、政府和雇主四个层面（见下表）。

表1　教育出口国与教育进口国双方利益相关者的动机表

	教育出口国	教育进口国
学校	（1）增进国际理解；（2）扩大国际影响;（3）增加可支配收入;（4）吸引优秀学生;（5）充分利用教育资源……	（1）提升教育质量；（2）扩大教育规模；（3）增进国际理解；（4）增加学校收入……
学生	（1）增进国际理解；（2）学习特定知识……	（1）增加教育机会；（2）获得优质教育；（3）提升就业能力；（4）增进国际理解……

续 表

	教育出口国	教育进口国
政府	（1）增进国际理解；（2）提供教育服务；（3）增加经济总量；（4）获得经济利益；（5）增加劳动力……	（1）增加教育机会；（2）提升教育质量；（3）学习先进理论、经验、知识和技术；（4）加强能力建设、促进社会、经济发展；（5）增进国际理解……
雇主	（1）获得合格雇员；（2）获得经济收益；（3）获得国际信息与最新技术……	（1）获得合格劳动力；（2）获得国际信息和高新技术……

从跨境教育模式看，主要有以下四种：（1）跨境交付；（2）境外消费；（3）商业存在；（4）自然人存在。其中，"商业存在"是指教育服务跨境，而不是教育消费者跨境，主要包括外国投资引发了建立分校或卫星校园、外资法人机构、特许项目等。

从跨境高等教育提供的机构类型看，主要有以下八种：（1）分校——甲国教育提供者在乙国成立卫星校园，向乙国学生提供课程和教育项目，其资格由甲国教育提供者颁发；（2）独立机构——甲国教育提供者在乙国创建一个独立高等教育机构，提供课程、项目及奖学金；（3）收购或兼并——甲国教育提供者购买乙国部分或者全部高等教育机构；（4）教学点——甲国教育提供者在乙国成立一个学习中心，支持学生学习其课程或项目；（5）特许（Franchise）——甲国教育提供者准许乙国提供者向乙国或者其他国家提供它们的课程、项目或服务，资格证书由甲国教育提供者颁发；（6）双校园（Twinning）——甲国教育提供者与乙国提供者通过合作，形成连贯的教育体系，使学生可在乙国和（或）甲国接受学分课程，授予学生资格证书；（7）双学位——不同国家合作提供项目的一种安排，在该项目中学生从每一个提供者获得资格证书或者获得合作方共同授予的资格证书；（8）远程——提供者通过远程和在线模式，向不同国家的学生提供课程或项目的一种安排。

与会者们认为，对输入国的高等教育系统，跨境教育既是机遇，也是挑战。许多发展中国家无法满足社会的教育需求，跨境教育提供可更好地满足这种需求，减少质或量的差距。同时，跨境教育也带来创新的教育实

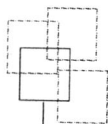

践和互相学习机会，提供受欢迎的国际化课程，也可提供本国无法获得的新专业，带来新的设备，为当地教师专业发展提供机会。在完善跨境教育政策方面，希望从坚持"公益性"宗旨，到精细规范中外合作办学等跨境教育活动的法规政策；从"重审批，轻管理"，到审批与管理并重；从重政府审批评估，到政府监管和社会认证并重；从重视国家主权和政治安全，到同时关注国家和学生的教育权益和经济利益。

四、中国质量保障的发展方向

毫无疑问，国际经验值得我们去了解和学习。但是，由于国情不同，省情不同，校情不同，其评估的标准就不同，教育质量保障的方式就会存在差异。所以，不可能全世界的国家都按照一个标准去评估、遵循一种模式去进行质量保障，也不可能是一个国家实施的是和国外完全不同的评估或质量保障。国与国之间都是互有关联的，特别是高等教育，既有相同的地方，也有不同的地方。相同的地方叫国际化的关联，是共性；不同的地方，是差异、是特色，实质上也就是竞争。因此，我们既要尊重共性的国际经验，又要坚持同中求异，在教育评估及教育质量保障方面创造出自己的特色，建立中国特色的教育质量保障与评估体系。

张伟江院长认为，学习国外关于质量保障的经验，结合中国，特别是上海市教育评估院的实践，提出三个观点供大家讨论。

第一，坚持有中国特色的评估价值理念。在总结多年教育评估经验的基础上，我们注意到教育评估的传统观念需要转变，应树立有中国特色的社会主义评估价值理念。目前我国的教育评估实践中，"外来即真、见校不见国"的现象较为普遍。评估标准来源于西方国家，关注国外机构如何评估我们，但却忽略了我们应该怎么依照党的教育方针来评估。我们不否认应该参照和借鉴国际惯例和经验，但我们一定要有自己独特的、符合社会主义教育的价值理念与评估标准。在社会主义中国，学校理应为社会主义服务，培养社会主义国家需要的人才。国家需要大批的人到农村去，到基层去，到祖国最需要的地方去，但事实上有的学校却并不是完全这样考虑的。学校考虑较多的可能是有多少篇学术论文、有多少个博士、硕士学位授予点，如何打造所谓的"综合实力"，如何在评估中拿高分，等等。我们不倡导这样的办学观，学校的功能除了传道、授业、解惑和科研创新外，还要为国奉献、为国分忧。因此，在评估一所学校时，我们要摒弃一些比较偏激的观点，要增加学校为社会服务、为国家奉献的元素和指标权重，引导学校的建设与整个国家发展紧密相连，共同构筑和谐社会和创新国家。

第二，尝试新的评估方式与质量保障手段。不同于以往时间长、成本高的传统教育评估，上海市教育评估院通过建立网上教育评估系统，已在高校"精品课程"等多个评估项目中尝试采用了网上评估方式。网上评估系统中设有专家工作室、评估院工作人员工作室、专家发展测评系统、评估资料信息库等。这一评估方式的使用不仅有利于规范教育评估的流程，提高评估工作的效率与质量，还有利于节约评估成本与时间，体现评估结果的公正与公平，提升评估院的社会公信力。我们希望更多的教育评估机构、学校和学者继续深入研究外部质量保障体系的学术内涵以及建设的路径和方法等，以便使这一研究领域的学理深度及实践系统性能不断延伸。

第三，探索科学的评估技术与方法。教育评估是一门科学，包含着丰富的理论与技术。过去，我们往往通过专家，依据现有的数据来评估并提出建议，这仅仅是一个输出的测评和反馈，这种总结性评价常常有令人"悔之晚矣"或"亡羊补牢"之感。教育是一个系统，对一个系统来说，过程中的状态反馈和校正对于维持系统的优质高效运转十分重要。及时对学校发展过程中的关键因素和存在的问题进行诊断和评价，周期性地对学校发展的结果与成效进行评估是质量保障的首要含义。为此，我们也在积极地探索发展性评估、过程性评估。与此同时，我们还十分关注教育评估的技术研究，评估的可靠性、有效性如何保证、评估的过程如何优化等。

此次高等教育外部质量保障体系构建的研讨是中国东西部专业教育评估机构第一次开创性合作，是国内外评估界交流研讨的一次难得盛会。在我国第一轮高等教育本科及高职高专教学工作水平评估即将接近尾声的时候，思考和研究这一课题，不仅有利于我们总结过去一轮的评估工作，还有利于我们合理规划下一轮的质量保障事业。

研讨期间，亚太地区质量保障网络组织主席 Concepcion 以及相关人员介绍了 APQN 的情况并期待各机构加入这个质量保障大家庭。云南高等教育评估事务所等三家机构已经有了明确意向，愿意加入亚洲及太平洋地区高等教育质量保证机构的区域网络，通过加强各质量保证机构的工作以及它们彼此之间的合作，以提高亚太地区的高等教育质量。

教育评估与质量保障是一项古老而又崭新的事业，说它古老，是因为我国的科举制已有1300多年的历史，国外也有相当可观的理论与实践经验。说它崭新，是因为面对新的需求和挑战，它还有更广阔的空间去发展，有更多的新问题需要去解决。通过三天的学习和讨论，与会者达成了愿与国

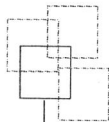

内外同仁一起致力于这项朝阳事业的共识。怀揣"态度决定一切"的良好心态，评估人将为中国的教育质量保障和教育评估发展贡献力量！

参考文献：

［1］"提升质量：外部质量保障的理论与实践"工作坊. 研修材料（英文）［Z］. 亚太地区质量保障网络组织（APQN）、上海市教育评估院（SEEI）和云南省高等教育评估中心（YHEEC），2007 年 11 月 7 日~11 月 9 日。

［2］"提升质量：外部质量保障的理论与实践"工作坊论文集. 跨境教育与质量保障［Z］. 上海市教育评估院，2007，10.

［3］Tony Davies. Quality Assurance in New Zealand ［Z］. Submitted to Workshop: Quality Enhancement：Theory of External Quality Assurance and its Practice in China，November 7 –9，2007.

［4］张伟江. 携手并肩，努力保障和提升高等教育质量［Z］. "提升质量：外部质量保障的理论与实践"工作坊上的讲话，2007 – 11 – 7.

［5］武建国. 欢迎词［Z］. "提升质量：外部质量保障的理论与实践"工作坊上的讲话，2007 – 11 – 7.

［6］Concepcion V. Pijano，Tony Davies，张宝德，林梦泉，江彦桥，董云川，李亚东，贾国英，杨军等与会者在"提升质量：外部质量保障的理论与实践"工作坊上的PPT 发言，2007，11：7~9.

以评建为契机，培育新建本科院校的质量文化

陈声健　　原一川①

摘　要：新建本科院校教育质量受到人们的高度关注，本科教学工作水平评估对高等教育质量的提高起到了很大的促进作用。借鉴企业质量管理的经验，以评建为契机，从物质层、制度层和精神层三方面，建设与培育高校的质量文化，通过文化的力量来提高教育教学质量，是构建长效的校内质量机制，保证教学质量持续提高的有效途径。

关键词：本科教学　迎评促建　教学质量　质量文化

一、引　言

近几年，中国的高等教育有了快速发展，其中，2000 年以来新建的本科院校达 172 所，占普通本科院校的 24%；新建本科院校在高等教育大众化的进程中扮演着重要角色，可以说，没有新建本科院校的发展，很难说中国高等教育发展得很好②。但是新建本科院校由于本科办学时间短，与办学历史较长的本科高校相比，最主要的薄弱环节有两项：一是教学管理还不够规范，二是教学基本建设不到位。这两方面直接影响办学水平和教育质量的提升。

从开展本科教学工作评估的实践看，84% 的学校认为教学评估促使教学条件发生了翻天覆地的变化，95% 的学校认为评估促进了教学管理的规范化，教学建设明显加强。但一部分人也认为评估像一阵风，风一过，一切恢复平静，迎评期间新制订的规章制度和新要求，似乎是为"糊弄专家"而作，对教学质量没有实质性的提高。甚至有人认为评估打乱了教学常态，

---

①　作者简介：陈声健，男，曲靖师范学院讲师、硕士研究生；原一川，男，曲靖师范学院副院长、教授、博士。

②　李志宏，杨婧. 新建本科院校的发展与教学评估 [J]. 中国大学教学，2007 (6).

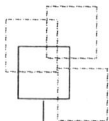

反而使原有教学质量得不到保证，要说评建有功顶多是多添置了一些教学设备，改善了一些教学条件。出现这种现象的原因主要是教学工作水平评估是通过外部力量规范约束人的行为来保证质量，而影响教育教学质量的最重要因素是人，如果没有教职工自觉的工作热情和对质量不懈的追求，一旦外部压力减轻，个别工作环节就会出问题甚至影响整个教育教学质量。这也是高校年年抓质量，却仍然难以保证质量的重要原因之一。

因此，如何才能真正实现本科教学质量的持续提高还是一个值得探讨的问题。笔者认为，借鉴企业质量管理的经验，以评建为契机，借助评建的外力，建设与培育高校的质量文化，通过文化的力量来提高教育教学质量，是构建长效的校内质量机制，保证教学质量持续提高的有效途径。

二、高校质量文化的定义与建设的内容

质量文化属于企业文化的范畴，其内涵是指"企业和社会在长期的生产经营中自然形成的涉及质量空间的理念意识、规范、价值取向、思维方式、道德水平、行为准则、法律观念以及风俗习惯和传统惯例等'软件'的总和"。[①] 质量文化的核心是建立一套价值体系，使企业内部形成统一的质量价值观念。它既直接显现为产品质量、服务质量、管理质量、工作质量，而且还延伸表现为消费质量、生活质量和环境质量。

最近几年，质量文化概念才被移植到高等教育系统中使用。对高校质量文化的定义，目前认同人数比较多的表述是："高校质量文化，是指高等学校在长期教育教学过程中，自觉形成的涉及质量空间的价值观念、规章制度、道德规范、环境意识及传统、习惯等'软件'的总和"。高校的质量文化应包括三个层次：物质层、制度层和精神层[②]。物质层，这是高校质量管理理念凝聚在高校教育、科研、后勤、产业等管理过程中的物质设施外化部分，是由实物质量和服务质量构成的。制度层，这是具有高校质量文化特色的各种制度、道德规范和教职员工行为准则的总和，是高校控制质量的制度文化。精神层，这是高校的精神文化，是高校进行质量决策和质量管理时的指导原则和行为规范。

① 龚益鸣主编. 质量管理学［M］. 上海：复旦大学出版社，2000.
② 何茂勋. 高校质量文化论纲［J］. 高教论坛，2004（3）.

三、以评建为契机，培育厚实的质量物质文化

高校质量物质文化培育就是要培育承载学校的办学指导思想、质量理念、质量价值观、质量方针、质量行为准则的育人环境，实施"以物保质"。主要通过品牌标志、高校的环境、师生员工的精神风貌和服务质量形象、学生质量形象等表现出来，是人们可以直接感受到的，是从直观上把握不同质量文化的依据。物质层质量文化往往能折射出学校对教育质量的关注及追求，体现出学校的办学理念、质量管理哲学和工作作风等。北京大学未名湖边的博雅塔、清华大学的清华大学二校门、云南大学的会泽院、云南师范大学的西南联大纪念亭和民主草坪及闻一多塑像等无不折射出学校的办学理念和价值追求。新建本科院校与老牌高校相比，各种文化积淀物相对较少，尤其是那些搬迁到新址建盖的本科院校，一般不缺少设计漂亮的大楼和优美的校园环境，而缺少的是那些文化的载体。比如校园广播、一些名校友的雕塑、制度不上墙、宣传栏很少、没有信息粘贴栏、学习场所缺少装饰等，甚至一些学校就连旗杆也没有！

1. 以评建为契机，实施学校形象设计与塑造工程。曲靖师范学院已有近百年的办学历史，但是各个时期的办学指导思想、学校的定位随着时代的变化在发生变化，并且随着办学历史的积累，学校的形象也在发生改变。那么作为一所新建的本科院校，我们又将怎样设计我们学校的形象呢？为此学校借评建之风，对学校进行了形象设计。制定了《曲靖师范学院大学形象设计与塑造工程规划方案》，先后实施了面向全校和社会的校标、校训、校徽、校歌、校旗、校风、教风、学风公开征集活动，校园主干道、建筑物、文化景点（观）命名和设计方案征集等系列活动，并采纳和实施了最佳方案。通过学校形象设计与塑造工程，确定了校标、校训、校徽、校风、教风、学风，为各建筑命名了具有校园特色的名称，改造原有中心广场，在中心广场树立校训碑刻、雕塑，修建音乐广场，在花园安置学习桌凳，为学校花草确认挂牌，在人群密集地段树立了多个宣传栏等文化载体。通过全校师生和社会各界参与学校形象设计与塑造工程的实施，对强化和提升学校的形象，凸显办学优势与特色，凝聚与激励广大师生员工，树立学校认同，创新大学文化建设与管理模式，提高学校的文化竞争力，建设和谐校园，均具有十分深远的意义。

2. 以评建为契机，大幅度提升教学设施和管理水平。教学设施是保证和提高教学质量的重要方面。学校缺乏发达地区和省会城市的办学优势，

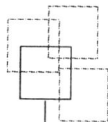

学校领导积极争取并得到了教育部有关部门和省教育厅、曲靖市委、市政府的大力支持，大大改善了办学设施。学校四项经费从 2004 年的 248.73 万元增长到 2006 年的 415 万元；教学科研仪器设备总值从 2004 年的 1 958.18万元增长到现在的 4 085.56 万元；建成了较为完备的实验教学公共平台和校内外实践教学基地，满足了本科教学现实需要和学校发展的长远需求；三年新增图书 29.4382 万册，其中全校师生及社会各界捐赠图书 4 800 册。通过加大教学投入，学校的办学条件得到了根本性改变。有了设备，充分利用又是提高教学质量和管理水平的关键。近年来，教务管理自动化、仪器设备自动化（条码管理）、图书借阅自动化、学校办公自动化、财务管理自动化等一系列工程的实施，大幅度提升了教学设施和管理水平。

3. 以评建为契机，实施"文化走廊"工程。在学校，不仅仅教室、实验室、图书馆是学习的场所，应该整个校园都成为学习和育人的环境。对于曲靖师范学院这样一所在新址建盖的本科院校，对教学楼、实验楼、图书馆、办公楼、学生寝室进行文化走廊建设，更显得尤为重要。我们的具体做法是实施了文化走廊工程。名人名言"上墙工程"：在教学楼、实验楼、图书馆等不同的场所挂上相应的名人头像和名言，更值得一提的是在校图书馆楼道挂了通过征集到的美术专业师生的作品，大大增强了师生的自豪感。"制度、服务流程上墙工程"：各职能部门的规章制度和服务流程以及负责人的照片和联系电话统一挂到办公室外楼道墙上。"宣传工程"：增设宣传栏、电子显示屏，在学生餐厅安装闭路电视、校园广播等设施。"教室美化工程"：包括每间教室按期出班刊，每张讲桌有花等。"环境美化及服务人性化工程"：要求办公室整洁，为来访人员提供人性化的服务。通过以上一系列文化走廊工程的实施，大大增强了学校的文化气息和服务质量。

4. 以评建为契机，提升师生员工的精神风貌和服务质量。教职员工的精神风貌和服务形象、学生的气质等也是表现质量文化的重要内容。我们借助"迎评促建"人心空前凝聚的大好时机，通过院长所做主题为《举全院之力，打一场迎评促建攻坚战》的"迎评促建"动员大会、"曲靖师范学院本科教学工作水平评估誓师大会"、"'迎评促建'倒计时 100 天"、"曲靖师范学院本科教学工作水平评估誓师大会"、"评建知识竞赛活动"、"评建知识竞赛"、"教师礼仪培训"、"学生行为规范"等一系列活动的开展，使得教学是学校中心工作、教学质量是学校生命线的思想观念深入人心，并贯穿学校工作的全过程。同时通过校园广播、网络等宣传媒体对评建工作进行广泛宣传，使评建工作的目的、意义深入到全校每一个师生员工的心中。

四、以评估为契机，培育规范的质量制度文化

高校质量制度文化培育就是要培育高校领导体制、组织机构，各部门之间、师生之间、学生之间的部际关系和人际关系以及为保证正常的教学、科研和生活秩序所制定的质量规章制度、质量标准、评估指标体系等育人质量制度保证体系，是学校的办学指导思想、质量理念、质量方针和质量价值观的贯彻、展开和体现。主要通过各项工作制度、责任制度、管理制度、工作程序、行为规范、质量标准等制度。形成全校范围内的质量行为规范体系和质量激励与约束相结合的机制，从而激励、规范约束、评价和监督学校各级领导及全体员工在质量管理、教育教学中的质量行为，实施"依法治质"。

质量规章制度是质量文化的硬件，是学校质量管理的各种规章制度的总和，是学校在教育教学实践中形成的有关权利和义务的规定，是学校实现质量目标的有力措施和基本方针。它是学校价值观、管理哲学的反映，也是学校质量科学化、民主化程度的体现。当制度内涵未得到教职工的心理认同时，制度只是管理者的"文化"，反映的知识管理原则和规范，对教职工只是外在的约束，当制度的内涵被教职工心理接受，并自觉遵守与维护而形成习惯时，制度便凝固升华成一种文化。

（一）完善和健全质量管理的行为准则和规章制度

质量管理的行为准则是全体教职员工的质量道德和质量活动的衡量标准和检验尺度，是确保质量理念能否真正落实的有效手段。大部分新建本科院校是在高职高专的基础上升格为本科院校的，在质量管理上很多还是沿袭了专科层次的管理思想，存在着管理思想落后，制度建设不健全等问题。为此，学校应当对原有的教育管理规章制度进行清理、整合，建立起完善而严格的质量管理与控制的行为准则和规章制度，并严格要求全体教职员工按相关的行为准则、规章制度，在各自的岗位上尽职尽责，精益求精，把各自的工作做好，养成规范化的工作习惯，对违反相关规定者予以相应的惩罚，以确保在追求质量的问题上，始终坚持高标准，不允许有一丝一毫的缺失。

通过评估，曲靖师范学院的教学管理得到了进一步的加强。虽然师专时期的《曲靖师专规章制度选编》曾被国家教委发文推荐给全国师专学习

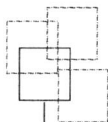

借鉴，但是为了满足新时期本科办学指导思想的需要，教学管理部门对过去的教学管理规章制度进行了修订和补充，围绕培养目标、培养规格、培养方案、课程体系、教学内容、教材选用、教学方法、教学手段、考试方法、教学评价等教学链中的 10 个环节，制定了 74 项教学管理规章制度，确立教学质量标准，包括培养方案质量标准、专业建设质量标准、课程质量标准、教材建设质量标准、日常教学工作质量标准、考试环节质量标准、实践教学环节质量标准、毕业论文（设计）环节标准等。通过这一系列教学质量标准的制定，形成了规范、完整的教学制度体系，使教学行为规范与教学质量的监控有了依据和准则。各教学单位按照学校教学管理文件的基本原则，结合本单位实际，制定和完善了系（院）教学管理制度和执行措施，使教学管理和质量监控工作具体化。

（二）建立和完善质量监控与质量保障体系

博采众长，借鉴国内外教育评估的先进经验，立足学校的办学环境和办学特色，着眼学校的可持续发展，建立起教育质量保障的组织指挥系统、教育质量督导评估系统、教育质量评价与诊断系统、教育质量信息反馈系统等相应的组织系统，加强对学校质量的前期监控、过程监控以及结果监控。然后，根据监控的情况，及时修订学校的质量管理行为准则与规章制度，改进学校教育质量管理工作，提高教育质量管理水平，使教育质量真正成为学校成员的内在追求。

曲靖师范学院实行的是学校负责全校教学质量的宏观指导与调控，主要负责提供校方办学指导思想、办学定位、培养方案等重大问题作决策。学校教学指导委员会负责培养方案质量标准、专业建设质量标准、课程质量标准、教材建设质量标准、日常教学工作质量标准、考试环节质量标准、实践教学环节质量标准、毕业论文（设计）环节标准等各主要教学环节质量标准的制定。教务处负责教学质量监控的组织、实施、分析、反馈和控制。各教学单位则是教学质量标准的具体实施单位，负责各教学环节质量标准的具体实施和监控，并通过实施"三制"——教师教学业绩考评制、教学督导制和校系室三级听课制；"三评"——专家评价教师、学生评价教师、教师评价教师和学生教学信息员制度，形成了标准制定→标准实施→标准执行→执行信息反馈→教学质量监控体系修正的教学质量监控体系（如下图）。

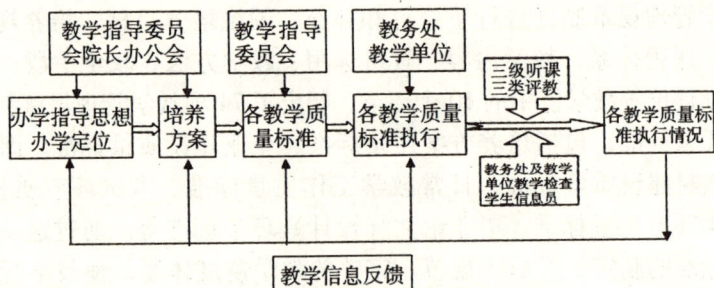

教学质量监控体系图

五、以评建为契机，培育良好的质量精神文化

高校质量精神文化培育，主要包括学校领导和师生员工应共同信守的质量管理哲学、以人为本的工作理念、办学理念、人才培养的质量方针、质量目标、质量价值观、质量信念和职业道德等，实际上就是高校的价值观。它是高校质量文化结构中的最深层，主要通过高校教职员工的质量意识、质量观念、质量价值观、质量精神来表现，是质量文化的源泉。因而是高校质量文化比较稳定的内核。在长期办学实践和"迎评促建"中，主要通过以下措施培育"质量至上"的质量精神文化。

（一）确立"质量至上"的理念

教育质量最终体现在培养对象的质量上。因此，质量精神文化首先是融合在学生的质量里面，是通过教职工一点一滴的行为，通过毕业生在社会上的影响，把质量精神文化传播给社会，获得社会的认同。因此，确立"质量至上"的理念，必须牢固树立以学生为本的教育思想，将学生的培养质量作为各项工作的核心，培养良好的校风、教风、学风，一切工作围着学生转。

长期以来牢固树立的"教学质量是生命线"理念，这从学校的定位、"三风"和校长的讲话中无不体现出来。在"迎评促建"过程中，学校党委明确和凝练了"坚持以质量求生存、以水平创声誉、以服务赢支持，把学校办成优势明显、特色鲜明的应用型多科性大学，为进入西部同类院校先进行列奠定坚实基础"的奋斗目标以及教学型大学的办学类型定位。校长在评建工作报告中所说："把教学质量作为学校生存和发展的基础常抓不懈，千方百计提高教育教学质量。这既是我们取得评建工作胜利的一条基

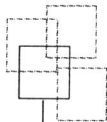

本经验，也是学校不断壮大实力，在飞速发展的高等教育新形势下始终处于不败之地的法宝。"以评估为契机，凝练并形成了"民主和谐、求是创新"的校风，"精业乐教、立德树人"的教风，"勤学慎思、励志力行"的学风。在校长"我们教职工要像孝敬父母一样孝敬学校，像热爱恋人一样爱恋学校，像关爱子女（弟妹）一样关爱学生"的倡导下，广大教师恪守着精业乐教、立德树人的教风，默默耕耘，淡漠名利，认真按照教学工作规范进行备课、授课、批改作业，精心指导学生实习、实验、毕业论文，并积极投身评建的整个过程中。

（二）全员参与，践行"质量至上"的理念

高校质量精神文化体现在学校组织的结构、人员的沟通、员工的行为表现中，所以，确立"质量至上"的理念，创建质量精神文化，关键在于抓好质量工作的具体行动，通过全员、全过程、全方位的质量管理，使每一个岗位、每一位教职员工都做好自己的工作，提高工作质量。要让人明白，质量工作决非单纯的教育教学质量管理部门的事情，也不仅仅是教学一线部门的事情，而是与每个人的工作都相关的事情。在这一系列的文化理念指导下，在与之相关的各种活动的有力推动下，使每个人牢记严格的质量行为准则，坚守质量道德，对自己的工作质量极端负责，形成人人关心质量、人人重视质量的文化氛围。

树立教学中心地位是学校践行"质量至上"的理念的主要措施。通过采取一系列措施，实现了"六个确保"，即领导重视教学，确保教学中心地位；政策保证教学，确保教学工作落实；经费优先教学，确保教学投入增长；科研促进教学，确保教学水平提升；管理服务教学，确保教学运行顺利；舆论宣传教学，确保教学氛围浓郁。

评估期间，曲靖师范学院还通过"迎接教育部评估动员大会"、"曲靖师范学院本科教学工作水平评估誓师大会"、"三风"的解读宣传活动、"'迎评促建'倒计时100天"、"评建知识竞赛活动"、"评建知识竞赛"、"教师礼仪培训"、"学生行为规范"等一系列活动的实施，全校上下增强了做好评建工作的自觉性和主动性，在全校形成了人人重视评估，人人参与评估的氛围。

有了"质量至上"的理念的具体落实，2004年—2006年，曲靖师范学院毕业生连续3年以93%以上的就业率名列全省各高校前茅，其中2004年毕业生就业率居全省第一，并赢得了用人单位"曲师学子下得去，用得上，留得住，干得好"的赞誉。

（三）唤起全体教职员工的质量危机意识

"人无远虑，必有近忧"。确立"质量至上"的理念，还要唤起全体教职员工的质量危机意识，使广大教职员工认识到"质量危机"，积极参与和支持质量文化建设。为此，领导层以超前的眼光，立足于学校的长远发展，利用恰当的沟通手段向全体教职员工灌输"质量危机"意识（用有说服力的生动案例和数据说话，使教职员工对"质量危机"产生认同感，加深对教育质量危机与学校生存和发展危机的理解），让全体教职员工掌握预测质量危机控制质量危机以及化解质量危机的方法与措施，提高处理教育质量危机的能力，把质量危机管理寓于全面、全员、全过程的质量管理活动之中，严把教育教学各个环节的质量关，扎扎实实抓好教育质量。

"迎评促建"工作，使得人心空前凝聚，进一步统一了思想，规范了管理，明确了学院的办学理念、办学特色、办学思路和发展目标，卓有成效地促进了学院的改革、建设和发展，扩大了学院的办学声誉和社会影响。但是质量文化的培育不是一时即成的，更重要的是我们要在评建之后发扬做得好的方面，整改"迎评"过程中暴露的问题，认认真真落实评建过程中形成的新思想、新制度，形成学校内部质量长效机制。可以说五年一轮（次）的评估，为高校，尤其是为新建本科院校质量文化培育提供了一种有效的外力，我们要充分利用好这个外力，使每次评估成为学校质量文化培育的一个里程碑，每个评估区间成为高校质量文化培育期，从而实现提高高校教学质量的可持续发展。

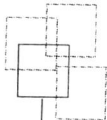

大学本科教学质量保证的模式

张忠玉①

摘　要： 大学教学质量保证有两种基本形式：外部质量保证和内部质量保证。外部质量保证主要有四种模式：认证、评估、审核和基准。内部教学质量保证主要有几个特点：（1）健全的质量保证组织机构；（2）完善的质量保证文件体系；（3）内部过程的全面监控；（4）多层面的质量文化。此外，基于教学质量监控的决策支持系统正在受到越来越多的关注。

关键词： 本科教学　质量保证　质量文化　决策支持

近几十年来，有关高等教育各个方面（管理、内容、教学形式、提供的服务等）的质量评估、监控和改进已经有了较大发展。然而，在"大众化"高等教育的形式下，高校办学质量与招生规模的矛盾显著激化，因此，教学质量问题再次成为全社会广泛关注的焦点。教学质量保证是国际上各个国家、各个大学普遍重视的教育质量管理模式，教学质量监控是教学质量保证的重要环节。因此，要研究教学质量监控与决策支持问题，需要从教学质量保证的研究入手。

一、大学外部教学质量保证

各个国家、各所大学普遍重视本科教学质量保证。联合国教科文组织在 UNESCO – CEPES 项目《21 世纪高等教育战略指南》一份对高等教育质量保证的术语规范报告中提到：高等教育质量保证分为外部质量保证和内部质量保证②。2005 年 5 月 20 日在挪威的卑尔根召开的欧洲高等教育部部

---

　① 作者简介：张忠玉，男，云南曲靖人，曲靖师范学院副教授。主要研究方向：本科教学质量保证、监控与决策支持、计算机支持的协作学习、学习共同体。

　② Laz r Vl. sceanu, Laura Grünberg, and Dan P? rlea. Quality Assurance and Accreditation：A Glossary of Basic Terms and Definitions. Bucharest 2004. ISBN 92 – 9069 – 178 – 6 ? UNESCO 2004.

长会议确定了欧洲高等教育质量保证标准和指南①，其中也将高等教育质量保证分为外部质量保证和内部质量保证。

外部教学质量保证是由大学以外的国家组织或区域组织负责对大学教学质量进行评估、审核或认证的质量保证过程。在国际上，外部教学质量保证模式通常有四种：认证（Accreditation）、评估（Assessment）、审核（Audit）、基准（Benchmarking）。高等教育认证（Accreditation）是通过政府、非政府或私人团体对高等教育机构专业教育计划进行评价，以正式认定其达到了某种预先确定的最低标准。认证的结果通常是授予一种认可标志或一种特定时期内有效的许可证明。评估（Assessment）是为了对高等教育机构整体或教育计划的教学效果和课程的适当性进行判别而系统地收集、量化和利用信息的过程，是对高等教育机构核心活动（有关教学活动和研究结果的量的或质的方面）的评价。审核（Audit）是一种评估过程，但评审的焦点主要是对事先已经确定的目标（课程计划、教职员工、基础设施等）是否已经达到。审核也可以用于机构内部的部门考核，这种情况在英国称为机构内部评估（institutional review）过程。基准（Benchmarking）指的是根据参照性标准或规范，考查某一事物质量的可测量性、可判别性或可评价性，或考查某一活动的可测量性。基准，意味着对一种最佳实践绩效的测度。

外部教学质量保证与监控主要由一些专门的国际组织或国家组织负责实施。（1）大学质量的评估与认证国际组织。为了推进教学质量保证的有效实施，欧盟委员会专门成立了欧洲质量保证协会 ENQA（the European Association for Quality Assurance in Higher Education）②。ENQA 发布了欧洲大学教学质量保证指南，并据此对欧盟各成员国大学进行教学质量评估认证。此外，欧洲还有欧洲大学联合会 EUA（European University Association）③，也负责对各大学进行质量评估，在世界上享有很高的声誉。至 2004 年，EUA 已经对 130 多所大学进行了质量评估和认证。（2）大学质量评估与认证国家或地区组织。许多国家成立了专门的国家高等教育质量保证机构，

---

① European Association for Quality Assurance in Higher Education. Standards and Guidelines for Quality Assurance in the European Higher Education Area. Helsinki, Finland 2005. http：//www. bologna – bergen2005. no/Docs/00 – Main_ doc/050221_ ENQA_ report. pdf.

② ENQA（the European Association for Quality Assurance in Higher Education）. http：//www. enqa. eu.

③ EUA（European University Association）. http：//www. eua. be/index. php? id =280.

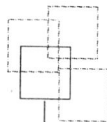

如英国的高等教育质量保证协会 QAA（Quality Assurance Agency for Higher Education，简称 QAA）①，美国的高等教育认证委员会 CHEA（Council for Higher Education Accreditation）②、葡萄牙的国家高等教育评估委员会 CNAVES（the Portuguese National Council for the Evaluation of Higher Education）③、新西兰的大学学术审核部 NZUAAU（New Zealand Universities Academic Audit Unit，简称 NZUAAU）④，NZUAAU 隶属于新西兰副校长委员会 NAVCC（New Zealand Vice – Chancellor's Committee）⑤、澳大利亚的大学质量协会 AUQA（Australian Universities Quality Agency）⑥、印度的国家评估与认证委员会 NAAC（The National Assessment and Accreditation Council）⑦ 等。这些机构主要代表国家对各自国家或地区的大学实施外部教学质量的评估与认证。在国内，随着高等教育规模的不断扩大，国家、社会和家长乃至学生都更加关心高等教育的教学质量。教育部于 2004 年成立了专门的普通高校教学水平评估机构，设立了由 1 000 多名专家组成的本科教学工作水平评估专家库，建立了五年一轮的本科教学工作水平评估认证制度，其宗旨是以评促建、以评促管、评建结合、重在建设⑧。

　　由于有了大学教学质量评估与认证的标准，这些国际组织和国家组织的评估认证活动，不仅大大推动了大学的教学质量意识的提高和办学条件的改善，而且为进一步提高大学本科教学质量指明了发展的方向，评估和认证成了大学改进教学质量强大的外部推动力。

---

① QAA（Quality Assurance Agency for Higher Education）. http：//www. qaa. ac. uk/aboutus/default. asp.

② CHEA（Council for Higher Education Accreditation）. http：//www. chea. org/default. asp.

③ Quality Assurance of Higher Education in Portugal. An Assessment of the Existing System and Recommendations for a Future System. http：//www. enqa. eu/files/EPHEreport. pdf.

④ NZUAAU（New Zealand Universities Academic Audit Unit）. http：//www. nzuaau. ac. nz.

⑤ NZVCC（New Zealand Vice – Chancellor's Committee）. http：//www. nzvcc. ac. nz.

⑥ AUQA（Australian Universities Quality Agency）. http：//www. usyd. edu. au/quality/AUQA/auqa. shtml.

⑦ NAAC（The National Assessment and Accreditation Council）. http：//naacindia. org/aboutus. asp.

⑧ 李进才. 关于本科教学工作水平评估指标体系的解读——在普通高校本科教学工作水平评估专家组秘书工作研修班上的发言. http：//www. pgzx. edu. cn/upload/files/yuanxiaopinggu/Prof. LiJinCai2. pdf.

二、大学内部教学质量的保证与监控

大学内部教学质量监控应遵循简单性和有效性原则，将质量保证整合到教与学的过程中去。从一些大学教学质量保证的实践看，教学质量保证与监控一般有以下特征。

1. 专门的教学质量保证组织机构。许多大学成立了专门的内部教学质量保证机构，负责研究、制订与实施各自大学的教学质量保证方案。如 Kent 大学的质量保证与确认办公室（Office for Quality Assurance and Validation)[1]（英国），德拜大学的教学指导委员会 TLSC（Teaching and Learning Steering Committee）和学术董事会（Academic Board)[2]，爱尔兰大学的质量董事会 IUQB（Irish Universities Quality Board)[3]，澳大利亚悉尼大学的教学质量指导与协调小组 QACG（The Quality Advisory & Coordination Group）[4]，Monash 大学的高等教育质量中心 CHEQ（the Centre for Higher Education Quality)[5]，香港科技大学的高层教与学质量委员会（Committee on Teaching and Learning Quality of the Senate)[6] 等。在国内，个别大学成立了专门的教学质量管理部门，如同济大学[7]，但绝大多数本科大学没有专门的质量管理部门，质量管理工作通常由教务处负责。

2. 完善的教学质量保证文件体系。根据欧洲大学联合会（EUA）发布的内部教学质量保证指南标准，大学内部质量保证应当有专门的政策和与之相关的操作规程。因此，完善的教学质量保证文件体系几乎是国内外所有大学教学质量保证的重要手段。比较有代表性的例子如英国 Kent 大学的教学质量保证文件汇编[8]。该文件汇编包含对教学质量保证过程中的若干环

---

[1] Office for Quality Assurance and Validation . http：//www. kent. ac. uk/registry/quality/.

[2] LEARNING, TEACHING & ASSESSMENT STRATEGY. http：//www. derby. ac. uk/3_academic/teaching/tlsconsult. html.

[3] IUQB (the Irish Universities Quality Board) . http：//www. iuqb. ie/.

[4] QACG (The Quality Advisory & Coordination Group) . http：//www. usyd. edu. au/quality/about/qacg. shtml.

[5] CHEQ (the Centre for Higher Education Quality) . http：//www. adm. monash. edu. au/cheq/.

[6] Committee on Teaching and Learning Quality of the Senate. https：//www. ab. ust. hk/ccss/Senate_Committee_CTLQ. htm.

[7] 同济大学教学质量管理办公室 . http：//web. tongji. edu. cn/~qaoffice/.

[8] Code of Practice for Quality Assurance for Taught Programmes of Study. http：//www. kent. ac. uk/registry/quality/code2001/code. html.

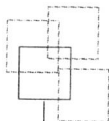

节的相关规定和实践指南，由一组核心的质量保证文件和几十个附件组成，对文件体系中涉及的术语，依据的原理均作了详细的说明，对各级部门或个人需要提供的报告给出了相应的模板，具有很强的可操作性。该校的质量保证文件体系成了英国和欧洲的范例，许多大学都以此作为重要的参考。从英国高等教育质量保证协会（QAA）对英国几百所大学或学院所作的评估报告来看，几乎所有大学都建立了较为系统的教学质量保证文件体系。在国内，部分大学正在实施本科教学质量保证体系，其基本的条件就是要形成规范的质量管理文件体系。如同济大学，学校成立专门的本科教学质量保证研究项目组，研制了学校教学质量的纲领性文件①。各学院根据学校的文件进一步研制自己的质量保证文件体系，并据此制订相应的实施方案。但绝大多数大学并没有形成专门针对教学质量保证的文件体系或操作规程。

3. 内部过程的全面监控。根据欧洲大学联合会（EUA）发布的内部教学质量保证指南标准，大学教学计划和文凭（或学位）授予都应该进行评价、监控和定期评估；应该依据公开发布的持久一致的标准对学生进行评估；应该对教师有相应的质量保证措施，使他们乐于投入到教学活动中去，并有资格胜任相关的教学任务；应该对各类教学计划提供可用的、足够的、合适的资源服务；应当对教学计划或其他活动的有效管理提供相关数据的收集、分析和利用；应当在教学计划或学历（学位）授予的执行过程中定期发布相关信息，包括量的或质的信息。从 EUA 发布的部分大学评估报告看，大学内部的教学质量监控一般包含：教学计划的监控、教与学的评价和监控、教师专业发展评价监控、院系的定期评估等方面。

美国教育部教育统计监控中心于 2000 年度在发布的一份报告中指出，研究认为影响学生学习效果的质量指标主要有三个方面的指标②：学校环境：包括学校的领导、目标定位、专业共同体、学科建设和学术环境；教师：包括教师专业技能、教师任务分配、教师的经历、教师的专业发展等；课堂：包括课程内容、教学方法、技术、班级大小等。在国内，一些大学也提出了在建立内部教学质量保证体系时强调内部监控的必要性。例如华中科技大学认为"必须对课堂教学、实验教学、专业实习、毕业设计（论

---

① 同济大学教学质量保证体系研究项目组. 大学本科教学质量保证体系研究［M］. 北京：高等教育出版社，2004，11.

② Daniel P. Mayer, John E. Mullens, Mary T. Moore, John Ralph. MONITORING SCHOOL QUALITY：An Indicators Report. NATIONAL CENTER FOR EDUCATION STATISTICS. Statistical Analysis Report，December 2000.

文）以及考场组织等重要环节进行评估，以强化管理、提高质量"①。

综上所述，大学内部的过程监控是大学内部教学质量保证的重要内容，建立多层次、全面的内部过程监控体系是实现教学质量改进的关键。

4. 多层面的质量文化。全面质量的教育理论认为，学校教学质量保证的最高境界是建立层次丰富的质量文化。质量文化的建立要求组织内部无论是领导者还是员工都要转变观念，员工应当通过学习，增强质量意识，中高层主管的角色则是支持、加强对员工及学习者的教学，而不是控制他们。欧洲大学联合会（EUA）于2002—2006年间进行了欧洲大学质量文化的项目研究，在其发布的第三轮研究报告中，提出了自下而上建立大学质量文化的方法②。大部分的大学对质量文化有较为一致的看法：质量文化指的是一种组织文化，其目的在于促进质量的长期提高。质量文化包括两个基本特征：一是文化/心理层面对质量的价值、信念、期望和承诺的共享；二是组织、管理层面的质量促进和对个体努力的协调。在EUA对欧洲大学进行的评估报告中，也特别注意对大学质量文化的评估和审核。在沙特阿拉伯召开的2007年质量保证会议上，澳大利亚的David Woodhouse博士认为，高校应当建立一种机构的质量哲学，让每一位教师理解质量与其所做的工作之间的关系③。

由此可见，质量文化是质量保证运动发展的新趋势。大学在构建内部质量保证体系的同时，更要注意建立层次丰富的内部质量保证文化。

三、大学本科教学质量管理决策支持

质量保证与监控通过对大学内部组织活动过程的监控可以积累大量的教学数据，这些数据一方面是对大学内部教学活动过程的状态描述，另一方面又蕴涵着教学质量管理的内部规律，充分挖掘这些数据中隐藏的知识，能够进一步发挥对教学质量管理过程的决策支持作用。文献初步讨论了葡萄牙理工大学运用数据仓库技术构建教学管理决策支持系统的技术，但该

① 许晓东，王乘. 研究型大学本科教学质量保证体系的探索与实践［J］. 教育研究. 2006 (5).

② Quality Culture in European Universities : A Bottom – Up Approach. Report on the Three Rounds of the Quality Culture Project 2002—2006.

③ Success Factors in the Implementation of Quality Assurance Systems in Institutions: A View from a Quality Agency Quality Assurance Conference, Saudi Arabia, 4 – 6 March 2007, Dr David Woodhouse Executive Director, Australian Universities Quality Agency.

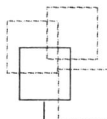

文献只考虑了新生入学情况分析。另外，葡萄牙的新生情况、管理策略与中国都有很大不同①。文献讨论了运用跨课程决策支持工具促进学生学习的方法②。文献讨论了美国各州正在建立基于共同体的教育决策支持数据仓库，由 CCSSO（The Council of Chief State School Officers）与 CELT 公司合作，目标是建立跨州、学校、社区、家长、学生、教师等各种用户群的集成的数据仓库，为全体儿童提供在线教育服务，为学校和教育管理部门提供统计分析和决策支持服务，以实现布什政府提出的 NCLB（No Child Left Behind）计划③。文献介绍了美国东南部九个州的教学质量保证目标的指导性策略，其中提到 Kentucky，Georgia 和 North Carolina 等州已经在开发教师与教学数据系统的架构和基础设施。通过这些基础设施的建立，为教学过程提供决策支持服务④。文献介绍了利用教师和学生数据改进教师质量和教学质量的具体做法⑤。

由此可见，教学质量监控数据对教学质量管理的决策支持作用正受到越来越广泛的关注。

四、大学教学质量保证学术会议

随着全球化的大学质量保证运动的兴起，一些国家、地区或质量组织开始举办专门的教学质量保证与监控会议。比较著名的有：（1）INQAAHE 会议。高等教育质量保证协会国际网络（International Network for Quality Assurance Agencies in Higher Education）举办的 INQAAHE 国际会议，该会议每两年举办一次，INQAAHE 2007 在加拿大的多伦多举行，主题是："质量保证——即将到来的时代——过去的教训和将来的策略"⑥。（2）ICCTL 会议。

---

① Elsa Cardoso，Helena Galhardas，Maria Jose Trigueiros，Rito Silva. A Decision Support System for IST Academic Information.

② Jim Scott. Enhancing student learning using Decision Support Tools across the curriculum. http：// science. univerve. edu. au/pubs/callab/vol8/scott. html.

③ Building a Consortial – based IT Solution：A Decision Support Architecture for State Education Agencies.

④ Teaching Quality in the Southeast：A Call for Regional Action . Barnett Berry and JB Buxton，The University of North Carolina General Administration Chapel Hill，North Carolina. Barnett Berry，Executive Director.

⑤ Linking Teacher and Student Data to Improve Teacher and Teaching Quality. By Barnett Berry，Ed Fuller and Cynthia Reeves，Center for Teaching Quality；Elizabeth Laird，National Center for Educational Accountability，Data Quality Campaign.

⑥ INQAAHE2007：http：//www. peqab. edu. gov. on. ca/inqaahe/.

美国教与学高级发展中心举办的 ICCTL（International Conference on College Teaching and Learning），该会议重点强调教与学的研究与实践，每年举办一次。2008 年将在佛罗里达州举办，其主题是改进在线教学支持服务①。由美国 Iaw 州举办的 IUT 会议，至今已经举办了 32 届。第 32 届 IUT 会议 IUT2007 在西班牙举行，本次会议的主题是"创新校园"。（3）ISCTL 会议。由得克萨斯州立大学有效教与学研究中心（Center for Effective Teaching and Learning，简称 CETaL）举办的 ISCTL（The International Sun Conference on Teaching and Learning），ISCTL2007 会议关注的焦点是实践、应用策略、工具和技术②。（4）ICTL 会议。由英国国际大学学院举办的 ICTL（International Conference on Teaching and Learning）③，是有关教与学质量保证的国际会议，每两年举办一次，ICTL2007 在马来西亚的 Putrajaya 举办，其主题是通过高质量的教与学获得优质的教育。（5）TLHE 会议。新加坡国立大学教学发展中心举办的 TLHE 会议④。每两年举办一届，至今已经举办了四届。第四届会议 TLHE2006 的主题就是高等教育的质量。（6）EQ 会议。巴基斯坦质量控制研究院 PIQC（Pakistan Institute of Quality Control）举办的 EQ2007（National Conference on Quality Assurance in Education）⑤，这一会议的特点是其主办方是专业的质量控制研究机构，本次会议的目标是分享教育领域的质量实践，探索能够导致高质量教育的有效方法。此外还有许许多多由各个国家、各所大学独自召开的一些教学质量会议，数不胜数。

由此可见，教学质量是全世界各个国家、各所大学共同关注的焦点，其中有许多值得深入探究和研讨的问题，教学质量的监控与决策支持正是其中重要问题之一。

通过对大量文献的分析，可以看出：大学本科教学质量保证是世界各国、各大学普遍关注的焦点问题，大学教学质量保证通常分为外部质量保证和内部质量保证。有许多国际或地区性的会议专门讨论本科教学质量问

---

① ICCTL（International Conference on College Teaching and Learning）. http：// www. teachlearn. org/overview. html.

② ICTL（The International Sun Conference on Teaching and Learning）. http：// academics. utep. edu/Default. aspx? alias = academics. utep. edu/cetal.

③ ICTL2007（International Conference on Teaching and Learning）. http：//ictl. intimal. edu. my/.

④ TLHE2006（International Conference on Teaching and Learning in Higher Education）：http：// www. cdtl. nus. edu. sg/tlhe/.

⑤ PIQC：EQ2007（National Conference on Quality Assurance in Education）. http：// www. piqc. com. pk/eq. htm.

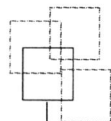

题。大学内部的质量保证正在从制度化的教学质量监控走向综合的质量文化的建立。

"第二届中国—东盟高等教育研修班"顺利举办

2007年7月3日上午,"第二届中国—东盟高等教育研修班"在云南大学高等教育研究院举行了开学典礼。参加典礼的人员有来自东南亚联盟菲律宾、老挝、越南、印度尼西亚4国的学者、官员、管理人员和教授共13名。云南省教育厅副厅长张海翔,云南大学校长吴松教授、副校长肖宪教授,云大高等教育研究院院长董云川教授,云大国际交流处吴芸副处长、郑蔚科长等6位工作人员,云大高等教育研究院张建新等学者以及研究生数人出席了开幕式。省电视台相关栏目记者对开幕式进行了拍摄,《云南日报》记者进行了采访。

"中国—东盟高等教育研修班"是中国政府援外人力资源开发项目之一,其主旨是在新世纪提倡"亚洲意识",建立一个"教育共同体"。力图扩大中国、特别是云南作为通往东盟国际大通道的影响,同时以教育及文化为核心的软力量开展与东盟国家的教育文化整合,在促进建立中国—东盟经济贸易区中发挥积极作用。在商务部的委托下,去年共有来自文莱、印度尼西亚、马来西亚、老挝、菲律宾、泰国、越南7个国家的13位教育部官员、大学校长、副校长、院长等中高层管理人员参加了云南大学承办的"中国—东盟高校管理研修班"。此次"第二届中国—东盟高等教育研修班"是"第一届中国—东盟高等教育研修班"的继续。

开幕式上,张海翔副厅长、肖宪副校长、董云川院长分别从云南省教育厅、云南大学和教学组织单位高等教育研究院的角度致开幕词,对各国来宾表示了热烈而诚挚的欢迎。张海翔副厅长指出,云南高教的发展应当以面向东南亚为立足点和创新点,加强中国、云南与东南亚各国家的合作交流,是中国高教全局战略的重要举措。肖宪副校长简要追溯了云南大学具有八十余年的办学历史,描述了云大作为云南唯一一所"211工程"的现状,介绍了云南大学"立足边疆、服务云南、办出特色、提升水平"的办学思路和"会泽百家,至公天下"的大学精神。董院长介绍了研修班的目的是探讨高等教育管理领域的各种论题,共同诊断东盟国家高等教育管理中的难题,探索高等教育管理的出路与对策。他希望通过此次研修班的举

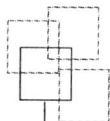

办，能够增进了解，建立友谊，将来进行深入的学术交流。希望本次研讨会能够为中国—东盟高等教育合作铺就一条睦邻友好、合作共赢的阳光大道。

接下来，吴松校长做了题为"中国高等教育改革与发展"的演讲。吴松校长在演讲中，以中国的分阶段国情为背景，介绍了20世纪以来在中国教育大趋势下云南大学的四个发展历程，并就存在的一些问题提出了改革的思路。他指出，中国教育在苏联模式的影响下，过于长期行政化，要从体制上进行改革是困难的，因此唯一可行也是有效的改革是要走高等教育国际化之路，建立新型人才培养模式。吴松校长对云南大学人才培养模式改革进行的介绍在与会专家中引起了强烈的反响，各国同仁积极提问并对这一现象进行了深入的探讨，会场气氛十分热烈。

此次研修内容分为，中国及东盟国家高等教育运行机制，高等院校管理专题，综合素质提高，中国文化传播和田野考察五部分。8位授课教师中7位具有博士学位和教授职称，均在高等教育管理等领域有着扎实的理论基础和实践经验。参与研修的高等教育管理者和学者们认为，通过这次研修活动，能够促进各国同仁与东盟各高校的相互了解，寻求建立各种层次的校际合作与交流。

为期15天的研修完毕时，每位参与者获得了25万字的一本研修文集《Collection of the 2nd China – ASEAN Workshop on Higher Education Administration》，并得到了中国商务部颁发的研修证书。

（张建新）

欢 迎 词

各位朋友：你们好！

今天我们欢聚一堂，隆重举行第二届"中国—东盟高等教育研修班"开学典礼。我谨代表云南大学具体承办会议的高等教育研究院以及国际交流处全体师生员工向远道而来的菲律宾、印度尼西亚、老挝和越南的 13 位朋友表示衷心的欢迎！

朋友们，去年第一届"中国—东盟高等教育研修班"的情景还历历在目，后面墙上的照片还没有褪色，我们还通过邮件频频见面，耳边仍然回荡着去年来自 7 个国家朋友们的声音，今天又结识了你们一批新朋友。

我们云南大学高等教育研究院于 2002 年正式组建成立，是在原高等教育研究中心基础上发展而成的一个新型教研机构，属云南大学 211 重点学科二期建设支持平台之一。研究院目前是中国高校中唯一一个以高等教育学科理论和现实问题研究为基础，集研究生教育、院校评估、学术论丛编辑、教育中介咨询服务、高教学会秘书处、云南省高等教育评估中心及高等教育信息中心为一体的复合型机构，具有多功能、专门化、应用型以及高层次教学与科研合一的鲜明特色。目前我们研究院形成了云南省高等教育学科领域研究与人才培养的第一方阵，成为区域高等教育系统内一支不可忽视的研究力量。云南省高等教育学会秘书处、云南省评估事务所、《云南高教论坛》编辑部均设在这里。我们拥有一个以博士为主的学术团队，有教授 3 人、副教授 4 人；博士 5 人、在读博士 1 人，是一个素质优秀，成果迭出，知识结构、年龄结构、学缘结构合理，年轻而充满活力且潜力巨大的学术创新团队。我们招收国内外访问学者，希望各位能够把我们友好的心愿传达给愿意来交朋友的各国学者、专家！希望通过此次研修班的举办，咱们能够增进了解，建立友谊，将来进行深入的学术交流！希望本次研讨会能够为中国—东盟铺就一条睦邻友好、合作共赢，通往成功的阳光大道！

这是一个知识共享、合作发展的理想平台。研修班举办期间，我们将汇聚一堂，探讨高等教育管理领域的各种论题，共同诊断东盟国家高等教育管理中的难题，探索高等教育管理的出路与对策。内容涉及六个方面：

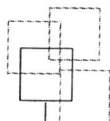

（1）中国—东盟国家高等教育的新趋势和新变革;（2)高等教育治理；（3）高等教育趋同化与多元化；（4）跨国高等教育的趋势和发展；（5）高等教育国际化；（6）中国与东盟各国高等教育比较。同时，我们将深入了解中国与东盟国家高等教育之间的共同点及存在差异，以求达到国家间、高校间及机构间进一步的学术合作和交流。此外，研修班将安排参与者现场考察中国高校和世界著名历史遗址。

祝各位朋友在研修期间能够快乐、开心！祝研修班圆满成功！

谢谢朋友们！

高等教育研究院院长　董云川

走在追赶现代大学制度的路上

有两种东西，我对它们的思考越是深沉和持久，它们在我心灵中唤起的惊奇和敬畏就会日新月异，不断增长，这就是我头上的星空和心中的道德定律。——康德

斗转星移，草木荣枯，当抬头仰望浩瀚无边的宇宙，不禁为人类之渺小嗟叹不已。在短暂的人生之中，"做所能做的"就是7月3日早晨，云南大学校长吴松教授为"中国—东盟高等教育研修班"做的演讲"中国高等教育改革与发展"给大家的启示。

学史使人明智。中国教育源远流长，从周王室的"学在官府"到清末民初的"京师大学堂"，历尽千年，然而沧海桑田。吴教授向不了解中国在建设社会主义时期中那一段曲折的各国专家们解释，当时中国套用苏联高度集中的政治经济体制，不仅影响了我们国家的经济社会生活，也对教育造成了深远的影响。这影响甚至在某种程度上延续到了今天——也就是人们最关注的学校与政府的关系问题。无论是从决策机制、组织机构还是资源配置方面来看，学校都具有许多不该具有的特征。国家重视教育而希望发展教育，导致了这种"管得过多、过死"现象的出现，使得无条件追求真理的目标难以实现。但前进并不是毫无希望，从历史传承来看，中国大学应该具备现代大学制度的主导理念——胸怀世界、体用兼备、学术自由和政校分开。体制棱角分明看似不可变通，但人类的思维和行动却能灵动无形，以柔克刚。

蚍蜉撼大树，是该佩服它的精神还是嘲笑它的做法呢？吴教授提出质疑，难道大学制度就应该一成不变吗？关于改革问题，吴教授不主张逆流而上，而是找结症、找可控制环节。他的主张具体体现在云南大学的现代大学制度建设上，表现为"人才培养模式的改革"。中国学校规模的急剧扩大，在提高了人民整体素质的同时，也导致了许多新的教育模式问题。传统师生关系被改变了，"浴乎沂，风乎舞雩，咏而归"，体味人生与自然的真谛，在花瓣纷飞的杏坛之下侃侃而谈……早已成为现代学子们遥不可及

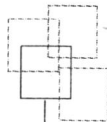

的梦想。另一方面很多地区的教学方式却又停留在远古时代，多媒体与信息技术不为人知。针对这一系列的问题，吴教授毫无保留地向大家介绍了云南大学人才培养模式的改革办法。云大采用了新型的学分制以适应学生对综合素质的要求，并且运用"通识教育—专业教育—综合教育"三阶段结合的方法防止出现"文凭工厂"……各国专家对此反应积极热烈。鉴于相似的历史背景，对于亚洲一些受苏联模式影响的国家来说，吴教授的理论给他们提供了一个可望可即而值得一试的方法。

"神秘的龙是大自然中各种生物的结合体，是和谐的象征，这预示着中国—东盟高等教育合作的和谐。"在吴教授对有关"中国龙"的提问的精彩回答中，这次演讲也拉下了和谐的帷幕。

（曹潇吟）

参与式培训的理论与实践

让早已形成了自己独立思想和价值观的成年人心无旁骛地端坐在课堂上，被动地接受老师传播的信息，几乎是不可能的事情。当这许多不同国籍、性别，工作各异的学员们聚在一起，准备努力克服对灌输式教学的恐惧心理而硬着头皮"迎难而上"时，却发现一切都改变了——颠覆传统的研修班，在参与中学习，在交流探讨中进步。2007 年 7 月 3 日下午，第二届中国—东盟高等教育研修班学术班主任、高等教育研究院张建新教授做了题为"参与式培训的理论与实践"的讲座，从理论到实践全面地阐释了这个贯穿研修班全程的新兴高效培训理念——参与式培训。

"参与"是一种理念，强调的是所有有关人员对相关事物的介入；"参与"又是一个过程，一个不断融合、共同提高的过程。张建新教授首先要求学员们做介绍，学员们被要求两人一组，花 5 分钟时间了解自己的搭档并向大家介绍他/她。这个看似平淡无奇的活动却收到了良好的效果，使学员们跨过了"参与式"必须克服的第一道坎儿——腼腆与戒备心。接下来张建新教授向大家展示了一些 2006 年"第一届中国—东盟高等教育研修班"的生活、学习照片，我们可以看到文津楼前的全体合照、学员们在讲座上手舞足蹈地讨论、聚在白衣飘飘的教练面前学太极、游览昆明夜景时眉飞色舞的样子……学员们立刻被丰富多彩的活动给吸引住了，个个跃跃欲试。

"教要按照学的法子，学要按照做的法子"。张教授解释道，"参与式培训"是充分利用成人教育的特点，尽可能创设一个轻松愉快的学习环境，结合成人的已有经验，利用视觉、听觉、触觉、表达等多种辅助手段，引导大家积极思考、自我检测、多向交流。在参与中学习，无疑是针对杂念日益增多，行事日益教条化、经验化的成年人最好的学习方式。在普通讲座式培训只能让学员记住或吸收 5% 信息的情况下，参与式培训却能让学员有 90% 的吸收率。

"你有一个苹果，我有一个苹果，我们互换了苹果，我们手里还是只有一个苹果；你有一种思想，我有一种思想，我们交换了思想，我们每个人就有了两种思想。"参与式培训强调的是尊重多元、平等参与。这样的理念

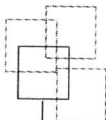

正是中国传统文化所崇拜的"圆",圆象征着和谐与完整,就像现在我们所倡导的,在不同国家民族的对外交往中,应力求"和而不同"、"求同存异"。

让参与落到实处,在最后的实践部分,张教授给学员们分发了研修班的活动表,并要求每位学员完成撰写报告、随笔等5个任务。其目的是让大家充分了解整个研修班的运作过程,积极参加到活动中来,做自主学习与交流的真正主人。有人说参与式实践是苏格拉底助产术的具体体现,而我认为,用老子的"太上,不知有之……功成事遂,百姓皆曰我自然"来形容它更为贴切。

（曹潇吟）

跨文化交流的亲身体验

如果说离开祖国到异地学习会有少许的不习惯，那么我们来自东盟的朋友们的这种不适情感，都于 2007 年 7 月 4 日在刚从美国宾夕法尼亚大学沃顿商学院珞德研究所（The Lauder Institute of Management and International Studies，the Wharton School of the University of Pennsylvania）任教回国的孙静老师的演讲中被一扫而空了。

孙静老师的演讲题为"跨文化交际与国际合作"。"跨文化交际"（Intercultural Communication），顾名思义，就是针对在超越国籍和地域的文化生活交流中产生的冲突和矛盾，掌握基本的沟通技巧和融入当地社会的技能。孙老师的讲座主旨，让大家从感性的角度体验跨文化交流的各个层面，初步明白语言、文化和交际三者的关系。孙老师首先要求各国朋友用自己国家的语言进行一段自我介绍，结果可想而知——在语言不通的情况下无法沟通，同时，孙静老师还强调了在陌生语言环境下的个人感受，以培养学员的敏感意识，在何时使用何种语言直接影响交流和交流者的关系。于是孙静老师提出了第一个观点——熟练地掌握国际通用语言是帮助个体融入当地社会的基本要求。

接下来，孙静老师采用了各种各样的方法来促进大家的交流。她让大家简短地用英文对自己新结识的研修班的朋友进行介绍，这是克服生疏感的第一步。然后她向大家讲授中国古老象形文字的创造，这些与生活中形象息息相关的神秘而美丽的文字引起了大家的极大兴趣。于是孙静老师又讲授了一些简单的中文日常用语———一时间会场里各种音调的"你好"声不绝于耳，大家都像刚开始学说话的小朋友那样专注和认真。更值得一提的是，孙静老师向大家分发了素描纸和画笔，让大家画出自己的感受，并且在台上解释自己的作品。虽然十分钟的绘画时间产生不了登峰造极之作，但无论是 Acha 想家的泪水或是 Freddie 对人生阴晴圆缺的豁达，我们真正从画纸上感受到了大家的真心。

讲演的最后，孙静老师又让大家进行了一次更透彻的交流——"建立联系网络"（Building up the relationship and network）。她拿出一个红色的线团，让大家把线团抛给自己有话想对他或她说的人，每个人都要捏住经过自己的红线。活动结束，孙老师首先肯定了活动的顺利进行，但她也提出了引人反省的两点：第一，有人遇到麻烦没有人主动提供帮助，进展缓慢；第二，大部分人没有眼神交流（eye contact）；有人在讲自己国家的语言，缺乏"多元文化意识"（cultural diversity awareness）。这些红线最后在会场上形成了一张红色的网，这就是我们的"交流之网"最直观的印象，每个人也手捏红线，默默对视、微笑。

我们也许不会说你们的语言，但是，有一种语言是世界通用的，那就是——看着你的眼睛，然后友好地微笑。

（曹潇吟）

* *
*　　一个好教师意味着什么？首先意味着他是这样的人，他热爱孩子，*
*　感到跟孩子交往是一种乐趣，相信每个孩子都能成为一个好人，善于*
*　跟他们交朋友，关心孩子的快乐和悲伤，了解孩子的心灵，时刻都不*
*　忘记自己也曾是个孩子。　　　　　　　　　　　　　　　　　　　*
*　　　　　　　　　　　　　　　　　　　　　　　　　　　　　　　*
*　　　　　　　　　　　　　　　　　　　　　　　　　　　　　　　*
*　　　　　　　　　　　　　　　　　　　　　——苏霍姆林斯基　　　*
* *

融合之"三"

太极八卦黑白分明幻化流转，阴阳两气衍生万物，似乎是世界对中国的理解。然而2007年7月10日上午在云南大学高等教育研究院院长董云川教授的讲座"三维视界中的教育管理"之后，这一黑一白两种色彩在中国—东盟高等教育研修班学员们的脑海中，已混合成千变万化的无形之物——囊括宇宙之三。

一分为二，非此即彼。当一分为二成为大众流行的准则时，董教授连连发问：不是对的，就一定是错的吗？如果答案是肯定的，那么似是而非的呢？世界真是如此简单吗？极端与极端的对立真的如此科学吗？中国古有"天、地、人"，宗教准则有"真、善、美"，空间应具备"长、宽、高"，分析问题提倡"社会、物质、精神三分法"……董教授在步步紧逼之后提出了自己的观点："三"才是构建立体世界的基数。

老子有言曰："道生一、一生二、二生三、三生万物。"我们被太极那勾玉一般灵动的阴阳两气所吸引，只道是黑白分明两分世界，殊不知这是贯穿了自然之宗的游动与轮转，是"二"的融合——也是"三"的诞生。道家言"三"，那神秘的"三"就隐匿在太极的黑与白之中。然而没有人能说清这衍生出的"三"到底是何物。男性和女性结合诞生出生命，大海与小溪结合诞生出包容，和风与细雨结合诞生出美，磨难和希望结合诞生出坚强。正所谓"大象无形"，"三"可以囊括四海包举宇内，也可以甚微甚小细致入里。董教授解释，"三"是传统之"二"融合的产物，正因为糅入了阴阳两面，包罗万象，才能有"三生万物"之说。

董教授认为，"三"是事物整合的最高境界，在道家为"道"，在儒家为"中庸"，是自然、和谐、协调、适度的至高境界。他把世间万物一分为三：源于自然、摆脱自然、回归自然。就教育而言，董云川教授认为最理想的是第三阶段"回归自然"。现今极端的教育方法将一种知识学问强制灌进学生的脑袋，园丁大多成了揠苗助长的农夫。在教育中忽视"三"的结果很严重，不具创造性的工具型人和无法适应体制的边缘人将是极端教育的残次品。亚里士多德提出使人完德成善的三要素，即人的天性、习惯和

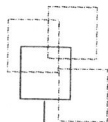

理性，他继承和发展了柏拉图"情欲、意志、理性"的理论，并给我们带来了关于教育之"三"的启迪。苏格拉底的助产术、拉丁文教育"Eduiere"（意为"引出来"）的启示、夸美纽斯的"以学生为本"……这些著名的经典案例无一例外都是协调融合的"三"。董云川教授呼吁"三"的教育——自然化、融合化的教育，以此对抗僵化的现行二维教育，犹如给凝滞的空气注入了一缕新鲜的兰草香。

当讲座在学员们意犹未尽的追问声中结束时，在场的每个人心里都流转着一个五光十色的、不断融合着的太极。

（曹潇吟）

"心"之关照

放眼微观世界，解读内心，战胜自我——看似边缘，实则是教育主线之一的心理学。随着云南大学高等教育研究院解亚宁教授在2007年7月11日"第二届中国—东盟高等教育研修班"的演讲"心理与管理——高校心理健康问题与对策"灼热地进入了东盟各国高教系统的朋友们的视线。

物质生活高速发展的现代社会与我们的心理健康状况并不同步。混浊与躁动不请自来，精神疾病层出不穷，自杀事件比比皆是……而更加令人触目惊心的是，原本应该是最纯净与美好的高校校园却成了一起起流血事件的见证者。几年前，马家爵残忍地冷静地杀害了朝夕相处的室友，今年韩国留学生赵承熙一口气打死32人……在解教授给大家展示的几件震惊世界的校园流血事件中，我们得到的不仅仅是嗟叹与震惊，还了解到这些事件当事人的病态心理背景。通过解教授鞭辟入里的分析，透过看似简单的案件，我们发现看似疯狂而强悍的当事人背后却是一个个弱小和需要帮助的灵魂。

揭开心理学神秘的面纱，解教授告诉大家心理学并不神秘。心理学是一门科学，是一种方法，也是一份责任心的沉淀。学习心理学的目的是UPC，一是U（understanding human behavior）理解人的行为；二是P（predicting human behavior）预测人的行为；三是C（controlling human behavior）控制人的行为。在一些当代学生心理疾病病案介绍中，解教授毫无保留地与大家分享自己的经验，告诉大家心理疾病的基本特征、引起原因和防治方法。抑郁症、厌食症、焦虑和强迫症，这些我们平时接触很少的、令人容易视为洪水猛兽的心理疾病立刻就失去了唬人的面具。

接下来解教授给大家介绍了一个心理学上称之为"ABC模式"（A = activating events，B = Beliefs，C = Consequences）的理论，这个理论更新了我们关于情绪来源的通俗看法。人们通常认为事件影响情绪，可事实上通过科学的心理学系统论证和实验，科学家发现，影响情绪的不是事件本身，而是人个体对于事件的态度——取决于环境因素的态度，这就是"A"通过"B"对"C"起作用。既然态度是影响情绪的关键，而消极情绪的积累又

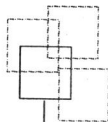

是产生心理障碍的根源,那么,我们何不以积极的态度来对待生活和工作呢?

在"以人为本"的社会越来越成熟的历程中,高校学生的心理问题也将受到越来越多的关注。面对东亚各国相似的教育背景,如何了解并帮助学生整理自己的内心世界,箭在弦上。

(曹潇吟)

多元文化团队中的交际

在美国宾夕法尼亚大学留学（专修跨文化交际学）、任教几年之后，我于今年再次回国，期待着学有所用，能把最新的跨文化交际学的理论应用到涉外交流和外语教学中，以促进国际合作和交流。

我有幸接到了云南大学高等教育研究院董云川院长的邀请，于2007年7月4日为"中国—东盟高等教育研修班"举办一次题为"跨文化交际与国际合作"的讲座。

本次讲座主要强调中国与东盟各国之间的交际以及人际之间的交际。讲座的宗旨是培养学员的跨文化意识和敏感性，在体验不同的文化和语言中辨别可能影响跨文化交际的诸多因素，提高其在多文化、多语言环境中进行有效沟通的能力，使他们能够最大限度地利用这次研修机会与中国的专家学者们以及学员之间相互交流、沟通，减少误会和误解，与中国结下"缘"，以促进国际合作交流项目的建立和顺利进行。

首先，研修班学员来自不同的国家，每一个个体都代表着不同的文化。这些差异及其个性特征在课堂活动和讨论过程中表现得淋漓尽致。如果正确对待并加以引导，他们将是一种丰富的资源。利用学员在讨论中提供的信息资源，将文化差异当做一种学习经历而非阻碍交际的障碍，是本次讲座的目的之一。比如，在每个人到台前讲解自己的绘画作品时，无不展现其文化符号，我们还看到他们每个人闪光的智慧，对生命的诠释、富有哲理的表现图案，大家受益匪浅。有趣的是，一位学员在绘画中描绘的中国人是一个满脸胡须、头戴官帽、身着看似袍子的古人，这便是他所认知的中国人传统的"刻板印象"（stereotype）（胡文仲，2002），或"文化定势"（贾玉新，2006），尽管时代变迁，斗换星移。可喜的是这样装束的中国人很友好，嘴上挂着"你好！"另一位是老挝人，脸上挂着大大的美元符号，用他的国语对中国人讲着"Sasonidi"，我想那一定是你好的意思。

其次，协商（negotiation）有助于达成共识。在多元文化环境中，要形成一些自己本国文化中没有的概念，需要双方或多方不断协商沟通，最终阐明意思。在讲座过程中，以问答讨论的形式，大家各抒己见，畅所欲言，

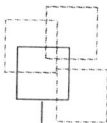

交流顺利且有效,案例分析基本达到了预期效果。总体上讲,绝大多数学员抱着积极的态度进行交流、沟通。"如果我能够学习他的语言多好!""把这样的场合当成学习的机会。"这两位学员的感叹和评论可以代表绝大多数人的心态,他们愿意了解接触与自己文化不同的人,建立友好关系。正如Scollon & Scollon(2001:25)指出的,"成功的交际者并非那些自认为是跨越语篇体系界限的专家,而是那个尽可能多地努力学习其他语篇体系的人,同时意识到除了他/她自己的语篇体系之外,他/她可能总是一个初学者。"

在讲座交际过程中,当然也存在不尽如人意的地方。有的学员由于不同的教育模式、语言和个性差异显得有些安静,很少发言。在最后建立关系网络游戏中,我把讲话的机会首先留给了讲话最少的学员,因为在表达自我的活动中,我们从他描绘的自画像以及旁边几个由浅到深的四个问号,领会到了他是一位特别善于思考的人。与人分享在跨文化交际中至关重要。但因他的寡言而中断了游戏达数分钟,致使其他学员很不耐烦,这不能不说是一种交际失败。然而更糟的是当同伴遇到交际困难的时候,却没有人使用策略提供帮助,反而各自在自己的小团体中讲话,尽管笔者发出了几次不同的提示。最后,对面的同伴反问他一些问题才得以打破僵局,让活动继续进行,这是典型的利用交际技巧应对尴尬场面的沟通能力。另外,听力也是一些学员的弱项,礼貌地听取别人的讲话有助于多元文化团队中的交际。类似的局面当然可能出现在国际合作交流中,我们应该有所准备。

最后,我想引用 Scollon & Scollon(2001)的话来结束本文:"跨文化交际的中心问题之一就是我们之所以用自己的方式进行交际,主要是为了表现那个特别的深深扎根于我的自我,尽管我们并不总是对那个自我感觉满意……我们改变自我的进程是缓慢的,因此,我们认为任何交际方式的改变都是我们自我的改变。如果我们认为跨文化交际培训和咨询是为了改变人们的行为,那这个目标就过于大了……我们能够做到的是改变人们在跨文化交际中所做的解读。"

(孙 静)

287

参与者结业典礼讲话

大家好!

今天,我万分荣幸地站在这里,代表来自东盟国家的参加者在结业典礼上讲话,感到诚惶诚恐。我将尽最大的努力,用此次演讲来表达大家的感受和想法。

我相信,你们当中的任何一个都会毫无保留地赞同我——"第二届中国—东盟高等教育研修班"很圆满、很成功地完成了。

同仁们!如果你们同意我所说的,请热烈地鼓掌吧!

我们从我们尊敬的教授那里、当然也从你我彼此的身上学到了许多。我相信我们在这个项目中增长的知识将会很好地适用到各国高等教育体系中以及我们的工作中。通过这个项目,我们对中国了解得更多了。了解了她悠久的文明和她勤劳的人民,她的过去、现在和未来的希望和目标;我们考察了石林、民族村和西山;我们在日常生活中与校内外的各种当地人交流……这些扩展项目与我们的讲座一样重要、一样有意义。

在这有限的时间中,我们所有参加者与高等教育研究院的教授们、云大国际交流处的工作人员之间建立了独特的同事之情、朋友之谊。语言与文化的差异在这里没有带来任何障碍,因为我们都有着一个目标,是为着交流和合作而来的。

我们参与者都会怀念餐桌上各种笑话给我们带来的快乐,怀念午饭和晚餐中的啤酒,怀念乒乓球赛,分享时光以及在阳光灿烂的日子中举行的讲座……

在这一重要时刻,如果我没有代表所有的来自东盟的参加者感谢大家,我将永远也无法原谅自己。感谢在吴松校长领导下的全体管理人员的帮助!感谢云南大学主持了这次极有意义的项目!感谢商务部给予的支持!感谢云南大学高等教育研究院给了我们这次宝贵的讲座机会!特别要提到我们的学术导师,我们平常亲切地叫她 Cindy 的张建新教授。她主持了我们丰富多彩的讲座,采用各种方法鼓励我们完成培训作业。感谢生活班主任何可人小姐、国际交流处的全体工作人员以及技术员、摄影师,他们照顾我们、

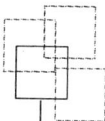

关心我们日常生活学习需要。感谢董云川教授,这个友好活泼的人教给了我简单、朴素的"三"哲学。感谢还有每一个尽力为项目成功而努力的人。

"您好"的中文发音还没有学好,可今天就必须学会说"再见"了。时光飞逝!"第二届中国—东盟高等教育研修班"结束后,我们将回到各自的生活工作轨道上。但是云南大学与我们各国高等院校在共同领域为着共同目标的各式各样的双赢合作交流才刚刚开始。这是今天在座的每一位应该接受的挑战。

再一次谢谢你们——每一位为此研修班付出努力的人。在这里学到的知识、我们建立的友谊和不平凡的经历,我们将珍藏一生。最后,无论是用菲律宾语、中文或英文,我想表达的意思都只有一个:谢谢!友谊万岁!

菲律宾高等教育委员会执行主任

Freddie T. BERNA 博士

(曹潇吟译)

2007年云南省高等教育学会学术年会纪要

2007年10月15日～17日，在大理学院的大力支持下，经过周密的筹备，云南省高等教育学会2007年学术年会在大理市洱源县顺利召开。

云南省高等教育学会会长和福生，高教学会副会长吴松、周荣，高教学会秘书长董云川，高教学会副秘书长张国华、熊术新以及协办单位代表戴志明等人出席了会议开幕式。来自云南省43所高等院校及学会分支机构的130位院校领导、专家、学者就"院校文化"、"教育品质、教育内涵"和"高等教育评估"等理论与现实问题展开了热烈的研讨。本次年会共收到交流论文235篇，专辑1本。大理学院呈现的《走进大理学院丛书》第一套共九种，营造了一个理想的园地，可以种花、植草，将高等教育理想化为直观的色彩。随着高教改革与发展进程的加快，不断有新成员加入高教学会大家庭。今年，云南能源职业技术学院正式加入高教学会，成为新的会员单位。

大会五个研讨单元分别由周荣校长、吴松校长、熊术新院长、宋焕斌副院长和董云川教授主持。

在"2007年云南省高等教育学会年度工作报告"中，和福生会长指出，一年来，在省民政厅、社科联和教育厅的关心和指导下，秘书处团结各会员单位和广大理事，严格遵照年初会长办公会议确定的总思路，从四个方面逐项推进了各项工作任务。首先，坚持群众性、学术性的办会宗旨，继承发扬学会的优良传统，审时度势，锐意创新；其次，坚持"研究、交流、咨询、服务"的工作方向，团结云南高等教育工作者，认真组织好高等教育专题研究；再次，依靠各院校和各分会，根据不同需求开展切实有效的主题活动；最后，主动做好教育内外的沟通工作，积极参与教育改革与发展的实践，发挥教育学会的桥梁与纽带作用，为云南高等教育发展贡献力量。结合云南省高等教育发展的实际情况，和福生会长对认真做好2008年学会工作提出了三点要求：第一，要不断提高学术研究水平，争取出一批学术研究精品；第二，要从云南现实出发，集合研究力量，聚焦研究内容；第三，要紧扣教育改革与发展现实需要，不断提高学会服务水平。

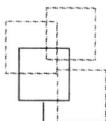

中共大理学院党委副书记、校长戴志明代表大理学院党委、行政和全校师生员工，对全省各地的院校领导和专家的到来表示了最热烈的欢迎。在开幕式上，戴校长就大理学院的发展情况和学校合并组建六年来取得的主要成绩以及学校"十一五"期间的发展目标、发展思路和主要任务作了简要汇报。

在第四、五单元"专题研讨"环节中，曲靖师范学院党委副书记顾永清、云南省交通职业学院副院长杨维和、云南师范大学高教所副所长张宝昆、云南师范大学商学院董事长兰靖、楚雄师范学院副院长姜子华、昆明冶金高等专科学校校长夏昌祥、昆明大学高教所李跃波、西南林学院教务处长赵龙庆、昆明医学院基础学院院长李树清、文山师范高等专科学校副校长杨磊、昆明理工大学教务处长陆建生分别就《本科教学评估对学校发展的利与弊》、《坚持教育的良心》、《关于"以和为本"的追问》、《专业建设之我见》等论题，纷纷加入论坛，发表了各自独到的见解和看法，与会人员积极参与互动研讨，从中获得了学术理性和交流感动。

在会议总结单元，省教育厅高教处副处长王永全向大会报告了云南省高等教育的现状，并阐述了高教处拟定的7个研究热点：（1）本科院校中的职业教育；（2）院校特色的建设；（3）州市高校的发展；（4）高职教育与本科教育协调发展；（5）民办高校的发展；（6）高校的走出去战略；（7）优质高等教育的资源配置。云南大学高等教育研究院张建新博士代表学会秘书处向代表们汇报了"中国高等教育研究趋势以及云南省高等教育研究需要关注的热点"，包括：（1）大众化高等教育的规模、质量、结构、效益；（2）高等教育公平；（3）高校评估；（4）大学文化；（5）学术与行政的关系；（6）毕业生就业；（7）非主流高校的生存策略；（8）高等教育国际化"走出去、引进来"战略；（9）高等教育本土化；（10）教育新理念。上述两个报告分别从教育行政和学术研究两个角度梳理了云南省高等教育研究方向，为代表提供了有价值的研究参照。最后，董云川教授针对大会交流的特色和亮点作了总结。

此次年会的高潮之一，在于应代表需求开设了名家互动专题讲座——国内著名的教育理论家及实践家张楚廷先生应邀赴会，以"高等教育评论"为题，结合中国高等教育发展与改革的焦点、重点和疑点问题向全体代表做了一场精彩纷呈的学术演讲，带来了全新的视角和深刻的思考。张先生集中就评估方针、应评教育、学术腐败、办学模式、定位和特色六个方面，对高等教育实践展开了深入的剖析，使参会人员受益匪浅，给大会带来了前沿思辨和清新的学术空气，许多代表反映，获得了前所未有的冲击与震动。

在理论研讨之余，代表们还考察了大理学院全新的校园以及剑川少数民族历史文化资源。会议的组织工作得到了代表的一致好评，成效令人鼓舞。学会秘书处工作人员表示，将再接再厉，致力于扩大院校之间的学术交流，不断促进各会员单位以及广大高教研究工作者把情感和行动与活生生的教育改革与发展的现实相结合，共同开创云南省高教研究的新局面。

（张建新）

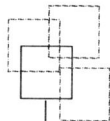

云南省高职高专教育分会首次开展
教育科学研究项目立项工作

  2006 年 10 月 13 日，经云南省高职高专教育分会常务理事会研究决定，设置云南省高职高专教育分会教育科学研究基金，并在云南省高职高专教育分会首届年会（曲靖会议）上下发了《关于申报云南省高职高专教育分会 2007 年教育科学研究课题的通知》和《云南省高职高专教育分会"十一五"期间教育科学研究课题指南》。会后，各会员单位积极组织申报，经各会员单位遴选推荐，截止到 2006 年 12 月 30 日，共收到申报课题 39 项。2007 年 3 月 6 日，经云南省高职高专教育分会秘书处组织有关专家评审，同意立项 30 项，其中经费资助 15 项；自筹资金 15 项。此次项目立项工作对于营造云南省高职高专院校的科学研究氛围，调动广大教师的科研积极性和刻苦钻研精神，以及科学研究的创新精神和团队协作精神具有促进作用。

云南省高职高专教育分会秘书处

计算机教学分会举办云南省第二届大学生
计算机应用联想杯网页设计竞赛

为了营造校园学生自主学习计算机的氛围，增强学生学习计算机的主动性，课内课外结合，提高学生利用计算机解决实际问题的意识和能力，培养学生工程实践能力和创新能力，经云南省高等学校计算机教学研究会周密策划和全面准备，报省教育厅批准，在认真总结成功举办云南省首届大学计算机应用方正杯网页设计竞赛经验的基础上，云南省高等教育学会计算机教学分会成功举办了云南省第二届云南省大学生计算机应用联想杯网页设计竞赛。

根据《云南省教育厅关于组织云南省高校学生参加第二届云南省大学计算机应用联想杯网页设计竞赛的通知》（云教函〔2006〕303号）的要求，各高校十分重视这次竞赛活动，认真组织学生积极参加竞赛活动，圆满完成了各高校的预赛和全省的决赛活动。经竞赛评委会按评审标准进行评审，本科院校组昆明理工大学等10个院校获团体奖，卢歆等70名学生获个人奖，专科院校组昆明师范高等专科学校等6个院校获团体奖，陈瑞等37名学生获个人奖。本次竞赛奖品和有关竞赛费用由联想（成都）有限公司赞助。一、二、三等奖和优秀奖的奖品分别为联想笔记本电脑、联想移动硬盘、联想MP3和联想U盘。2007年6月29日，在云南农业大学举行了云南省第二届大学计算机应用联想杯网页设计竞赛颁奖大会。

本次竞赛达到了预期的目的，极大地激发了学生学习计算机知识的积极性和主动性，为营造校园学习计算机的氛围，提高云南省计算机教学水平，培养学生计算机应用能力和创新意识起到了很好的推动作用。

云南省高等学校计算机教学分会

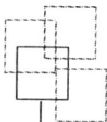

第一届教育科研方法培训班报道

2007 年 5 月 25 日~26 日，云南省高等教育学会在云南大学高等教育研究院举行了为期两天的首届"教育科研方法培训班"。来自全省 30 所高校的 32 位研究者、教师及管理人员参加了培训。学会秘书处对举办这次义务培训班十分重视，从内容策划、组织接待、师资配备及教学条件等各个环节都进行了精心准备，学会秘书长董云川教授到培训班做了简短的讲话。

此次免费培训旨在履行云南省高教学会"服务云南高等教育"的宗旨，更为了提高广大教师的教育科研能力，配合当前各高校教育教学科研工作的顺利展开。

培训班由《质的研究方法》、《量的研究方法》、《教育统计方法》和《教师的发展》四个专题组成，分别由云南大学高等教育研究院张建新研究员、刘康宁副研究员、解亚宁教授和刘徐湘副教授讲授。讲座分别介绍了教育研究方法中一系列系统的研究方法，并对教师发展的专业方向和内容进行了介绍。培训班还为大家准备了工作午餐，提供了四个讲座的相关学习资料。

"培训反馈意见及建议表"表明，绝大多数学员对本次培训非常满意。有学员写道："这次培训收获很大，组织形式简洁，内容丰富实用，感谢省高教学会为我们提供的这次学习机会，希望每年都能有类似的培训。"还有的学员表示，学会为云南省高等教育研究和教师的发展提供了一个提升、发展的学术平台，为云南省高校教师做了一件意义重大的实事。

（戴孟昆）

进化法则

——第二届"教育科学研究方法培训班"随想

当人猿第一次拾起地上尖锐的石头，把它掷向虎视眈眈的"敌人"时，原始意义上的人类产生了。与赤手空拳跟野兽搏斗比较起来，工具显出了它的优越性，于是人类也就得以在不断改进方法中进步。

在时间与效率被推崇得极高的现代社会，为赶上快节奏，我们气喘吁吁、汗流浃背，抱怨别人太快。然而这不是积极的态度，"我何不让自己变得更快？"抱着"高效率是因为有好方法"这样的想法，我参加了 2007 年 7 月 25～26 日云南省高等教育学会在云南大学高等教育研究院组织的"高校教育科研方法培训班"。

方法班负责人云南大学高等教育研究院戴孟昆副研究员的开场白给我们理清了两天学习的思路，也解决了我的疑惑。掌握方法即是找到捷径和把握高效率。三百六十行，行行有门道，做事需讲究方法。追根溯源，身为立人之本的教育，研究方法就是一切良方与利具的土壤。在两天的课程中，不管是"质的研究方法"、"量的研究方法"，还是"教育统计方法"、"教师的发展"，无一例外地贯穿了这个"土壤精神"。

社会的侦探——质的研究

第一讲由质的研究方法的"引入者"——陈向明教授的学生张建新教授上阵。张教授介绍说，根据领域内权威人物林肯（Y. Lincoln）和丹曾（N. Denzin）的观点，质的研究是一个跨学科、超学科，甚至是反学科的研究领域。它是以"研究者"本身作为研究工具，按照浅入深出的日常生活思维，观察、分析、提炼对象，最终得到理论的方法。

极具挑战性的质的研究观察法让我想到了一个外国的"包青天"级人物——福尔摩斯。观察到客人皮肤黝黑、有军人式作风、稍微有点瘸，提取出脑子里"阿富汗战争正在进行、炎热的气候"，得出"受伤而从阿富汗回国"的结论，这一切不过一眨眼的时间。大侦探的推理过程与质的研究

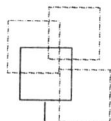

观察法异曲同工，我不禁为自己的小小发现兴奋了好几秒钟。只不过，当福尔摩斯得出一个"客观性"的结论时，质的研究者得出的却是"提升性"的结论——大侦探也不得不扼腕，自叹不如。

人文的科学家——量的研究

17世纪英国科学家波义耳正式将实验引入化学，近代化学才算做是开始。然而，"人文与社会科学不需要、也无法实验"——这样的说法充斥社会，多年从事院校评估的云南省评估事务所办公室主任刘康宁副教授却"顶风"为我们讲解了一种"使社会科学更加科学"的方法——量的实验法。

"两个铁球同时落地"、"狗的唾液反射"等自然科学实验大家耳熟能详，而要把实验运用到人文社会科学，则令人耳目一新。刘老师以案例为引子，在讨论中引导大家不断完善实验。在这样的自主学习中，"实验组"、"对照组"、"前测后测"、"误差"等术语出现得自然而然。实验方法的导入，让我以前"人文科学玄乎"的想法一扫而空，果然还是科学的实验更能说服人。我也隐隐约约感到，以这样的方法进行人文科学研究，能起到事半功倍的效果。

情报的炼金术师——统计学

当我们面对用"质"和"量"方法收集来的大量杂乱无章的资料和数据时，往往感到毫无头绪，那些长期以来付出的时间和汗水也就在这种畏难情绪里面沉默地被丢进垃圾堆。云大高教院的解亚宁教授教给我们如何从大堆情报中提炼出有效的信息，并升华它们。

我对于"统计学"的常识性错误首先被纠正了。统计学是一种思维方式，它不是简单的数据归类相加，而是针对研究主旨提出的一系列问题，分辨与甄别信息有用与否，运用自己的逻辑性和条理性思维多向分层，最后运用科学的工具把情报提炼成带有强烈观点性的图表。解老师还给我们推荐了一套国际水准的SPSS（Statistical Package for the Social Science，社会科学统计软件包），它省去了烦琐计算带来的所有困难，这又更加强调了一点——在计算可以被人工智能代替的今天，人类拥有程序所无法触及的统计学思维尤为重要。

教育生涯的规划师——教师发展

社会日新月异，然而在最需要创新的教育领域，"燃烧自己、照亮别人"这种自杀式的传统观念仍然根深蒂固，与此相对的，是付出与收获的不成正比。教育工作者疑惑了。刘徐湘副教授在"教师的发展"中为我们另辟蹊径，提出了新的方式方法。

学校不应该是象牙塔，教育工作者也不应该与社会脱节。"教学发展"是成为一个真正育人者的首要前提；"组织发展"是发扬团队精神，发挥群体力量以改善教师工作环境；最后，"个人"发展帮助老师脱离光环，回归到一个真实的、有各种发展需要的社会中。成为"引导者"而非"雕琢者"，成为"人"而非"神"，就是实现培养人才目的的最好方法。

授人以鱼，不如授人以渔。如果说成人是一间塞满了杂物的储藏室，那么方法的学习就是教你如何摆放、如何腾出空间、如何知道更多、如何得到更多。

（曹潇吟）

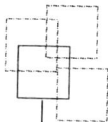

心灵之旅

——第三届"学校心理健康教育及拓展训练班"随想

"亚健康"成了点击热词，单纯的校园为心理问题所苦，我们的教育出了不少"病人"……当物质生活迅速发展，精神生活也越来越为人们所关注。更多的人开始接受心理咨询师的帮助……我们看到了挑战，更看到了机会。热情和疑惑并存，许多道路迥异的人，却因为关注着同一件事而相交于此，参加云南高教学会组织的"学校心理健康教育及拓展培训班"。

培训班班主任解亚宁教授是一个平易近人的中年人，他给我的强烈印象就是"健康"——那匀称的身材和开朗的笑声无时无刻都在向我传递着这一信息。解老师的课程主题是"心理健康——问题、原因、对策"。透过自己带有传奇色彩的曲折人生道路的改变的心路历程，解老师告诉我们"每个人都有心理伤痕"，每个人一生之中总有某个时段处在"心理感冒"阶段。我不禁想起自己在逆反期的种种表现，似乎都可以用科学的量表来测量和解释。接下来解老师给我们讲解了一些更为专业的知识。世界卫生组织编制的《病症及有关健康问题的国际分类（International Statistical Classification of Diseases and Related Health Problems，ICD)》中，精神障碍被分为器质性障碍、心境障碍、人格障碍等多种。我们不仅了解到这些平时闻所未闻的分类，还学习了简单的诊断与筛选，为测验中表现出不同症状的患者作出诊断，觉得自己俨然也是半个心理咨询师了，心中不禁窃喜。

"拓展训练"乍一听觉得毫无悬念，直到我们驱车来到几十公里外的训练基地，才知道自己猜测错误。原来"拓展训练"是一种类似于极限运动的活动，目的是培养人在社会中的团队精神、挑战自我、超越自我，不仅仅是心理健康的重要理疗方式，也是许多公司塑造凝聚力的练兵场。训练远不像想象中那么简单，两个大男人在大家的拼命鼓励下终于成功挑战了软梯，也有女士望着高高的墙壁发愣。但是，当畏高者在经历了数十分钟的煎熬以后大喊一声从高处跃下，我们明白他（她）已经迈出了关键的一步。雷动的掌声献给具有强大粘合力的团队，献给克服恐惧的学友，也献给超越自己的每一个人。

"民众剧场"对我们来说是一个新词，这个新词就在培训班的第二天，由台湾台北市教育审议委员会委员、美中环境基金会环境教育戏剧培训师万佩萱老师带给了大家。新中国成立快 60 年，但教育中的剧场才刚刚起步，万老师就在做着这样一些努力。如何以一种生动而易被理解的方式来教育受到严重文化水平限制的弱势群体，如何帮助曾经失足的人们重新融入社会，如何让教育的温室与生活的现实不至于脱节？她介绍了奥古斯都·波瓦（Augusto Boal）以及保罗·弗莱雷（Paulo Freire）的"被压迫者剧场"（Theatre of the Oppressed）理念，就是把戏剧化为一种任何人都可以把握的语言，以表达人们自由解放和进行创作的过程，即以戏剧形式表现生活、思想与心灵。一位来自警官学院的女老师提出了一个社会问题，失足改造人员难以融入社会导致再犯罪的恶性循环，引起了我的思考，看来制度问题才是根源，但我们现在唯一可做的，只有尽自己所能帮助那些心中满是疑惑的人们。

培训班最后一场讲座上出现的是云南心理咨询业的资深人物、云南师范大学赵建新老师。赵老师极有感染力，据说这是帮助别人解决心理问题的法宝之一——用自己的情绪感染别人而不是被别人牵着鼻子走。赵老师让我们做了一个"你是否适合做心理咨询师"的量表，让我高兴的是我的分数还不赖。接下来他给我们讲了一些实战性的方法，一种类似于"苏格拉底助产术"式的咨询方式，包括态度、眼神、谈话技巧等等。我暗自想，如果能把解老师教的理论知识和赵老师教的实战经验都学到手，我也可以算半个专家了。

白昼是躯体的躁动，暗夜是灵魂的出口。当培训班结束，我终于可以在星空下审视自己的内心，知道要为世界上迷茫徘徊的孩子们和小朋友们做些什么，我还有很长的路要走。

（曹潇吟）

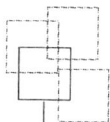

"道"的管理要旨讲座侧记

11月8日下午，高等教育研究院院长董云川教授以《"道"的管理要旨》为题在云南大学导师论坛上做了一场精彩的讲演。讲座由研究生院副主任赵琦华教授主持。

结合自己对"道"的思辨感悟，董云川教授以独特的视角将中国传统哲学中的"道"与管理学有机结合起来，对管理予以了全新的阐释。他认为，古今中外，事业兴衰、境界高低、痛快与否，无不依据各自之"道"理，"道"无处不在，无所不包，"道"的核心是"无"，最好的管理应是"无为"，注重个人信仰和组织信念的回归，则可以"无为而无不为"，管理是不得已的行为。

追溯"道"的传统阐释，诠释"道"的真正内涵，三教九流皆问"道"，"道"在何方。董云川教授认为，管理中深谋远虑才能运筹帷幄，儒家提倡"凡事预则立，不预则废"，故儒家可用来作计划；计划没有变化快，应随机应变，道家提倡"顺其自然"，故用道家作执行；结果既定，痛苦交给菩萨，问题归咎制度，功劳留给自己，进行正确归因，平淡看待成败，故用佛家作总结。管理中以儒家、法家、墨家、农家、名家、兵家、纵横家、阴阳家之"道"来维持管理秩序，皆有失偏颇，真正的"道"是以道家为主体的兼收并蓄的"道学"，吸纳八家之长，散而为八，合而为一。不同时期，不同阶段，对待不同人群采用不同的管理策略，用悟性管理自己，用韬略管理他人。

董云川教授结合现实，指出了管理上很多背"道"而驰的现象。"道"求简，管理的艺术应是简化艺术，而现今管理机构繁多，权责不清；"道"求自然而管理求他律，管理本应"无为"，而现行管理偏重了"管"，靠"管"来求发展，而轻视了"理"；"道"无形而管理重名相，规划的同质性表达，语法形式上的高度统一与内涵上的模糊不清已成为管理上的难治之症。

董云川教授最后指出，优化常常就是简化，好的管理应重流程，寻找最优路径；有弹性，能够迅速根据环境作出调整；有强韧，能集合弱势个体形成优势团队；自组织，无须太多控制就能自主完成工作。合"道"的管理状态应该是一个对的人（主体），产生一个对的愿望（目标），在一个对的位置上（职责），遇到了对的人群（客体），在一个对的时段里（时机），运用对的方法（策略），便能做出对的事情（目的）。

诙谐机智的言语表达，明辨善思的逻辑演绎，理想与现实的相互碰撞而作出的深刻反思，无不迸发出智慧的熔浆，"道"这个古老而又常新的哲学话题，再一次彰显了它的生命活力，中国管理的路在何方？或许我们在"道"中已初见端倪。

（刘晓斌）

图书在版编目（CIP）数据

云南高教论坛．第 7 辑/云南省高等教育学会编．—昆明：云南大学出版社，2008

ISBN 978－7－81112－511－5

Ⅰ．云… Ⅱ．云… Ⅲ．高等学校—教学研究—云南省—文集 Ⅳ．G642－53

中国版本图书馆 CIP 数据核字（2008）第 019816 号

云南高教论坛（第七辑）

云南省高等教育学会　编

责任编辑：龙宝珍
装帧设计：刘　雨
出版发行：云南大学出版社
印　　装：云南大学出版社印刷厂
开　　本：787×1092 毫米　1/16
印　　张：19.5
字　　数：335 千
版　　次：2008 年 2 月第 1 版
印　　次：2008 年 2 月第 1 次印刷
书　　号：ISBN 978－7－81112－511－5
定　　价：36.00 元

社　　址：云南省昆明市一二·一大街云南大学英华园内
　　　　　（邮编：650091）
发行电话：0871－5031071　5033244
网　　址：http：//www.ynup.com　　E－mail：market@ynup.com